교사,
수업을
살다

교사, 수업을 살다

ⓒ 박진환, 2020

2020년 4월 16일 처음 펴냄
2020년 10월 30일 초판 2쇄 찍음

글쓴이 | 박진환
기획·편집 | 김기언, 이경은, 설원민, 이진주
사진 | 최승훈
출판자문위원 | 이상대, 박진환
디자인 | 더디앤씨 www.thednc.co.kr
제작 | 세종 PNP
펴낸이 | 김기언
펴낸곳 | 교육공동체 벗
이사장 | 심수환
사무국 | 최승훈, 이진주, 이경은, 설원민, 공현
출판등록 | 제2011-000022호(2011년 1월 14일)
주소 | (03971) 서울시 마포구 성미산로1길 30 2층
전화 | 02-332-0712
전송 | 0505-115-0712
홈페이지 | communebut.com
카페 | cafe.daum.net/communebut

ISBN 978-89-6880-130-3 03370

이 도서의 국립중앙도서관 출판예정도서목록(CIP)은 서지정보유통지원시스템
홈페이지(seoji.nl.go.kr)와 국가자료종합목록 구축시스템(kolis-net.nl.go.kr)에서
이용하실 수 있습니다. (CIP제어번호 : CIP2020014016)

교사, 수업을 살다

교육공동체벗

차례

교사가 '수업'을 '산다'는 것

1

우리는 '누구'라는 질문은 거의 하지 않는다. 가르치는 사람은 누구인가? 그의 자아는? 그의 자아의식은 그가 학생, 학과, 세상에 연결되는 방식에 어떤 영향을 미치는가? 교육 제도는 어떻게 하면 훌륭한 가르침의 원천인 자아의식을 유지하고 발전시킬 수 있는가?

- 파커 J. 파머, 이은정 옮김(2013), 《가르칠 수 있는 용기》, 38쪽

'무엇을', '어떻게' 가르칠 것인가만 말하던 시절이 있었습니다. 그러다 '수업을 왜 하지?'라는 질문을 던져 교사들의 시선을 환기시켰던 때도 있었죠. 수업을 비평의 눈으로 보자는 이야기를 꺼내는 이도 있었고요. 수업을 평가하듯 보지 말고 수업하려는 교사의 의도를 이해하며 나누는 문화를 만들자는 움직임도 있었습니다. 수업을 바라보던 관행을 교사의 눈에서 아이들의 눈으로 바꿔 보자는 이도 나타났습니다. 이들의 등장은 '무엇을', '어떻게'에만 머물러 있던 수업 문화에 변화를 가져오기 시작했습니다. 다른 눈으로 수업을 볼 수 있다는 것만으로도 저는 적지 않은 자극을 받았습니다.

하지만 언제부턴가 조금씩 피로감과 소외감, 때로는 외롭다는 느낌
이 들기 시작했습니다. 아이들 편에서 늘 수업을 고민하고 실천하며 연구
해야 하는 게 응당 교사가 할 일이라는 걸 잘 알면서도 뭔가 불편했습니
다. 수업만 바라보고 수업만 고민하기에는 학교라는 곳은 교사에게 너무
많은 걸 요구합니다. 담임으로서 생활 지도와 수업을 하기에도 버거운
교사들에게 교육청은 다양한 업무를 내려보냅니다. 때로는 교육청 사업
의 주체로 만들기까지 합니다. 교사들은 수업과 학교만이 아니라 마을까
지 바꿔야 할 처지가 되었습니다. 교사에게 가장 중요한 게 수업이라고들
하면서 말이죠.

미래 교육도 말하고들 있습니다. 근대 교육 체제는 그대로 두고 교사
가 달라질 것을 요구합니다. 수업 한 시간을 준비하기 위해 얼마나 많은
시간과 노력이 필요한지, 교사가 업무 수행 때문에 수업을 밀쳐 두고 얼
마나 많은 것을 포기해야 하는지 그들은 고려하지 않습니다. 교사가 어
떻게 사는지를 많은 이들이 모르는 것 같습니다. 굳이 알려고도 하지 않
습니다. 교사가 누구인지, 어떤 존재여야 하는지 세상 사람들은 질문하
지도, 궁금해하지도 않습니다. 헌신과 책임, 사명감을 요구하면서도 말이
죠. 이런 이유로 저는 많은 교사들이 오늘도 내일도 가르치는 일을 두려
워하고 그 일에서 도망치려 하고 있다고 생각합니다.

교사에게 좋은 모델이 돼 주었던 학교들이 있습니다. 갖은 어려움
속에서 일군 그들만의 이야기에는 힘이 있습니다. 그야말로 한 편의 장엄
한 서사입니다. 교사라는 직업이 아이들의 삶과 어떤 상관관계가 있는지,
가르치는 과정에서 억눌리고 짓눌려 있던 교사의 자존감이 어떻게 회
복되었는지 잘 알 수 있죠. 새로운 학교를 만들고자 했던 이야기, 표준화
된 수업에서 벗어나는 수업을 만들고자 했던 이야기. 그곳에는 교사들의
자발성과 정체성이 잘 녹아 있습니다. 흔히 좋은 수업은 아이들이 주인
이 되어야 한다고들 합니다. 그렇다면 교사는 어떨까요? 교사는 수업에

서 어떤 위치를 차지하고 있어야 할까요? 어떤 이는 교사는 안내자의 역할에 충실해야 한다는 말을 합니다. 하지만 교사라는 안내자가 테크닉만 있고 자신의 자존감과 정체성을 느끼지 못한다면 어떻게 될까요?

지금껏 제가 만난 교육 정책과 교육과정, 학교 체제와 수업 문화, 심지어 교육학과 각종 연수조차 교사의 삶과 성장에는 그다지 관심이 없었습니다. 스스로 해결하는 길밖에는 없었습니다. 저는 아이들과 가장 많은 시간을 보내는 수업에서 실마리를 찾을 수 있었습니다. 다른 이의 실천을 따라 하기만 하고 소비만 할 때는 잘 보이지 않던 수업 속 아이들이 보이기 시작했습니다. 저는 궁금했습니다. 내가 준비한 수업을 아이들이 어떻게 받아들이는지, 어떻게 해야 수업을 통해 아이들이 성장하는지 정말 알고 싶었습니다. 관련한 책과 자료를 찾고 실천하고 공부를 하는 일이 즐겁고 기쁘기만 했습니다. 자신감도 붙었습니다. 교사로 살아가는 저의 삶이 아이들의 삶과 수업으로 어떻게 이어지고 확장되는지 깨닫게 된 것이지요. 이는 저와 인연을 맺었던 훌륭한 교사들의 정체성을 온몸으로 받아들였기 때문이었습니다.

2

자신은 배우기를 즐기지 않으면서 계몽의 경계선인 교탁과 책상을 사이에 두고 학생에게 배움을 강요하는 그런 관계는 얼마나 지속될 수 있을까? 인간에게 주어진 보편적 능력을 신뢰하고 배움의 의지를 작동시키는 탈근대의 꿈을 향해 교사들은 가르치기를 잠시 멈추고, 스스로가 학습하기를 즐기는 존재인지를 자문할 필요가 있다. 이 질문에 긍정적으로 답할 수 있을 때에 비로소 우리는 왜 우리 자녀들을 로봇이 아닌 인간이 가르쳐야

하는지에 대한 문명사적 의문에 대해서 답할 수 있는 용기를 얻
는 셈이다. 당신은 어떤 교사인가?
- 이혁규(2013), 《수업 - 누구나 경험하지만 누구도 잘 모르는》, 42~43쪽

　　뜻있는 교사들의 노력으로 수업 내용과 형식은 조금씩 달라져 왔습
니다. 그렇지만 표준화된 수업이 재생산될 수밖에 없는 교육과정과 학교
문화, 학교 공간은 앞으로도 상당 기간 지속될 것입니다. 다인수 학급에
서 정해진 수업 시간을 지내야 하는 교사들은 아이들의 시선을 조금이
라도 붙잡아 학습에 집중시키기 위해 놀이와 노래, 율동과 각종 팁들을
적극 활용합니다. 이를 제공하는 온라인 교수-학습 사이트는 많은 업무
를 처리해야 하는 교사들에게 매우 효과적이고도 유용한 도구입니다.
　　학교에서 교사가 별다른 장치 없이 아이들과 날것으로 만나 가르치
고 배우는 즐거움과 기쁨을 느끼는 수업은 그래서 점점 더 만나기가 힘
들어지고 있습니다. 겨우 바꿔 내던 수업도 '성취 기준'과 '교육과정-수
업-평가-기록'이라는 새로운 표준화의 길목에서 갈피를 못 잡고 있는 듯
합니다. 수업이 오히려 형식화한 틀에 역으로 지배당하고 있다는 느낌마
저 듭니다. 겉모양만 바꿔 '무엇을', '어떻게'만을 거론하는 수업 관련 정
책은 예전의 표준화된 수업을 답습하고 있습니다. 그래서 더욱 저는 진
짜 수업을 하는 교사들을 다시 만나고 싶었습니다.
　　좌충우돌하며 실패를 거듭하지만, 그럼에도 새로운 도전을 즐기며
살아가던 교사들의 수업. 때로는 퇴근을 미루고서라도 배움에 대한 열정
을 꽃피우던 교사들의 수업. 그들의 수업에는 아이들의 눈을 끌기 위한
그 어떤 다른 활동도 필요가 없었습니다. 오직 가르치고 배우고 싶은 것
에 대해 함께 이야기하며 관계를 맺어 가는 과정 자체를 즐겼습니다. 이
런 수업은 사람과 사회, 교육과정과 교과에 대한 자연스러운 관심을 불

러일으켰지요. 수업이라는 시공간은 교사와 아이들에게는 그저 삶 자체였습니다. 수업은 교사와 아이들의 삶을 담은 한 편의 이야기였습니다.

3

사람들은 교사가 무엇을 말하고 어떻게 행동하느냐에 관심을 기울일 뿐, 정작 그 교사가 한 인간이자 교사로서 어떤 사람인가가 얼마나 중요한지는 잘 모른다.

- 마이클 럭스포드, 조종상 옮김(2012), 《도움이 필요한 아이들》, 96쪽

제가 만난 일곱 교사의 삶과 수업을 모두 담는 데 꼬박 1년이라는 시간이 걸렸습니다.

저는 그동안 그야말로 교사 저마다의 삶에 푹 빠져 살았습니다. 놀이 수학과 국어 교과로 혹은 문학이나 프로젝트 수업으로만 알았던 분들의 삶이 수업에 어떻게 투영이 되고 있었는지 자연스럽게 세세하게 읽어 낼 수 있었습니다. 수학 수업과 사회적 정의를 연결해 이야기하였던 조성실 선생님, 수업이 진정 아이들의 복지로 다가가야 한다는 박지희 선생님, 있지만 보이지 않는 시간을 살며 아이들과 누구도 쉽게 경험하지 못하는 수업을 살아온 최은경 선생님, 즉흥과 변주가 어우러지며 수업과 예술이 어떻게 결합할 수 있는지를 보여 주었던 강승숙 선생님, 생각하는 아이들로 키우고 싶어 자신만의 주제 중심 교육과정을 만들어 낸 이경원 선생님, 수업은 곧 세상을 바꾸는 일이라 여기며 교육과정 투쟁을 이어 갔던 김강수 선생님, 학교가 만들어 준 수업이라는 시공간에서 끊임없이 질문하고 도전하던 심은보 선생님.

그들을 만나 글을 쓰는 동안 저는 조성실이었고 박지희였고 최은경이었고 강승숙이었으며 이경원, 김강수, 심은보였습니다. 한 사람의 삶과 수업을 파고들자 저는 마치 그들이 된 것 같았습니다. 그들이 겪었던 지난 시대를 살아 보기도 하고 그들처럼 수업을 하는 상상을 했습니다. 인터뷰하는 내내 눈물을 흘리기도 하고 한스러웠을 지난날을 너무도 덤덤하게 전할 때는 가슴이 먹먹해지기도 했습니다. 돌이키고 싶지 않은 어릴 적, 혹은 젊은 날의 고통으로 괴로워할 때는 저도 함께 힘이 들었습니다. 아이들과 수업으로 성장하며 기뻐했던 기억에는 같이 웃고 공감하며 감동을 느끼곤 했지요. 이런 멋진 교사들을 만나 그들의 삶을 제가 기록할 수 있다는 것에 무척이나 감사했습니다.

이 책의 제목은 '교사, 수업을 살다'입니다. 저는 사람들이 인생을 살듯 교사들은 수업을 살아가고 있다고 생각합니다. 수업 자체가 교사에게는 삶이고 수업에는 교사의 삶이 투영되어 나타납니다. 이곳에 담은 일곱 교사들은 그런 뜻에서 모두 수업을 살아왔던 분들이었습니다. 어디 이뿐이겠습니까. 이 책을 읽으며 자신의 삶과 수업을 돌이켜 보는 교사인 독자들은 모두 수업을 사는 존재들입니다. 앞으로도 이 땅의 많은 교사들은 또 그렇게 수업을 살아가겠지요.

4

경기 양평 서종초등학교로 김강수 선생님을 만나러 갔을 때였습니다. 그곳에는 저의 오랜 벗이자 스승이나 다름없는 김영주 교장도 계셨지요. 김강수 선생님의 오전 수업을 보고 점심은 김영주 선생님과 함께했습니다. 맛난 점심을 먹던 중 그는 글을 쓰면서 무얼 알게 되었냐며 제게 질문을 던졌습니다. 순간 멈칫했습니다. 정신없이 일 년 가까이 달려오면서 잠시 잊었던 질문이기 때문이었습니다. 하지만 이내 답을 떠올렸습니다. 생각이 너무도 뚜렷했거든요. 저는 반갑고 감동적인 만남과 지난했던 글쓰기 과정을 통해서 수업에 대한 생각, 교사에 대한 깊은 성찰을 했고 지난날의 내 모습과 오늘을 사는 내 모습을 떠올릴 수 있었다고 했습니다. 그리고 새롭게 힘을 얻을 수도 있었다고 했습니다. 교사로 살아갈 날이 많이 남지 않은 내게 너무도 큰 감흥을 준 시간이었다고도 했습니다.

수업에 관한 책은 넘쳐날 정도로 많습니다. 수업에다 배움, 코칭, 완성, 멘토링을 붙이지 않고서는 시선을 끌지도 못할 지경입니다. 교사가 수업에 관심을 보이는 데는 저마다 이유가 있습니다. 아마도 다른 이들의 수업 사례를 따라 새롭게 배우고 터득하며 성장하는 맛을 보게 되는 게 가장 클 겁니다. 그러나 수업을 일종의 테크닉으로 여기고 팁 위주로 방법으로만 받아들이는 소비적인 수업 문화가 우리네 수업을 바꾸어 놓은 적은 단 한 번도 없었습니다. 아무리 놀이와 노래로 아이들의 시선을 붙잡는다 해도, 성취 기준으로 주제 중심 교육과정을 만들어 가는 기술적인 감각을 익혀도, 아이들과의 일상에서 이뤄지는 수업이 예전과 다르지 않다면 교사의 삶과 수업은 아무것도 달라진 게 없는 것이니까요. 아이들과 교사는 그저 수업을 버텨 낸 것밖에는 없는 거니까요.

이 책을 왜 쓰고자 했는지 전하려다 너무 먼 길을 돌아왔습니다. 저는 단지 제가 경험하고 공부한 것을 바탕으로 일곱 교사들을 만나면서 듣고 성찰하며 떠올린 이야기를 이곳에 적었습니다. 교사와 수업을 이해하는 데 제 생각만 옳다고 말할 생각은 없습니다. 교사와 수업에 대한 생각은 저마다 다를 수 있고 달라야 한다고 보니까요. 따라서 책을 읽은 이들이 다음과 같은 반응을 보여 준다면 저는 더할 나위 없이 고맙겠습니다.

"아, 교사로 살아온 내 삶에는 어떤 이야기가 있을까?"

"내 삶은 내 수업과 어떤 관련이 있을까?"

"동료 교사들과 수업 기술만이 아니라, 교사로 사는 삶과 수업에 대해서도 이야기를 나눠 봐야겠어."

저에게 이 글을 쓸 수 있도록 허락해 주신 일곱 선생님들께 다시 한 번 감사를 드립니다. 이 책을 기획한 이후에도 갈팡질팡하며 주저하던 저를 오랫동안 끝까지 믿고 기다려 준 교육공동체 벗 사무국 식구들에게도 고마움을 전합니다. 우연히 따라나서 모든 일정과 과정에 함께했던 조현민 선생님의 도움은 무척이나 컸습니다. 책으로 펴내면서 돌아보니 저는 인복이 참 많은 사람이었네요. 고맙습니다.

2020년 4월

박진환

01

교사 조성실

놀이 수학으로
평등한 세상을 지향하다

"드디어 내 차례가 왔도다! 부모님, 나를 봐 주세요! 와~!"
"○○○이 멋집니다! 방탄소년단 저리 가라입니다!"
"지금 아이들이 감사한 분들에게 편지를 전달한다고 합니다!
부모님들 편지 받고 울지 마세요! 아주 자랑스러운 학생들입니다!"
"6학년 2반의 종합 예술을 마치겠습니다! 박수 쳐 주십시오!"

2019년 2월 14일, 서울 노원초등학교. 졸업식장 분위기가 학예 발표회 전야제를 방불케 한다. 식장은 이미 아이들과 부모들로 꽉 차 있었다. 저마다 손에는 봄꽃이, 얼굴에는 웃음꽃이 가득했다. 나는 많은 사람들 틈 사이로 종합 예술이 시끌벅적하게 펼쳐지는 무대를 내려다보았다. 졸업식 사회를 보고 있는 반가운 얼굴. 언제나 경쾌하게 교실에서 벌어진 상황을 하나도 빼놓지 않고 아이들에게 빠르게 전하던 익숙한 목소리. 졸업식을 진행하는 그의 목소리는 마치 하늘 높이 날아가는 화살처럼 힘차기만 했다. 무대 위를 나는 아이들의 몸짓 하나하나에 이름을 부르며 응원하는 교사 조성실. 이날 그의 모습은 놀이 수학으로 아이들과 신나게 수업을 즐기던 모습과 별반 다르지 않았다. 졸업식은 그가 학교에서 맡은 마지막 일이다. 그는 퇴직을 선택했다. 37년을 온몸을 다해 수업을 살았던 그의 이야기를 더 이상 만나기가 어렵게 됐다.

　　교사의 삶과 수업 이야기를 세상 사람들에게 전하고 싶었던 내게 조성실은 늘 인터뷰 대상 1순위였다. 그는 수학이라는 교과를 놀이와 접목시켜 오랫동안 실천하고 기록하여 이를 온 나라의 교사들과 나누었기 때문이다. 이것이 내게는 너무도 인상적이었다. 그를 찾은 날은 공교롭게도 졸업식을 하는 날이었다. 그의 마지막 업무를 지켜보는 것이 내게는 너무 안타까운 일이었으나 그의 얼굴은 무척이나 밝고 평온해 보였다. 그는 졸업식 이후에도 한동안 뒤처리를 해야 했다. 나는 그의 오랜 동료이자 벗인 박지희 교사의 교실에서 그를 마냥 기다렸다. 나를 만난 교실 주인은 그를 갑작스럽게 떠나보내야만 하는 아쉬움을 토해 내기 시작했다. 그의 말에는 조성실의 진짜 모습을 뒤늦게 알게 된 아쉬움이 짙게 묻어 있었다.

조성실

학급 운영이나 수업 자료를 만들 때 보면 예쁘게 꾸미지도 않거든요. 우리는 아이들에게 맡겨도 맘에 안 들면 살짝 손을 보기도 하는데, 그렇게 하지도 않아요. 거칠어요. 교사들 문화를 만들어 가는 것도 그랬던 것 같아요. 다른 사람 같으면 좀 예쁘고 격식 있게 할 것 같은데, 정말 조성실스럽게 하거든요. 자기가 먼저 박장대소를 하고 아무도 안 웃어도 혼자 손뼉 치고 웃으면서 유쾌하게 하려고 하면서 교무 회의, 회식 풍경을 바꿔 놨죠. 그리고 그 전에는 하는 사람만 참여하던 배구 대회를 사람들을 부르는 기회로 갖자고 하더니, 자기는 배구공도 못 받으면서 나가서 소리 높여서 응원하는 거예요. 그렇게 하니까, 눈치 보거나 어쩔 수 없이 나오던 사람들이 자연스럽게 배구장에 모이면서

(……) 조성실의 의외의 모습을 본 거예요. 그동안 조성실을 교사학습공동체나 수업은 어떻게 해야 하고 아이들을 왜 존중해야 하는지에 대한 얘기만 하는 매우 엄격한 사람이라고 여겼거든요. 그런데 교무부장을 맡으면서 동료 교사들에게 친숙하게 다가오자 경계가 많이 허물어진 거예요. 그때 '우리가 정말 조성실을 일부만 사용했구나', '조성실의 일부만 봤구나' 하는 생각이 들었어요. 주변의 다른 학교 사람들도 그런 부분만 봤던 것 같아요. 외골수로 한곳에 꽂히면 그것만 보고 타협을 거부하는 사람으로만 봤던 거죠. 그래서 이번에 (명예)퇴임을 한다는 소식을 듣고 많은 사람들이 아쉬워했어요. 너무 아쉬워요. 교육계에서 저 사람을 이렇게 떠나보내는 것이.

같은 지역과 학교에서 함께 일해 보지 않은 나로서는 늘 그의 일면만 볼 수밖에 없다. 그의 곁에 있는 교사들에게도 '스타 교사' 조성실은 내가 갖고 있는 이미지와 크게 다르지 않았다. 쉴 새 없이 수업을 준비하고 빈틈없이 수학 수업을 놀이로 가득 채워 가며 하루 내내 아이들만 생각하다 집으로 돌아갈 것만 같은, 깐깐하고 수업과 아이들밖에 모르고 앞만 보고 달려가는 너무도 대단한 교사. 때로는 두려움조차 느끼게 하는, 가까이 하기에는 먼 사람. 하지만 조성실은 교무부장을 맡으면서도 동료들을 자신의 수업에서 만난 아이들과 똑같이 대했다. 주어진 일에 최선을 다하고 주변 사람을 존중하며 배려했다. 그의 수업이 자신의 삶과 다르지 않다는 것을 학교 업무를 통해서도 그대로 보여 주었던 것이다. 다만 동료 교사들이 뒤늦게 발견했을 뿐이었다.

초등학생들은 학교에서 교과서만 공부하는 것이 아니다. 학교에는 해마다 여러 학교 행사와 학급 행사가 있다. 운동회, 학예회, 소풍, 체격 검사, 어린이날 행사, 고적 답사, 수련회를 비롯해서 학급 행사와 자치 활동도 있다. 그 시간은 학생들이 직접 다양한 활동을 하면서 인격적 성장을 하는 기회가 된다. 꼭 필요한 행사인 것이다. 그렇다면 당연히 교과서에는 학교 행사를 고려한 학습량이 제시되어야 한다.

– 조성실, 〈학생들에게 수학의 재미를 돌려주어야 한다〉, 《오늘의 교육》, 창간 준비호(2011년 1월), 173쪽

그가 지난 2011 개정 교육과정의 수학 교육과정과 교과서를 신랄하게 비판한 핵심은 '현장에 대한 이해와 학생에 대한 배려가 없는 교육과정'이었다. 학교 구성원들의 바쁜 일정과 빡빡한 교육과정 운영에서 지쳐가는 교사들과 학생들의 처지를 누구보다 잘 파악하고 있는 그였다. 그랬던 그가 동료 교사들을 안내하고 돕는 자리에서 어떤 모습을 보일지는 어렵지 않게 읽어 낼 수 있다. 충분히 교사들의 처지를 이해하고 배려하면서도 해야 할 일과 가야 할 길에 대한 선을 분명히 제시했을 것이다. 그럼에도 다른 학교 교사들과 동료들이 조성실의 일면만 볼 수밖에 없었던 데에는 분명 다른 이유가 있었을 것이다. 나는 그것이 궁금했다. 과연 그가 그동안 숨겨 온 혹은 잘 드러내 보이지 않던 삶에는 어떤 것이 있을까? 그가 꾸준히 실천해 온 놀이 수학을 비롯한 많은 수업들은 과연 어떤 이야기를 담고 있었던 것일까? 그는 왜 놀이 수학을 선택했을까? 한시도 자신의 선택에 후회를 하지 않았던 것일까? 지난 37년 동안 수업을 살아온 그의 진심을 나는 뒤늦게나마 듣고 싶었다.

놀라운 만남과 계속된 인연

2005년 1월 어느 날. 백범김구기념관에서는 ㈜우리교육 교사 아카데미가 열리고 있었다. 당시 나는 경남 김해에서 살고 있었다. 작은 학교에서 큰 학교로 옮긴 후 아이들과 지내는 일이 힘들었던 나는, 연수를 받는 목적만으로 서울을 가기는 어려웠으나, 나흘 동안 4인 4색 교과와 학급 운영을 주제로 연수를 연다는 소식을 전해 듣고는 덜컥 신청을 했다. 강사가 누구인가는 중요하지 않았다. 지역에서 그것도 초등에서는 제대로 된 교과 연수와 학급 운영 연수가 없었던 때라 다양한 이야기를 들을 수 있다는 것만으로도 설렜다. 그동안 이오덕 선생의 글쓰기 교육과 발도르프교육도 조금씩 꾸준히 공부를 해 왔지만 다른 지역 교사들이 아이들과 살아가는 이야기와 그 실천이 늘 궁금했다. 그때 만난 사람이 바로 놀이 수학 조성실이었다.

조성실의 강의 내용은 처음부터 끝까지 4시간 동안 놀이로 하는 학년별 수학 수업 이야기였다. 그동안 늘 지도서의 수업 방식을 벗어나지 못하고 평가를 이유로 학원과 똑같은 수업을 해 왔던 내게 그의 이야기는 너무도 놀라웠다. 마치 공연을 보듯 그의 실천 사례 감상에 푹 빠져들었다. 그가 실천한 다양한 학년의 사례를 담아내기에는 시간이 너무 부족했다. 그러나 그는 모두 쏟아내 전하고 싶은 듯했다. 그의 수업을 듣는 내내 수업을 저렇게 하면 아이들이 정말 수학을 재미있어하겠구나, 나도 저렇게 실천해야겠구나 하는 생각이 들었다. 그의 강의를 듣고 나서는 곧바로 《즐거운 수학 시간 만들기 1, 2》❶를 사서는 부푼 꿈을 안고 김해로 내려가 새 학년을 준비했다.

조성실

---

❶　2014년, 《이야기와 놀이가 있는 수학 시간 1, 2》라는 이름으로 다시 꾸며 나왔다.

띄엄띄엄 그의 놀이 수학 실천 사례를 따라 해 보기 시작했다. 그러나 막상 수업에 적용하려 하자 많은 난관들이 있었다. 교구에 대한 이해가 있어야 했고 놀이 원리와 그 적용에 대한 이해도 있어야 했다. 놀이 수학은 겉보기에는 따라 하기 쉬운 실천 사례로 보인다. 그렇지만 평소 교사가 수업 자료를 만들어 적용하는 과정에 대한 고민과 실천 의지가 부족하다면 꾸준히 적용하기 어려운 수업이었다. 내 경험이 너무 부족함을 깨달을 수밖에 없었다. 혼자 하는 것보다는 지역의 다른 교사들과 함께 배우고 실천을 하면 좋겠다는 생각을 했다. 2년이 지난 2007년, 마침내 ㈜우리교육 교사 아카데미가 남쪽 김해에서 열리게 되었다.

그렇게 해서 내려온 강사들 가운데 조성실이 있었다. 당시 30시간 직무연수에다 지역에서는 모처럼 마련한 연수라 그에게 6시간의 강의를 부탁했다. 그는 장시간 동안 열정적인 강의를 했다. 그러나 안타깝게도 강의 도중 구토를 하며 정신을 잃고 쓰러졌다. 그의 열정을 체력이 감당하지 못했던 듯했다. 구급차를 불러야 하는 것 아닌가 싶을 정도로 당황스러웠으나 다행히도 그는 곧 정신을 차렸다. 쉬면서 기력을 보충해 남은 강의를 이어 갈 수 있었다. 온몸의 기운을 다해 강의를 마친 그를 기차역으로 배웅하던 그때, 나는 지금도 그때를 잊을 수 없다. 이동하는 차에서도 제대로 앉아 있지도 못하고 누워 힘들어하던 그였다. 그와 두 번째 인연은 그렇게 힘들고도 안타까웠다.

수업에서 어긋나고 선생으로 절망하다

수업이나 강의나 온몸을 다해 열정을 쏟았던 조성실. 수학을 빼면, 아니 수학 수업을 빼고 나면 그를 어떻게 설명할 수 있을지 상상이 가지 않는다. 그는 어떤 삶을 살아왔을까? 퇴임을 앞둘 때까지도 한결같았던

놀이 수학은 어떻게 시작하게 된 것일까? 놀이 수학의 변천은 자신의 삶과 어떻게 닮아 있을까? 그의 삶과 놀이 수학은 어떤 상관관계를 가지고 있었을까?

어릴 적 그의 집은 무척이나 가난했다. 가난한 가정 형편에도 그는 공부를 잘했다. 학생을 있는 모습 그대로 받아들이기보다는 학교 재정에 보탬이 될 수 있는 학생인지 여부가 가장 중요한 관심사였던 시절, 그는 어릴 적부터 학교와 교사로부터 불편부당한 대우를 받으며 힘겹게 자랐다.

어린 조성실은 수학을 참 좋아했다. 스스로 특출하다고 얘기할 정도의 학습력을 지녔던 조성실은 가난 때문에 빚어진 삶의 비루함을 악착같이 견뎌 내야만 했다. 수학을 공부하고 싶었지만 가정 형편을 고려해 교육대학을 선택한다. 그렇지만 교육대학에서 수학은 호감을 끌 대상조차 되지 못했다. 다만 우연히 찾아간 초등교육연구회라는 서클에서 책을 읽으며 이오덕 선생도 알게 되고 동화구연대회도 나가면서 조금씩 적응하기 시작했다. 대학을 졸업한 뒤 곧장 학교에 발령을 받아 사회생활을 시작했다. 그러나 그에게는 수학 공부에 대한 미련과 아쉬움이 남아 있었다. 일반 대학 건축학과 야간 과정을 지원한 까닭도 바로 그 이유 때문이었다.

당시 그는 퇴근을 한 후면 곧바로 대학으로 달려갔다. 수학을 공부하는 것만으로도 즐겁고 행복했다. 2년 동안 장학금을 받아 가며 열심히 공부를 했지만, 전공이 시작되는 3학년부터는 힘들기만 했다. 수학을 더 전공해 보라는 지도 교수의 조언도 있었지만, 생계 때문에 그럴 수는 없었다. 수학이 아닌 전공으로서 설계 과정을 만나는 일은 그에겐 너무 힘겹고 어렵기만 했다. 거의 망치다시피 대학 공부를 마친 그는 수학 자체에 대한 관심까지 접어야 했다. 그저 초등 교사로 충실하게 자신의 삶을 살아가고 싶었다. 수학보다는 국어와 사회를 비롯한 다른 교과들에 더 중점을 두고 수업을 준비했다.

학교와 아이들에게 집중하며 살기로 마음을 먹은 그에게 모든 수업이 소중해지기 시작했다. 날마다 준비하고 고민하던 수업으로 아이들과 소통하며 지내는 삶에서 보람을 느꼈다. 즐거웠다. 그러던 중 수업에서 자신과 아이들이 사이가 조금씩 어긋나고 있다는 것을 느끼기 시작했다. 그것도 가장 자신만만했던 수학 수업에서 빚어진 어긋남이어서 충격이 더 컸다. 순간 모든 것이 틀어지고 잘못돼 가고 있다는 생각에 한없는 절망감 속으로 빠져들기 시작했다. 이 상황을 어떻게 받아들여야 하는지, 자신이 무엇을 할 수 있는지 도무지 답을 얻지 못해 한동안 어쩔 줄 몰랐다. 수학을 좋아하는 것과 수학 수업을 잘하는 것이 결코 같지 않다는 걸 뒤늦게 깨닫기 시작했다.

다른 교과에서는 완벽하게 소통을 하며 수업이 진행된다고 생각했죠. 그런데 어느 순간에서부터인가 수학 시간에서부터 어긋나기 시작했어요. 제가 수학 수업 자료를 많이 준비해서 수업을 하는데 (학생들이) 대답을 하지 않거나 고개를 숙이고 자기 혼자 문제만 풀고 있는 거예요. 다른 수업에서는 그러지 않았는데, 수학 시간에만 그랬어요. 그때가 한 10년 차쯤 되었을 땐데, 이상하게 수학 시간에만 뭔가 어긋나기 시작해서 정말 괴로웠어요. 학생들과 하는 수업을 1순위로 하고 그게 나의 힘이라고 생각을 하고 살았는데, 학생들이 쳐다보지도 않는 수업을 견디기가 정말 힘들더라고요. 상심이 되게 컸어요. 얼마나 컸냐면, 선생을 못 하겠구나 하는 생각까지 했어요. 이렇게 학생하고 소통하지 못하는 수업을 하면서 어떻게 선생을 할 수 있을까 하는 절망감이 온몸으로 느껴지는 거죠. 그래서 다른 직업까지 고민을 했어요, 사실은. 그런데 먹고살 길이 막막하더라고요. 그러면 여기서 승부를 볼 수밖에 없는데, 어떻게 할까? 가장 큰 문제가 (학생들이) 나를 보지 않고 의사소통을 하지 못하는 상황이니 그것을 소통이 가능한 형태로 만들면 되겠다는 생각이 들더라고요.

그는 자신이 좋은 교사로 살고자 아등바등 살아왔던 것조차 거짓은 아니었을까 하는 의심마저 갖게 됐다. 이런 때는 너무도 괴로워 잠을 이룰 수가 없었다. 그는 퇴임을 앞둔 얼마 전부터 과거를 돌이켜보며 힘들게 살아온 지난 삶들을 하나씩 떠올려 보기 시작했다. 그럴 때마다 용서할 수 없는 과거 자신의 모습을 불쑥 직면하게 되었다. 한동안 괴로워 옛 기억을 덮어 버리길 수차례 되풀이하며 힘든 시간을 보내기도 했다. 이런 그의 여린 감수성은 어긋나기 시작한 그의 수학 수업에 대한 언급에서도 그대로 드러나고 있었다. '괴로움, 절망감, 승부'라는 말들 속에서 그의 감수성 짙은 성격과 기질을 오롯이 읽어 낼 수 있다. 그는 자신의 수업에서 고개를 숙이고 수학으로부터 도망을 가려던 아이들을 가만히 바라만 볼 수는 없었다. 무엇이라도 해야만 했다. 그렇지 않고서는 도저히 교사로 살아갈 자신이 없었다. 점차 그는 수업에서 아이들과의 소통이 문제라면 소통이 가능한 형태로 만들면 되지 않겠냐는 생각을 하기 시작했다. 그렇게 놀이 수학으로 그가 아이들과 수업을 만나기까지는 어렸을 적부터 만들어져 온 그의 성격과 의지가 큰 몫을 차지하고 있었다.

온몸으로 받아들인 '교사의 숙명'

그렇게 시작한 게 수학 수업의 변화였어요. 당시 6학년만 계속 하다 보니 교육과정과 교과서는 꿰뚫고 있었거든요. 그래서 6학년의 교과서를 모두 문제로 만들어 봤어요. 모든 문제를 시험지에 담아서 제공을 하면 교과서랑 다를 게 없으니까, 교과서에 있는 문제를 깨우치게 하기 위한 활동도 집어넣었던 거예요. 예를 들어, 분수에서 소수로 바꾸는 활동이면 색종이를 가져와서 10개로 나누어라, 10개 중에 3개를 직접 나누고 그걸 공책에 붙여라, 3칸을 분수로 뭐라고 부르겠느냐, 1번을 아이들이 10분의 3이라고 가지고 오면 그렇다면 10분의 3을 소수로 바꾸면 뭐라고 부르겠느냐가 2번 문제예요. 2월 봄 방학 동안 3단원까지 문제를 만들어 놓았어요. 한 단원에 문제가 143개가 나오게. 그리고 얼마나 제가 수업에 대해서 정성과 열을 다했냐면, 두꺼운 도화지로 문제지 통을 만들었거든요. 지금도 기억이 뚜렷해요.

아이들과 소통할 수 있는 수학 수업으로 새롭게 바꾸어야겠다는 마음을 먹은 조성실은 이미 꿰뚫고 있는 6학년 수학 교육과정과 교과서를 다시 분석해 1학기 개학 전까지 3단원까지 실린 문제들을 모두 뽑아내기 시작한다. 그리고는 넓고 두꺼운 도화지로 뚜껑이 열리는 직육면체 상자

모양의 문제지 통을 20개 만들어, 5개씩 테이프로 이어 붙여 칠판지우개 괌침대 위에 4개 세트를 만들어 놓았다. 그는 이어 A4 종이에 아이들의 수만큼 미리 뽑아 둔 53개의 문제들을 손으로 직접 쓰고는 학교 앞 문방구에 가서 공책 크기에 맞게 축소 복사를 했다. 이것을 다시 칼로 1문제씩 잘라 한 통에 4문제씩 아이들 수만큼 20상자에 넣었다. 이렇게 총 80개의 문제를 아이들에게 제시하고는 새로운 수업을 하겠다고 선언을 했다. 조성실 스스로도 그 시절 어떻게 그 일을 했을까 의문이 들 정도의 수업 준비였고 작업이었다.

애들아, 너네가 이제껏 한 번도 안 한 수업을 할 건데 되게 쉬워. 내가 지금부터 1번 문제를 나눠 줄 건데 공책에 붙여. 그리고 문제에서 시키는 대로 하고, 다 하고 나면 앞으로 나와서 검사받고 2번(문제) 받고 3번 받아 가면 되는 거야. 어떤 애는 열심히 하면 오늘 20번까지 하고 어떤 애는 오늘 5번까지만 하는 거야. 그래서 너네는 지금부터 각자 공부하는 게 달라.

그가 만들어 낸 것은 수학 교과 자체를 아이들 배움의 속도에 따라 나눈 일종의 개별화 지도 과정이었다. 일제식 수업과 쪽지 시험, 그리고 월말 평가를 당연시 여기던 1990년대 초 우리나라 서울의 한 교실에서 벌어진 이 상황은 결코 어떤 외국 이론에 기대어 따라 한 실천이 아니었다. 그저 아이들과 소통하는 수업을 하길 원했던 10년 차 교사가 의지와 끈기를 가지고 몰입해 스스로 연구해서 얻은 기획이었다. 아울러 끝까지 해내고야 말겠다는 의지와 선생을 못 할 것 같다는 좌절감에서 벗어나고자 했던 몸부림에서 나온 결과이기도 했다. 열린 교육이라는 말도 개별화 수업이라는 말도 없었을 시절, 그는 수학 수업에서 속도가 다른 아이들을 어떻게 가르칠 것인지에 대한 지도 방법을 고민하고 또 고민하여 실천하기 시작했다. 수학 수업의 변화를 꾀하던 그의 첫 시도는 2008년 내가 방문했던 프랑스의 마리퀴리 초등학교 수학 수업과 닮아 있었다. 프랑스의 교육 사상가이자 실천가였던 프레네의 철학과 방법을 지향하던 이 학교에서는 수학 수업에서 '자기 수정 카드'라는 것을 사용하고 있었다.

마리퀴리 초등학교 아이들은 자신의 수준과 진도에 맞는 학습지를 배부받고 담임 교사의 검사를 받은 후 등급에 따라 또 다른 수준의 문제를 받는다. 급우의 도움을 받기도 하면서 수학을 스스로 혹은 도움을 받으며 배우고 익혔다. 학습지 상단에는 단계별로 등급 표시가 돼 있어 문제 해결력에 따라 각기 다른 색깔로 학생들을 진단하고 그것에 맞게 개별 지도를 하고 있었다. 이런 '자기 수정 카드'를 만들기까지 교사들은 끊임없이 교구와 학습 자료를 만들어 학생들에게 검증받으면서 하나의 틀로 완성해 나가고 있었다. 개별화된 수학 수업에 대한 지식과 정보가 전무하던 시절, 조성실은 수학 수업에서 교과서대로 진도만 나가던 방식의 문제를 스스로 깨닫고 철저히 혼자 다른 방법을 찾아 나서기 시작했다. 조성실의 수업 방식과 마리퀴리 초등학교의 차이가 있었다면 마리퀴리 초등학교는 세 학년이 섞여 서로 도움을 주고받고 있었다는 점이었다. 일명 무학년제로 수업을 진행하고 있었던 것이다.

그저 아이들 처지에서 생각하고 고안한 초기 수업 방식이 프레네 수학 카드 학습의 원칙(원하는 공부를, 원하는 만큼, 원하는 속도로)과 닮아 있었다는 것이 놀라울 뿐이다. 일찍부터 그는 격차가 벌어져 있는 공립 학교의 수학 수업을 아이들 수준에 맞게 개별화시키지 않으면 아이들은 수학을 일찍부터 포기할 수밖에 없다는 사실을 간파해 냈다. 이런 변화는 그의 시선이 교육과정과 교과서가 아니라 아이들에게 가 있었기 때문에 가능했다. 한 덩어리로만 보이던 아이들이 각자 다른 특성과 개성을 가진 존재로 보이면서 출발점이 다른 아이들의 문제가 잘못된 교육과정과 수업에서 빚어지고 있다는 것을 알게 된 것이다. 아이들을 이해하기 시작하면서 그의 수업 풍경들은 빠르게 달라져 갔다. 그의 수업에서 고개를 숙이거나 입을 닫는 아이들이 사라진 것이다. 그럴수록 그는 어떻게 해서든지 아이들을 움직여 수업에 참여시켜야 한다는 점을 깊이 깨닫기 시작했다. 수업을 하면서 오랫동안 그를 짓눌렀던 좌절감과 절망감에서도 조금씩 벗어날 수 있었다. 그는 그제야 살 것 같았다. 자연스럽게 수학 수업에 변화를 주어야겠다는 열정도 새롭게 피어나기 시작했다.

학생과 일대일로 채점을 하고 나니까, 매번 100점만 맞는 아이들이 있다는 걸 알게 됐어요. 그런데 그 아이들이 수학 평가가 '수'라고 해서 수의 개념을 깊이 있게 이해하고 문제를 푸는 게 아니라는 것도 이 수업 방식을 적용해서 알게 된 거예요. 일대일로 만나 보니까 수학 평가가 '가'인 아이들도 수학에 대해 깊이 생각을 할 줄 알더라고요. 저는 그때만 해도 수학 평가가 '가'인 아이들, 수학을 못하는 아이들, 고개 숙인 아이들에게 두 번씩 설명하는 걸 되게 싫어했어요. 걔들에게 설명하는 게 시간이 아까워서 불친절하게 설명해 주고 이해시켰거든요. 그런데 일대일로 수업을 했을 때는 생각보다 잘해 오는 거예요. '도대체 문제가 뭐지?' 하는 고민을 했어요. 그래서 깨달았던 게 '아, 수업에 문제가 있었구나!'였어요. 아이들 책임이 아니라, 수업에 문제가 있다는 걸 이때 처음으로 깨달았어요. 저는 그 전까지 국어와 사회에서 시험 성적이 나쁠 때는 아이들이 공부를 안 해서 그렇다고 생각했고 수학에서는 딴짓을 해서 그렇다고

조성실

생각했거든요. 그런데 이렇게 수업 방식을 다르게 적용해 보니 수업의 책임이 교사에게 있었다는 것을 알게 된 거예요. 심지어 수학에 소질이 없다고 여기는 아이까지도 교사에게 책임이 있다는 생각으로 완전히 바뀌었어요.

99

지금도 별반 다르지 않지만 그때도 학생의 학습 능력은 오롯이 아이들과 부모의 책임으로 여겼다. 학원은 기본이었고 과외를 해서라도 학력을 보완해야 했다. 그럼에도 그 시절 조성실은 수업 결과에 대한 책임을 모두 자신에게 돌리고 있었다. 수업 방식이 바뀌면 아이들을 다르게 도울 수 있고 수업은 그렇게 바뀌어야 한다는 신념이 생긴 것이다. 교사에게 흔히 주어지는 '수업에 대한 이해와 딜레마'는 그리 오래가지 않았다. 이는 극복하고 이겨 나가야 할 대상이었지, 마냥 주저하고 두려워할 대상은 아니었다. 아이들이 언제까지나 교사의 갈등과 번민을 기다려 주지

조성실

졸업식에서 사회를 맡아 무대 위 아이들의 몸짓 하나하나에 이름을 부르며 응원하고 있다.

않는다는 걸, 그는 너무도 잘 알고 있었다. 문제를 깨닫게 되는 순간 그는 곧바로 달려들었다. 이러한 상황을 서근원은 '교사의 숙명'이라고 명명한다(《수업 이해하기 - 교육과정과 교사의 딜레마》). 지식이 학생에게 이해되기 위해서 교사 자신이 먼저 이해해야 하며, 그 과정에서 지식은 어떤 형태로든 주관화되지 않을 수 없다는 것이다. 교사가 학생의 개별성을 충실히 고려하는 방식으로 수업을 하고자 할 경우에 교사는 적극적으로 주관화해서 가르칠 수밖에 없다. 교사는 결국 두 가지 길에서 하나를 선택할 수밖에 없다. 교사를 그만두거나 반대로 딜레마에서 벗어나려 노력을 하는 일이다. 조성실은 후자를 선택했다. '교사의 숙명'을 온몸으로 받아들였다.

수학 수업에서 우연히 발견한 '놀이'

그러나 이 방식도 조금씩 문제를 드러내기 시작했다. 안타깝게도 한 학기 만에 접어야 했다. 시간이 지날수록 아이들의 수준 차가 크게 벌어졌기 때문이다. 어떤 아이는 100번(문제)도 넘게 차이가 나기 시작했다. 걱정이 들기 시작한 그는 주말에 일직을 할 때마다 차이가 벌어진 아이들을 불러 지도해 주곤 했다. 하지만 차이는 쉽게 좁혀지지 않았다. 결국 2학기에는 다시 전체를 대상으로 하는 수업으로 돌아갈 수밖에 없었다. 문제만 되풀이해서 풀게 하는 것만으로는 해결할 수 없는 지점이 보였다. 그가 할 수 있는 건, 다시 교육 이론을 들춰 보고 아이들의 발달 과정을 살피는 것이었다. 어디서부터 문제가 시작되고 있는 것인지 다시 공부가 필요했다. 피아제의 이론을 살펴보고 구체적 조작기에서 아이들에게 가장 필요한 것은 무엇인지를 고민하기 시작했다. 그때 그에게 떠오른 것이 만들고 조작하는 '놀이'였다. 수학에 놀이를 가미시켜 아이들이 좀 더 쉽게 개념을 익히게 한다면 아이들의 수준 차를 줄여 나갈 수 있을 것이라는 확신이 들기 시작했다.

러시아에서 재미있고 흥미로운 교양 과학을 설파했던 야콥 페렐만의 《살아 있는 수학》을 편집한 율리 다닐로프는 그의 논문의 한 부분을 인용하며 과학(수학을 포함한)에서 놀이가 과학적 원리를 이해하는 데 도움을 준다는 점을 강조한다. 과학에 심취하고 과학에 대한 여러 가지 지식을 습득하고 있는 사람이 아니고서야 과학을 재미와 흥미를 주는 학문이라고 생각하는 이는 많지 않을 것이다. 수학을 수학답게(?) 가르쳤던 기존의 방식에서 너무도 많은 아이들이 흥미를 잃어버리는 현실, 수학에서 멀어지는 아이들이 엄연히 존재하는 현실에서 '놀이'는 매우 효과적인 대안으로 작동한다는 것이 야콥 페렐만의 주장이었다. 그렇다고 그는 교육을 놀이 형태로 바꾸자는 이야기를 하지는 않는다. 다만 우리가 익히 알고 있는 수학적 지식을 새로운 측면에서 밝혀내 수학에 대한 이해와 친근감을 높이는 데 '놀이 수학'의 가치가 있다는 것을 강조할 뿐이다. 다시 말하자면, 수학을 놀이로 격하시키겠다는 것이 아니라 놀이를 수학에 접목시킬 때 비로소 교육적 효과를 높일 수 있다는 것에 주목하고 있는 것이다. 조성실의 생각도 바로 이 지점과 매우 밀접하게 맞닿아 있다고 볼 수 있다.

조성실

'왜 아이들이 수학을 이해하지 못했을까? 교육학 이론에서 초등학교 6학년까지의 아이들이 구체적 조작기라고 하는데, 내가 그동안 아이들에게 수학의 개념을 이해하기 쉽게 보여 준 궤도나 그림은 구체적 조작 활동은 아니었겠구나' 하는 생각이 든 거예요. 그러면 분수든 소수든 손으로 직접 만져 가며 하는 구체적 조작 활동이 반드시 필요하겠구나 하는 생각을 했어요. 돌

이켜 보니 지난 10년 동안 나는 구체적인 조작 활동은 한 번도
해 본 적이 없더라고요. 이제부터 구체적인 조작 활동을 하는
수학 수업을 해야겠다고 생각했어요. 그러면 어떻게 구체적 조
작 활동이 되도록 접근해야 할까 고민해 보니 곱하기든 나누기
든 반복해서 문제만 푸는 활동으로는 흥미를 끌지 못하겠더라
고요. 그래서 생각한 게 바로 '놀이'였어요.

5.31교육개혁과 열린 교육의 광풍이 전국의 학교를 뒤덮기 전, 평범
한 10년 차 교사 조성실은 수학 수업에서 조작물을 가지고 수업을 해야
겠다는 마음을 먹는다. 지금이야 조작물을 가지고 수학 수업을 한다는
개념이 너무도 당연하고 교구도 쉽게 접근할 수 있지만, 당시는 엄두도
내지 못할 열악한 환경이었다. 수학 수업에서 교구 사용은 더더욱 상상조
차 하지 못했다. 수학은 문제집으로 공부하고 평가를 반복해서 해결해야
하는 것이었다. 교육대학도 교수-학습 이론으로만 초등 수학을 이해시키
려 했기에 '놀이'를 수업의 한 방법으로 꺼내 든 조성실의 상상력에 놀랄
수밖에 없다. 당시만 해도 시중에는 놀이로 풀어내는 수학 교재나 이론
서도 거의 없을 때였다. 그런데 경험도 없이 이론과 배경 지식도 부족한
상태에서 그는 도대체 무엇을 근거로 놀이로 수학을 가르치겠다고 덤벼
들었던 것일까?

〈개구쟁이 산복이〉라는 노래 있잖아요. 제가 그 산복이 같았어
요. 어릴 적 내가 놀았던 걸 떠올려 보니까 선명하게 기억나는
것 중에 그 구슬치기 있잖아요. 구슬치기를 정말 많이 했는데,
어느 정도의 힘을 주면 동그라미나 세모 칸에 들어갈 수 있는

지, 제가 감각이 좀 있었어요. 동네 남자아이들 구슬은 제가 다 땄어요. 이런 도형부터 시작해서 배수의 개념으로 짤짤이 같은 거 있잖아요. 그거를 가늠하면서 수업 시간에도 놀았죠. 내가 왜 수학을 잘했나 생각해 보면 이런 배경도 있지 않았을까 하는 생각이 들어요. 놀이 책이 아니라 땅따먹기, 줄넘기 같은 어릴 때 했던 모든 놀이가 응집되어서 싹 들어오는 느낌이었어요. (수학 수업을 준비할 때) 이게 저절로 접목이 되는 거예요. 나중에는 책에서 읽었던 이야기랑 놀이랑 접목되면서 증폭되었던 거 같아요.

그를 책으로 혹은 강의로 만나 놀이 수학을 수업에 이따금 적용시켜 본 교사들이 느끼는 공통점이 하나 있다. 억지로 개념을 형성시키고 이해시키려 만든 놀이가 아니라 누구나 어릴 적 한 번은 해 봤을 법한 놀이가 수학에 적용되고 있다는 것이다. 이를테면, '100까지의 수'를 이해시키기 위해 아이들 앞에는 100개의 칸이 그려진 학습지가 있다. 교사도 칠판에 똑같은 모양의 칸을 그린다. 아이들이 한편이 돼 교사와 대결을 펼치는데, 가위바위보를 해서 이긴 편이 약속한 수만큼 색을 칠해 100까지 모두 칠하면 이기는 놀이이다. 가위로 이기면 3칸, 바위로 이기면 5칸, 보로 이기면 10칸이라고 정해 놀이를 시작하면 아이들은 별것도 아닌 이 상황에 빠져들기 시작한다. 100칸이 조금씩 혹은 빠르게 채워지면서 교사와 아이들 모두 긴박감을 느끼며 흥분하기 시작하는데, 이런 과정에서 아이들은 지루하지도 어렵지도 않게 100까지의 수를 온몸으로 익히게 되는 것이다.

놀이 수학에 대한 그의 구상과 실천은 문제 카드를 만들어 적용하다 실패한 시절의 2학기 때부터 출발한다. 단순히 문제를 재미있게만 풀게 해 개별 지도를 한다고 해서 수학에 대한 개념을 아이들이 익히는 것은 아니라는 걸 알게 되면서 그는 처음부터 다시 시작을 해야 했다. 연구와 실천을 거듭하며 고민한 끝에 그가 내린 결론은 아이들은 조작 활동을 놀이를 매개로 즐겁고 확실하게 익혀 나갈 때 개념을 이해하고 문제를 해결해 나갈 수 있다는 것이었다. 그는 끊임없이 수업에서 놀이로 아이들의 상태를 읽어 가면서 조금씩 내용을 보완해 나갔다. 어느 순간이라고 딱 말하기는 어렵지만, 기존의 수업과 다르게 조작 활동으로 수학 수업을 하다 보니 아이들의 눈빛이 빠르게 달라지는 모습도 보이기 시작했다. 조금씩 아이들은 수학 시간을 기다리고 있었다. 바뀌는 아이들 모습이 신기했다. 더구나 학습 효과까지 보이자 그는 다른 사람들에게도 이런 수업을 알리고 싶은 마음이 불쑥 들었다. 이게 정말 최선이고 최고라는 생각과 이 길이 맞다는 걸 널리 알리고 싶었다.

재미와 기쁨, 성공은 조성실을 온 교실을 누비며 한 아이도 놓치지 않겠다는 일념으로 가득한 교사로 만들어 놓았다. 조금도 가만히 있지 않고 동분서주 뛰어다니며 아이들의 시선을 하나도 놓치지 않으려 했고 그러한 노력은 그에게 언제나 긍정의 힘을 불어넣고 있었다. 수업에서 실패와 좌절을 느낄지도 모를 아이들을 끊임없이 격려하고 응원해 주며 용기를 북돋는 교사로 살도록 했다. 이와 같은 열정적인 그의 모습은 2005년 당시 그의 수업을 여러 편의 비디오로 검토해 가며 비평을 했던 청주교대 정재찬(현 한양대학교) 교수의 글에 아주 잘 드러나 있다. 정재찬의 표현에 따르면 단순히 긍정의 메시지만이 아닌, 아이들의 표현을 인정하고 고쳐 주기도 하고 아이들의 생각을 적용하고 비교하며 명료화하는 등 여러 가지 필터로 그는 아이들과 소통하며 시선을 한시도 떼지 않고 있었다. 수업에서 아이들의 활동은 단순하고 반복적이지만, 교사의 활동은 개별 아이들의 반응에 일일이 반응하며 작은 표현도 놓치지 않고 기억하는 매우 복잡하지만 각기 다른 모습이었다.

여기에 이르기까지 사실은 엄청난 양의 교사 활동이 있었다. 아이들만 발표한 것이 아니라 아이들 하나하나가 발표할 때마다 선생님은 쉬지 않고 피드백을 했다. 그 양상도 다양했다. 특정 학생의 특정한 표현을 반복하는 '인정하기', 아이의 말을 교사의 말로 재진술하는 '수정하기', 개념화나 다른 사례에 학생의 생각을 이용하는 '적용하기', 전에 표현한 것이나 다른 학생의 표현과 비교하는 '비교하기', 산만하게 이어진 학생의 말을 명료화하는 '요약하기' 전략 등, 조 선생님의 말하기 전략은 풍성하고 능력은 뛰어나다. 훌륭한 언어 사용자는 그 자체만으로도 훌륭한 국어 선생님이 되기 위한 필요조건을 갖춘 것이라 할 수 있다. 수업은, 아니 영화는 이렇게 끝이 난다. 독자 여러분, 아니 관객 여러분! 상영 시간이 얼마나 될 것 같은가? 이 수업 비디오의 분량은 대략 85분. 두 시간을 연이어서 수업했고, 아이들은 이제 20분을 쉬게 된다. 그런데도 선생님이 가르치고자 한 내용을 담기에는 이 형식도, 이 시간도 모자란 것 같다. 게다가 선생님은 아직도 별로 지쳐 보이지 않으니 큰일이다.

- 정재찬(2007), 〈국어 시간에 생각하는 '침묵의 소리'〉, 이혁규 외, 《수업, 비평을 만나다》, 65~66쪽

정재찬의 비평에 담긴 조성실은 에너지가 넘쳐흘러 주체를 못 하는 모습이다. 같이 수업을 하는 아이들보다 힘이 넘치는 그는 교실 속에서 매우 분주했고 쉼 없이 말을 이어 갔으며 아이들 모두에게 질문을 하고 답을 얻으려 했다. 이런 모습을 지켜보던 정재찬은 교사만 고군분투하며 아이들에게 감탄하고 찬사를 보내는 수업이 되고 말아 소음만 가득하고 대화가 보이지 않았다는 아쉬움을 표하기도 했다. 그는 국어 시간에도

침묵이 필요하다는 조언을 건네며 우리네 국어 수업의 가장 큰 문제는 언어나 활동의 부재가 아닌, 침묵의 부재일지도 모른다는 조심스러운 진단을 내리기도 했다. 그리고는 바로 '그녀', 조성실에게 열정을 조금은 줄여 달라는 부탁을 하기도 했다. 열정은 때때로 과잉을 동반하고 예술 작품의 성취는 예술가의 의욕과 비례하지 않는다는 말을 덧붙이기도 했다.

조성실에 대한 정재찬의 수업 비평은 국어 수업 몇 시간을 비디오만으로 읽어 낼 때 충분히 다룰 수 있고 조언할 수 있는 내용이었다. 한편으로는 조성실이 왜 그토록 자신의 열정을 숨길 수 없는지를 수업 비디오 영상 몇 편에 담긴 것만으로는 읽어 낼 수 없다는 점도 보여 준 비평이기도 했다. 조성실이 아이들의 시선을 놓치지 않고 끊임없이 이야기하려 했던 열정의 바탕에는 '눈빛이 살아나지 않는 아이들'이 있었다. 앞서도 언급했지만, 그는 고개를 숙이고 축 처져만 있는 아이들을 가만히 지켜볼 수 없었다. 그는 모든 책임을 교사인 자신에게 돌렸고 아이들이 수업을 즐기게 하기 위해서는 교사가 먼저 살아 움직여야 한다는 것을 누구보다 잘 알고 있었다. 따라서 그에게 천천히 속도를 늦추며 말을 줄이고 침묵의 가치를 되새겨 보는 수업을 해 보라는 것은 어쩌면 그만의 수업을 하지 말라는 말과 다르지 않다.

조성실은 조작 활동을 바탕에 둔 놀이 수학을 해야 한다는 원칙을 세운 뒤, 모든 수학 교과 영역 어디든 놀이를 적용할 수 있다는 확신을 갖게 되었다. 이는 그를 밤낮을 가리지 않고 놀이 수학에 몰두하는 교사로 만들어 버렸다. 퇴근 뒤 집에 가서도 해당 단원과 차시에 매우 알맞은 놀이를 찾고 적용하는 연구를 하는 데 온 정신을 쏟았다. 주말에는 보채는 아기를 등에 업고서도 놀이를 수학에 어떻게 적용하면 좋을지만 생각했다. 다른 이유는 없었다. 수학 수업 시간만 되면 고개를 숙이던 아이들의 모습을 다시는 보고 싶지 않을 뿐이었다. 재밌는 놀이를 개발해 아이들과 신나게 수업하며 놀고 싶을 뿐이었다. 그는 이런 모든 과정이 재미있었다. 그저 수학이 좋았던 그는 수학 수업을 즐거워하고 기다리는 아이들의 교사로 그렇게 성장해 갔다. 그 시절 '수학'과 '놀이'는 조성실에게 전부였다. 그 열정은 교사로 살아가는 이유였고 수업을 살아가는 생명 줄과 같았다.

놀이 수학에 숨은 네 가지 코드

조성실은 〈YTN사이언스〉 '생활 속 놀이 수학' 편(2014)에 등장한다. 수학에서 조작 활동이 얼마나 중요한지, 놀이로 어떻게 수학에 접근을 할 수 있는지를 학부모와 학생을 대상으로 강연을 하고 있다. 시작 지점에서 그는 '수학에서 아이들이 배워야 할 4가지'를 화면에 띄운다. 화면에는 생각 놀이의 기쁨과 새로운 생각의 문을 여는 기쁨, 생각을 정리하는 힘, 사회적인 정의의 경험이라는 자막이 흘러나왔다. 첫 번째, 그는 어른들이 생각하는 것만큼 아이들은 초등학교 수학을 쉽게 느끼지 않는다고 했다. 그 까닭을 정답을 맞히는 결과만을 내놓는 기존의 교육 관행과 문화 때문이라 비판했다. 과정에서 얻어야 할 수학적 사고와 본능에 가까운 즐거움, 즉 '생각 놀이의 기쁨'을 아이들이 놓치고 있기 때문이라는 것이다. 초등 수학에서 아이들이 가장 먼저 그리고 오랫동안 즐기고 느껴야 할 생각하는 과정을 즐기는 기쁨을 돌려주는 것이 교사와 어른이 해야 할 가장 큰 역할이라는 점을 강조했다.

아이들이 생각 놀이를 즐긴다는 거, 그것이 본능에 가까운 것이라는 사례는 많아요. 예를 하나 들면, 1학년 담임을 할 때 한 아이가 공부 시간이 됐는데도 들어오지 않아서 기다리다 나가 봤

더니 신발장에 번호대로 있는 신발을 다 꺼내서 색깔별로 늘어
놓고 있는 거예요. 나중에 집에 갈 때 애들 신발 찾아 주느라고
고생을 했지만, 그 모습을 보면서 분류, 순서대로 늘어놓는 게
일종의 본능이라는 생각을 하게 됐어요. 교사라면, 어른이라면
이런 점을 놓치지 않고 아이들의 본능을 살려 주고 되돌려 주어
야 한다고 생각해요.

　　지난 10여 년간 초등 교사들의 수업 방식은 크게 두 가지로 구분되
는 듯하다. 하나는 교사용 지도서와 교과서, 혹은 인터넷 매체에서 얻는
교수-학습 자료로 수업을 채우는 방식, 다른 하나는 각종 연수에서 잘
알려진 강사의 실천 사례나 외국 이론과 실천을 참고하는 방식이다. 그
러나 조성실은 어느 쪽에도 속해 있지 않았다. 함께 살아가는 아이를 읽
어 내지 못하거나 책이나 연수에 의존하고 외국 이론과 실천에 의지해
수업과 아이들을 이해하려 하는 교사들의 실천 방식과 한참 거리가 있
었다. 그는 신발장에 있는 신발을 모두 끄집어내어 색깔별로 늘어놓는
아이를 보고 혼을 내기보다 그 아이가 무엇을 하고 있는지, 무엇을 하려
했는지를 살펴보려 했다. 그는 다른 교사들의 실천 사례나 거대한 외국
이론에 기대지 않고 자신의 곁에서 살아가는 아이들을 읽고 연구하면서
답을 찾았던 것이다. 그는 생각 놀이의 기쁨을 얻은 아이들에게 '새로운
생각의 문을 여는 기쁨'을 전하고 싶어 했다.

　　수학은 단계가 필요한 학습이다. 따라서 그는 한 단계를 익히면 또
다른 단계가 나오고 또 그 단계를 넘어서면 그 다음에는 무엇이 기다리
고 있을지를 궁금하게 하는 방식의 수업이 필요하다고 본다. 우리들은 흔
히 높은 산에 올라 주변을 바라보면 새로운 세계, 넓은 시야로 세상을
보게 된다. 산으로 올라가기까지 힘든 과정이 있지만, 정상에 올라선 사

람만이 새로운 풍경을 바라보는 기쁨을 느낄 수 있다. 그는 수학도 마찬 가지라는 생각이다. 산을 올라가는 것처럼 힘들고 어렵지만 수학을 공부 하면서 아이들도 '새로운 생각의 문을 하나씩 여는 기쁨'을 만날 수 있어 야 한다고 생각한다. 그래야 수학이 지겹지 않고 재미있는 교과로 아이 들에게 다가설 수 있다는 것이다. 그는 이러한 기쁨을 반드시 아이들이 자신의 언어로 정리하게 하는 것이 매우 중요하다고 말한다. 이것이 '생 각을 정리하는 힘'이라는 조성실 놀이 수학의 세 번째 코드이다. 그는 조 작 활동을 통해 즐거움을 느끼는 아이들은 그것을 자연스럽게 말하고 싶어 한다며, 교사는 수업 시간에 자기 언어로 정리해 표현할 수 있도록 아이들을 도와주어야 한다는 점을 재차 강조한다.

조성실

수학은 다른 교과와 구별되는 지점이 있다는 걸 말하고 싶어요. 국어나 사회, 혹은 과학 같은 경우는 배경 지식이 있어야 또는 그것을 익혀야 말할 수 있고 글을 쓸 수 있다면, 수학은 조작 활 동 과정을 통해서 손으로 직접 만지고 눈으로 봤기 때문에 쉽 게 말을 할 수 있고 누구나 정리를 할 수가 있는 거예요. 수학은 그래서 논리적인 설명을 가능하게 하는 기쁨을 아이들이 즉각 적으로 느낄 수 있는 거죠. 난 그렇게 생각해요. 평소에 말을 잘 못하던 아이들, 수줍음이 많아 수업 시간에 말을 많이 하지 않 던 아이들도 수학 시간에는 조작 활동을 하면서 재밌어하고 굉 장히 좋아해요. 6학년인데도 조작 활동을 하고 놀이를 좋아해 서 수학 수업에서 신나서 말하고 싶어 해요. 제가 가르치고자 하는 수학은 공교육 안에서 다인수 학급에서 이뤄지는 수학 수 업을 이야기하는 거예요.

《수학이 필요한 순간》의 저자 김민형은 수학이라는 학문에서 읽어야 할 코드 몇 가지를 꺼내 놓았다. 그 가운데 인상적인 몇 가지를 가져오면 이렇다.

'인간은 얼마나 깊게 생각할 수 있는가?'

'결국 모든 삶은 수학적으로 사고할 수밖에 없다.'

'결국 인간은 수학적 사고를 하는 존재이다.'

'수학은 정답을 찾는 일이 아니라, 인간이 답을 찾아가는 과정이다.'

'우리는 답을 맞히려고 하지 틀리려고 하지 않는다. 그런데 틀리기 싫어하면 어떤 질문이 가진 오류도, 어떤 방법이 가진 한계도 발견하기 어렵다.'

조성실은 이 모든 내용을 아이들과 살면서 부딪치면서 놀이 수학에서 발견해 내고 깨우치며 실천했다. 사토 마나부의 '배움의 공동체'에서 던진 핵심적인 화두 중 하나는 '한 명의 아이도 놓치지 말아야 한다'는 메시지였다. 이미 조성실은 그 말이 한국에 유행하기 전부터 자신의 교실에서 한 명의 아이들도 놓치지 않으려 놀이 수학을 개발하고 실천해 왔다. 문제는 그동안 우리가 놓치거나 깨닫지 못했던 메시지가 아니라, 아이들을 제대로 바라보고 읽지 않으려 했던 우리들의 모자라고 그릇된 태도와 관행에 있었는지 모른다. 마지막으로 그가 전하는 네 번째 코드는 수학 수업에서 '사회적인 정의를 경험하게 해야 한다'는 것이었다. 수학 수업에서 '사회적 정의'라니? 그는 수학에 소질이 있어서 좋아하는 아이가 있는가 하면 그렇지 못한 아이들도 반드시 교실에 존재한다고 말한다. 교사가 이 양 끝에 놓인 아이들이 한데 어우러져 수학을 공부할 수

조성실

있는 조건을 만들어 주는 것 자체가 곧 사회적인 정의를 경험하게 해 줄 수 있는 수업이라고 말한다. 수학이 개개인에게 주어진 문제를 해결하는 것이고 성취 수준에 따라 단계별로 보완해 자신만의 목표를 달성해 나가는 교과라 여기는 사람들에게는 무척이나 의문이 드는 주장일 수밖에 없다.

66

사회적 정의라는 것은, 교실에서 수학을 못하고 소질이 없는 아이가 사회적으로 봤을 때 도움이 필요한 사람이라는 거죠. 그리고 그 도움이 필요한 사람은 기본소득처럼 기본적으로 배려받아야 하는 거고 교사의 태도나 학급의 분위기, 수학 시간에 일어나는 일로 그 배려를 권리로서 보장받아야 한다는 거예요. 놀이나 이야기 속에서, 특히 조작 활동에서 수학 수업을 잘 따라오지 못하는 아이를 따라오게 해서 기본소득을 보장해 주는 것이라고 생각해요. 그래서 수학 시간은 사회적인 정의를 실천하고 체험할 수 있는 시간인 것이죠.

그는 수학 수업이었기 때문에 이런 생각이 가능했다고 했다. 아이들에 따라 수학을 잘하거나 못하거나 하는 차이는 수업 시간에 극명하게 나타나기 때문이다. 안타까운 건, 이런 격차는 사교육을 통해 골이 더욱 깊어지고 확장된다는 것이다. 가정 형편과 상관없이 수학에 자신이 없는 아이들은 문제 풀이와 평가 위주의 사교육에서 수학을 멀리하게 되고 포기하게 되는 것이다. 이러한 아이들이 한데 모인 곳이 바로 우리네 공립 학교의 교실이다. 수학 시간에서 기쁨과 즐거움을 느끼도록 하기 위해서 그는 격차를 보이는 아이들에게 조작 활동과 놀이로 자신감을 회복시켜 주려 했다. 그리하여 결국에는 한 반에 속한 모든 아이들이 수업에서 하나가 될 수 있도록 만들려 했다. 그는 이러한 분위기를 만들어 준 조작 활동을 하나의 시스템으로 활용했다. 예를 들면, 놀이를 하면서 어쩔 수 없이 나오게 되는 순위에서 상품을 건네줄 때, 1등에게 사탕 1개, 2등에게 사탕 2개, 3등에게 사탕 3개라는 공식을 자연스럽게 아이들에게 제시한다. 의아해하는 아이들에게 이미 놀이에서 1등으로 보상받은 것과 마찬가지라는 것, 그리고 못해서 아쉬운 아이들에게 사탕을 더 건네주어 균형을 맞춰 가는 게 좋다는 논리로 아이들을 설득하고 수업을 이끌어 갔다. 이렇게 그는 수학 수업의 네 가지 코드를 완성해 갔다.

'조성실스러움'이라는 것에 대하여

조성실의 수업이나 강의 일부는 인터넷에 공개가 돼 있어 어렵지 않게 찾을 수 있다. 그러나 그의 수업을 직접 보고 스케치하는 과정은 아쉽

게도 이뤄질 수 없었다. 갑작스러운 퇴임 결정을 뒤늦게 듣고 그의 수업
과 삶을 담아내고자 할 때는 이미 수업을 마무리하고 난 한참 뒤였다. 그
나마 그의 마지막 해 수업을 참관하고 기록하여 학위 논문의 한 꼭지로
활용한 연구자가 있어 다행이었다. 연구 대상이 익명으로 처리된 논문에
는 수업에서 드러나는 조성실의 일면이 잘 보인다. 연구자는 조성실 수학
수업의 범주를 '배려'와 '흥미와 성장', '인정과 질서', '앎과 삶의 통합'으
로 기술하고 설명하고 있다.[2]

조성실

교사는 직육면체의 겉넓이를 구하기 전에 '넓이'의 개념을 학생
들에게 다시 상기시키고자 퀴즈로 수업을 시작했다. 교사는 실
마리라고 쓰인 곳 1번에 '평면'이라고 적었다. 주희가 손을 들고
직사각형 같다고 대답했고 교사가 "생각을 너무 잘했다"고 했
다. 재원이가 손을 들었다가 내리니까 교사가 "틀려도 칭찬받으
니 그냥 답해도 된다"고 격려했다. 2번에는 구분, 3번에는 범위
라고 적었다. 한 친구가 입체 도형이라고 말했다. 또 다른 친구
가 "점선"이라고 말하면서 "점선이 구분도 해 주고 범위도 지
어 주니까"라고 답했다. 교사는 학생에게 "생각이 엄청 기발하
다"고 했다. 교사가 4번째 실마리에 채움이라고 하니 아이들이
부피, 단위 부피, 비어 있는 부피라고 답했다. 이어 교사가 평면
과 관련 있다고 하자 한 친구가 "넓이"라고 답을 말했다. 그래서

[2] 〈교사의 교육과정 재구성 실천과 학생의 수업 경험에 대한 사례 연구〉(박영림, 2019)에는
익명으로 표기된 교사 중 조성실이 연구 대상자로 등장한다. 이 논문은 2018년, 조성실 외 교사
2인의 수업을 관찰하고 분석하는 등 좋은 수업을 하는 교사들의 수업에서 나타나는 특징을 탐구
하여 기술하고 있다.

교사가 답을 맞혔다라고 하며 5번에 어떤 실마리가 있을지 맞혀 보라고 했다. 아이들이 가로 곱하기 세로, 제곱센티미터 등등 대답하자 교사가 그것보다는 너무 쉬운 말이라고 했다. 아이들이 계속 답을 말하지 못하자 교사가 "넓다, 좁다"라고 알려 주었다. 이어 교사가 직육면체에 넓이가 있냐고 물어보았고, 규원이는 직육면체 면이 6개가 평면이니까 넓이가 있다고 하자 교사가 '박수'를 쳐 주며 훌륭하다고 했다.

- 박영림(2019), 〈교사의 교육과정 재구성 실천과 학생의 수업 경험에 대한 사례 연구〉, 57쪽

논문 속에서도 언급되고 있지만, 조성실을 한 번이라도 본 사람들은 수업에서는 "아직은 몰라도 괜찮아요. 선생님이 포기하지 않고 가르쳐 줄게요"라는 말을 곧잘 듣게 된다. 아이들이 조금 어려워할 만한 지점이나 헷갈려 쉽게 포기할 것 같은 지점에서 되풀이해 나오는 말이다. 사회적 정의를 깨닫게 하는 조성실표 놀이 수학에는 아이들이 수학 수업에서 낙오되지 않게 하려는 그만의 배려와 진정성이 담겨 있다. 연구자에게 배려로 받아들여지는 이런 수업 풍경은 조성실에게는 수업 속에서 누구에게도 편중되지 않는 기본소득을 보장하는 그만의 실천 방법이자 하나의 장치였다. 이 장치에는 '조작 활동'에 따른 '놀이'가 단단히 자리잡고 있다. 연구자는 이러한 조작 활동을 '조절 가능한 과제'라는 교육학 용어로 풀이를 했다. 《맞춤형 수준별 개별화 수업 전략》(2014)에 소개된 '조절 가능한 과제'란, 같은 구조와 내용을 담고 있지만 아이들에 따라 과제 결과 수준이 조절될 수 있어 배움이 느린 아이들뿐 아니라 수학적 사고 능력이 뛰어난 아이들도 배려할 수 있는 장치를 말하는 것이다. 이것 말고도 조성실의 수업은 역발상적인 보상 체제를 마련하여 뒤처지는

아이들을 위한 배려를 놓치지 않으려 한다. 이것을 연구자는 수업 속 '결과적 평등'으로 해석했다.

교사는 게임을 하겠다고 하고 설명하였다. 주머니에서 1~9까지 카드를 넣어 카드를 두 개 뽑아서 한 수가 다른 수의 2배가 되면 1점을 얻는 놀이에 대해서 설명하였다. 두 명이서 하는 놀이지만 점수를 계산하는 방법은 우리 반에서 나온 점수를 모두 합친다(경쟁적 요소 제거). 아이들은 두 명씩 짝을 지어 놀이를 시작하였다. 학생들은 공정하게 놀이를 진행하려고 애쓴다. 일정 시간이 끝나자 교사가 아이들을 집중시킨다. 교사는 다니면서 아이들이 몇 점을 받았는지 총점을 확인하였다. 집중시킨 후 아이들에게 우리 반 총점이 몇 점인지 아이들에게 알아맞혀 보게 하였다. 총점은 35점이었다. 교사가 보상을 줄 사람이 세 명이라고 하며 반칙도 안 쓰고 진짜 열심히 했는데 1점도 안 나온 학생의 이름을 부르고 쉬는 시간에 간식을 받으러 오라고 하였다. 교사는 1등은 기분이 좋으니까 역시 1등한테는 굳이 안 줘도 되겠다고 말했다.

- 박영림(2019), 앞의 논문, 57쪽

조작 활동, 놀이와 이어지는 '이야기'는 조성실 수학 수업의 가장 핵심적인 장치이기도 하다. 그는 수학 관련 이야기책을 따로 출판할 정도로 수학 개념을 이야기로 풀어내어 수업으로 몰입하게 하는 남다른 재주를 가지고 있다. 어쩌면 그것은 어렸을 적부터 수학을 좋아하고 어른이 되어서도 수학 공부를 이어 가려 했던 그만의 수학 사랑과 어릴 적

'산복이'처럼 온 동네를 뛰어다니며 다양한 놀이를 경험했던 그만의 삶이 바탕이 되었기 때문일지도 모른다. 그의 수업을 비평한 정재찬도 '조성실은 서사에 능하다. 타고난 이야기꾼'임을 인정했다. 수학의 개념을 스스로 터득해 즐기는 재능을 가지고 있었던 그에게 이야기를 만들어 내는 재주는 덤이자 특기였다. 여기에 유년 시절의 다양한 놀이 경험이 실제 수업을 만드는 데 자연스럽게 녹아들어 그만의 빛깔이 나는 놀이 수학을 꾸려 낼 수 있었던 것이다. 그에게 이야기란, 수업 과정에서 느끼는 가장 큰 기쁨이자 보람 그 자체였다.

6학년에게 함수와 관련된 이야기를 들려줄 때, 선생님을 사랑한 유치원 아이 이야기를 해 주면 뒤로 넘어갈 것처럼 좋아해요. 6학년 아이들인데도. 제가 만든 거지만 지금 생각해도 너무 재밌어요. 그러니까 그 얘기가 뭐냐면, 함수의 기본이 함수가 변할 때 다른 함수도 따라서 변하는 것이거든요. 초등학교에서는 그걸 관계라고 하는데, 그런데 그 관계라는 개념이 수학에서는 어려운 개념이거든요. 예를 들어 한 개를 사면 500원, 두 개를 사면 1,000원이라는 이 개념을 6학년 아이들이 새롭게 이해를 해야 하는 거예요. 그러면 그 관계라는 개념을 어떻게 재미있게 이해를 할 거냐는 거죠. 그때 선생님을 사랑한 유치원 아이 이야기를 해 주는 거예요. 예를 들어서, 진환이 있잖아, 진환이에게 동생이 있는데, 이 이야기는 상상이야. 진환이 동생이 여자아이들한테는 관심이 없어. 근데 왜 그러겠니 하면……, 아이들이 정말 대단해요. 막 아이들이 맞혀 보고 그래요. 이야기를 이어서 제가 유치원 선생님을 진환이 동생이 좋아해서 여자아이들한테는 관심이 없었던 거야, 그러면 아이들이 그만 다 넘어가요.

그런데 어느 날 얘가 선생님한테 마침내 고백을 하러 간 거야.
엄마 핀도 가져가고 엄마 화장품도 가져가서 선생님한테 고백을
했더니 막 선생님이 웃으시면서 그래 좋아, 결혼해 줄게 했다.
그때 동생이 뭐라고 했냐면, 선생님! 20년만 기다려 주세요. 그
러면 내가 지금 5살이니까 선생님도 25살, 나도 25살이 되잖아
요. 그러면 우리는 결혼할 수 있어요. 그러면 아이들이 막 넘어
가요. 그때 저는 그러면 여기서 사랑에 눈이 멀어서 진환이 동
생이 몰랐던 것은 무엇일까? 그러고는 아이들이 답을 말할 때까
지 계속 질문을 해요. 그러면 아이들은 결국은 선생님이 나이를
먹으면 동생도 나이를 먹는다는 것을 몰랐다, 선생님의 나이가
변하면 따라서 동생도 나이가 변한다는 것을 몰랐다라는 정답
을 정확하게 말하기 시작해요. 그리고 저는 이렇게 말하며 시작
하는 거죠. 맞아, 이렇게 선생님의 나이가 변하면 동생의 나이
도 변하게 된다는 것, 이것을 관계라고 해. 우리는 지금부터 두
수의 관계에 대해서 공부하게 될 거야.

그에게 수업 속 이야기는 생일잔치 이상의 이벤트였다. 인터뷰 중에
도 그는 때때로 이야기로 6학년들까지도 자연스럽게 조작 활동에 빠져들
게 했다며 흥분을 감추지 못했다. 6학년인데도 학급의 한 아이의 이름으
로 시작해서 이야기를 풀어 가면 다른 친구들이 그 아이에게 정말 네 동
생이냐며 수업 분위기가 만들어질 때는 엄청난 희열마저 느꼈다. 그는 바
로 이런 수업이 아이들의 삶을 살려 주는 수업이라 여겼다. 수학 시간이
아이들의 삶을 돌려주고 살려 줄 수 있다는 생각이 들 때, 그 순간만큼은
수학 시간이 단순한 수업이 아니라 아이들과 자신이 하나가 되는 시간이
었다. 그에게 수업은 늘 재미있고 흥미로운 존재였고 아이들과 하나가 되

어 자신을 잃어버리고 몰입하게 되는 삶 그 자체였다. 그래서 그의 수업을 보는 사람들은 수업이 끝으로 치닫는 데도 전혀 신경 쓰지 않는 그의 모습을 금세 발견하게 된다. 어쩌면 이런 모습이 그를 바라보는 많은 이들에게 조성실은 오로지 수업밖에 모르는 외골수라는 생각을 갖게 했는지도 모른다. 이른바 '조성실스럽다'라고 칭하면서 말이다.

수업 때문에 행복했던 산복이

지금껏 우리는 외국의 교육 철학과 이론들을 수입, 선점하는 것으로 자신들의 위상들을 잡아 온 수많은 학자와 실천가들을 바라보고 살아왔다. 그러나 정작 현장에서 온몸으로 뛰며 실천하고 자신의 이론을 만들어 가는 교사들에게는 관심을 주거나 지원을 하지 못했다. 열린 교육 열풍이 온 나라를 뒤덮기 전부터 그는 일제식 수업에서 고개를 숙이며 입을 닫고 기죽어 있던 아이들을 살리는 수업이 무엇인지를 고민하기 시작했다. 해결 지점을 찾지 못할 때는 스스로 교사를 못 할 것 같다는 자괴감에 빠지기도 했다. 그러나 평범했지만 꾸준하고도 열심히 아이들을 대상으로 연구하고 실천했던 한 교사는 고군분투하며 답을 찾아가기를 멈추지 않았다. 그는 누구의 눈치를 보거나 어떤 이론을 따라 실천하는 게 아니라 그저 아이들만 바라보고 꾸준히 실천해 왔다. 이런 바탕에는 끊임없는 기록이 숨어 있었다. 그는 교사로 임용이 되고 수업을 소중히 여겨야 한다는 생각이 들었던 순간부터 해마다 수업 공책을 만들어 당일 수업의 밑그림을 미리 그리고 준비한 후 수업에 임했고 후기를 남겼다. 37년간 수업 공책은 그에게 책임감 자체였고 하나의 원칙이었다.

❝

기본적으로 꾸준함 같아요. 37년 동안 단 한 번도 내 수업을 위한 수업 공책이 없는 해가 없었어요. 최근 2년간 업무 팀을 맡아 수학 교과 전담을 하면서도 수학 수업 공책이 있었으니까요. 내일 수업할 것에 대해 단어로라도 밑그림을 그렸죠. 모든 시간을 간단하게라도. 담임을 할 때면 1교시면 '1' 이렇게 써서 옆에 깨알 같은 글씨로 적어 가면서 수업 구상을 했어요. 한 번도 수업을 구상하지 않고 수업 시간에 들어가 본 적이 없다고 생각하시면 돼요. 수학 수업만은 끝나고 나서도 자세히 기록했었거든요. 나중에는 그렇게 자세히 쓰진 않았지만, 기록을 했을 때와 하지 않았을 때가 엄청 차이가 나기 때문에 기록을 하는 걸 정말 중요하게 여겼어요. 기록을 한 3일 정도 안 하면 아이들과 어긋나기 시작한다는 느낌이 들 정도였어요.

❞

조성실

수업에 대한 수많은 이야기가 오고 가지만, 초등 교사에게 담임의 역할이 어떤 것인가는 잘 논의되거나 다루어지지 않는다. 중등과 다르게 여러 교과를 다루어야 하는 초등 교사, 거기다 담임까지 맡아 1년을 책임져야 하는 초등 교사에게 수업은 엄청나게 큰 위치에 있다. 담임은 아이들과 하루를 살아야 하는 '관계'의 지점에 있다. 이 관계가 무너지거나 흔들리면 수업 전체를 진행하고 꾸려 나가기가 어렵다. 그래서 단 한 차시 수업만으로 초등학교 교사의 수업 전부를 단정 지을 수는 없다. 교사의 한 차시 수업만 보고도 그 교사를 판단할 수 있겠지만, 수업이 유쾌하고 활발할 수 있도록 만들기까지 한 교사가 일상에서 담임으로서 아이들과 끊임없이 관계를 맺고 소통해 왔던 과정을 고려하지 않고서는 온전히 이해하기는 어렵다. 이와 같은 사실을 조성실은 온몸으로 살아왔던 자신의 이야기를 통해 너무도 확실히 보여 주고 있다. 수업에 온몸을 던졌던 조성실. 담임으로서 최선을 다했던 조성실. 그것이 곧 자신의 삶이라 여기며 살았던 조성실. 그의 변화된 수업은 아이들 곁에서 함께 살아가려는 진정 어린 교사의 모습에 바탕을 두고 있었다.

(업무 전담을 맡기 전) 담임할 때 저는 제 모든 걸 100% 아이들을 위해 썼어요. 수학의 소질 차이가 사교육에서 더 커지기 시작해요. 사교육을 받는 아이들조차 더 좌절하고 재미와 흥미를 잃는 아이들이 많아져요. 그건 담임을 하지 않으면 이 아이들을 도와주기가 힘들죠. 교과서의 한계도 커요. 예를 들어서 3, 4학년이 되면 아이들이 손쉽게 대분수를 가분수로 바꾸고 가분수를 대분수로 바꿀 수 있을 거라는 건 어른들의 오산이에요. 21명에서 25명의 아이들이 대분수, 가분수로 바꾸는 과정을 몇 번의 조작 활동을 통해서 이해할 수 있는가? 능숙해질 수 있는가? 아이들이 외워서 해결하지 않고 조작 활동을 통해서 완전히 이해하는 데는 엄청나게 오랜 시간이 필요한데, 교과서는 한 차시로 끝나 버려요. 그러니 아이들이 정말 못해요. 그러면 이해하지 못하는 아이들은 추가 공부로 채워 주어야 해요. 3, 4학년 대부분의 아이들에게 대분수, 가분수는 정말 높은 산이에요. 산을 넘게 해 주기 위해서 조작 활동을 충분히 해서 개념을 이해시켜 능숙하게 해야 했는데, 담임을 할 때는 재미있는 학습지를 일일이 매일 만들었어요. 그리고 그 속에는 재미있는 사건을 초성만 적어 문장을 알아맞히게도 해요. 수학 문제를 매일 다섯 개씩 내기도 했어요. 국어 시간에는 재미있는 퀴즈도 냈어요. 다음 날이 되면 아이들이 학습지를 달랑달랑 들고 와요. 해

결한 아이도 있고 다시 도움을 요청해 오는 아이들도 있죠. 그러면 또 반복해요. 이런 과정으로 모든 아이들이 완벽하게, 능숙하게 해결하게 해서 다음 학년으로 올라가게 해요. 3월에 그렇게 헤맸던 아이들이 나중에 잘해서 올라가면 전 너무 행복했죠. 그런 활동을 아이들이랑 아침에 눈을 마주쳐서 인사하자마자 시작했어요. 그냥 학교에 가면 온몸을 던져서 학급에서 아이들과 지냈죠.

〝〞

어릴 적 수학을 무척이나 공부하고 싶었던 산복이, 수학이 정말 재밌었던 산복이는 학문으로서 수학을 포기해야만 했다. 그리곤 어쩔 수 없이 수학을 가르치는 초등 교사로 살아야만 했다. 그는 자신만만했던 수학보다는 다른 교과를 더 잘 가르치고 싶었다. 그러나 시간이 지날수록 수학 시간에 고개를 숙이고 자신을 피하던 아이들 때문에 괴롭고 힘들었다. 그 이유를 알기 시작하면서 그는 수업을 활동적으로 만들기 시작했다. 수학 수업에 조작 활동을 들여오고 놀이와 이야기로 바꿔 나갔다. 그러자 아이들이 달라지기 시작했다. 이 과정에서 가장 많이 달라진 사람은 오히려 교사인 조성실이었다. 살아가는 데 더 이상 흥미와 재미, 의미마저 없었던 시절, 수업 속에서 아이들의 변화를 일으키며 자신을 바꾸어 내던 놀이 수학은 그를 이전과 전혀 다른 사람, 다른 교사로 만들었다. 눈빛이 달라지고 웃음을 보이며 자신의 수학 수업을 기다리는 아이들을 보는 것에 그는 삶의 의미와 흥미, 재미를 느끼기 시작했다. 밤을 새워 가며 적절한 이야기와 놀이를 생각해 내며 한 명의 아이도 놓치지 않겠다는 그의 신념은 놀이 수학이 가져다준 삶의 기쁨이 있었기 때문에 가능했다. 그는 수업이 좋았다. 언제나 좋았다. 실패해도 좋았고 성공해서 좋았다. 남들이 뭐라고 하든 자신과 아이들이 행복하면 그것으로 만족했다. 그는 수업으로 행복한 교사였고 수업 때문에 행복한 교사였다. 그야말로 수업을 행복하게 살았던 교사였다.

난 수업하는 것이 좋다. 오늘 수업도 좋았고, 어제 수업도 좋았다. 그제 수업은 실패했다. 그제 실패했기 때문에 오늘 수업이 좋을 수 있다. 내 수업을 누군가 또 비평할 수 있을 것이다. 그러나 나는 내 눈과 마음으로 수업을 늘 되돌아보기 때문에 훌륭한 수업은 되지 못해도 나와 아이들이 행복한 수업은 될 수 있다고 믿는다. 나는 수업 때문에 행복한 교사다.

- 조성실(2007), 〈눈빛이 살아나지 않는 아이들〉, 이혁규 외, 《수업, 비평을 만나다》, 75쪽

나, 다니엘 블레이크 & 나, 조성실

평생 사회적 약자를 위한 영화를 만들겠다고 선언한 세계적인 영화 감독 켄 로치. 그가 만든 영화 〈나, 다니엘 블레이크〉에는 평생을 성실하게 목수로 살아가던 주인공 다니엘이 등장한다. 그는 지병인 심장병으로 일을 이어 갈 수 없어 실업 급여를 신청하러 관공서를 찾는다. 공무원들은 까다로운 조건을 내밀어 실업 급여 지급을 유예시킨다. 그들이 내세운 조건을 채우기 위해 이력서를 쓰는 강의도 이수해야 했고 한 번도 사용해 본 적이 없는 컴퓨터로 직접 신청 절차를 밟아야 했다. 부당한 복지 수급을 막으려는 정부의 제약 조건이 오히려 사회적 약자를 밀쳐 내는 상황이다. 이처럼 부당한 제도에 맞서 싸우다 결국 심장 마비로 세상을 떠나는 한 시민을 그려 내는 영화 〈나, 다니엘 블레이크〉. 복지 국가 영국

의 허울과 허상을 차분하고도 냉철하게 짚어 낸 이 영화에 조성실은 열광했다.

영화 속에 등장하는 다니엘에 열광하고 영화 감독 켄 로치에게 박수를 보내던 그가 사회적 불평등에 대해 특별한 의식이 있거나 따로 공부를 한 것은 아니었다. 그저 가난했던 어릴 적부터 힘들게 교사로 살아오기까지 부당한 일을 외면하고 참을 수만은 없었을 뿐이었다. 그래서였을까. 암울한 시대에 태동한 전국교직원노동조합에 일말의 망설임도 없이 합류를 결정한다. 전교조가 여러 가지 사회적 조건과 시대 상황에서 제 역할과 빛깔을 조금씩 잃어 갈 때도 그는 스스로 전교조 교사임을 부끄러워하지 않았다. 학부모에게 보내는 학년 초 안내장에도 자신이 전교조 교사임을 당당히 밝혔고 올바른 실천으로 이겨 나가려 했다. 전교조는 교사 조성실이라는 정체성을 가장 잘 드러낼 수 있는 조직이라 여겼다. 따라서 교육과 전교조를 위해 조성실은 자신의 위치에서 가장 잘할 수 있는 일에 최선을 다했다. 어릴 적부터 가졌던 저항 의식과 올바른 삶에 대한 의지는 그렇게 수업으로 이어져 놀이 수학의 조성실을 만들어 냈다. '나, 조성실'은 그렇게 만들어져 갔던 것이다.

한 교사의 수업에는 그가 살아온 방식과 삶의 철학이 그대로 반영돼 있다. 어릴 적에 겪었던 부당했던 삶에 저항하며 스스로 새 길을 찾아가려 했던 조성실의 모습은 수업에도 그대로 투영되었다. 그의 삶의 철학과 방식은 당시로서는 독특한 수업관과 방법으로 남들보다 앞서 블록 수업을 진행할 수 있게 해 주었고, 수학 수업에서 조작 활동을 적극 적용하게 했으며, 수학 수업에서 놀이를 적용해 아이들에게 생각 놀이의 재미와 새로운 세계를 만나는 기쁨을 느끼게 했다. 아이들이 자신의 언어로 논리적인 수학적 사고를 할 수 있게 해 주었다.

그는 수학 수업의 모든 과정을 철저하게 사회적 정의에 바탕을 두었다. 성공과 실패, 정답과 오답의 차이가 극명하게 나타나는 수학 교과에서 아이들이 쉽게 실패와 포기, 좌절을 하지 않도록 공평한 보상 체계를 마련해 두었다. 공립학교 다인수 학급에서 효과적이고도 가치 있는 수학 수업의 모델을 만들어 갔다. 수업은 교사의 삶을 담은 이야기이자 거울이다. 교사의 수업에는 한 교사의 삶이 이야기로 고스란히 담겨 있다. 빛깔 있는 수업에는 교사용 지도서와 인터넷 매체를 활용한 수업을 되풀이하는 것으로는 결코 쌓이지 않는 교사의 깊고 넓은 삶이 담겨 있다. 그 삶을 읽어 낼 때라야 비로소 온전히 한 교사의 수업을 이해할 수 있다. 아울러 교사 스스로도 수업으로 살아가는 삶의 진정한 의미를 깨달을 수 있다.

　이제 조성실은 교직을 떠났다. 자신이 일궈 놓은 놀이 수학의 성과를 연구회나 연구소라도 꾸려 후배들을 양성하고 운동화시켜 또 다른 성취를 이룰 수도 있으련만, 이제 남은 몫은 자신에게 있지 않다고 생각한다. 그 일은 관심 있는 후배들과 동료 교사들에게 맡기고 자신은 또 다른 삶을 찾아 떠나고 싶어 한다. 조금은 이른 퇴임 결정을 스스로 잘했다고 여기는 그는 이제 교사 조성실이 아닌, 사람 조성실을 탐구할 수 있어 좋단다. 그 과정에서 이제껏 보지 못한 자신을 발견할 수 있을 것 같아 때때로 두렵기도 하지만 퇴직 후의 삶에 대한 기대가 크다. 그는 세상에서 가장 잘한 일 가운데 하나는 두 딸을 낳은 것이라고 했다. 두 딸이 치러 준 퇴임 파티를 고맙게 즐기며 보냈던 순간을 떠올리며 앞으로도 그런 시간을 즐기고 싶어 했다. 교사를 그만두는 것에도 미련이 없다고 했다. 딸아이가 전화해서 준비물을 사 달라고 할 때의 그 반가움, 준비물을 사 줄 때의 뿌듯한 기분으로 살았던 초등 교사로서 행복함과 감사함이 여전히 가슴에 남아 있지만, 이제 그것과도 그는 과감히 이별을 선언했다.

　초등 교사로 살아오면서 수업에 대한 기억은 모두 좋은 기억만 남아 있다고 하는 그에게 수업이 무엇이었냐는 상투적인 마지막 질문을 던졌다. 그러자 그는 곧바로 '수업은 나에게 100%'였다는 어쩌면 매우 당

조성실

교육공동체 벗 공방에서 어떻게 놀이를 적용해 수학 수업을 하는지 이야기 나누고 있다.

연한 답을 해 주었다. 그랬다. 그는 초등 교사로 온몸을 바쳐 수업을 살았다. 그래서 그에게 미련이 없다는 말은 사실일지도 모른다. 많은 교사들에게 영향을 미쳤던 조성실의 '놀이 수학 수업'은 공식적으로 이제 대단원의 막을 내렸다. 조성실은 다른 길을 걷고 싶어 한다. '교사 조성실'이 아닌 한 사회의 시민 '나, 조성실'로서 또 다른 '인생'이라는 수업을 스스로 기획하며 살아가려 그는 한껏 들떠 있다. 그가 아이들을 위해 수학 수업을 놀이로 만들어 냈듯, 요즘 그는 남은 삶을 즐기기 위한 인생 수업 거리를 찾느라 분주하다. 아마도 온몸으로 수업을 살았던 그였기에 그만의 방식을 찾아 충분히 잘 지낼 수 있으리라. 그와 인터뷰를 했던 2019년 2월의 마지막 그날은 조성실이 퇴임 확정 통보를 받은 날이었다. 당당히 새로운 삶을 살아가겠다며 한껏 웃음을 보이던 그가 문득 떠오른다. 그날 나는 멀어져 가는 그를 꼭 다시 만나길 바랐다. 그리고 언젠가 재미있고 즐거운 삶을 살고 있다는 반가운 소식을 전해 주길 바랐다.

조성실

조성실
입니다

선생님의 글을 읽고 수업으로 살아온 제 삶을 다시 떠올리게 됐어요. 퇴직할 즈음 저는 '이야기, 놀이, 조작 활동, 체험이라는 수학 수업 방법이 아직도 효과가 있는 방법일까?' 하는 질문을 가끔 제게 던지곤 했어요. 컴퓨터 프로그램이 발달하고, 수학을 전문 분야로 연구하는 교사들이 많은 교육 환경에서 새로운 수학 수업 방법이 생겼을 테고, 내가 연구했던 수업 방법은 한물갔으니 쓸모가 없을지도 모르겠다는 생각을 하기도 했죠. 하지만 수업을 해 보면 여전히 학생들이 집중해서 수학 활동을 하고 논리적으로 생각하고 발표하더라고요. 이 정도면 이 방법들이 여전히 효과가 있는 것이니 후배 교사들이 참고할 수는 있겠구나 싶었고요. 부족했지만 20년 동안 연구해 온 나의 수학 수업 방법에 대해 선생님이 기록하는 일을 해 주어서 그저 감사했어요. 선생님이 쓴 글을 읽으면서 내가 수학 수업을 오랫동안 끈기 있게 연구하게 해 준 동력이 무엇이었을까 생각해 보기도 했죠. 그것은 무모한 수업 형태를 잘 따라 해 준 학생들, 실천 사례를 소개해 준 선배들, 교육 활동을 나눌 수 있는 환경 덕분이었어요.

수학 수업을 고민하기 시작할 무렵, 저는 수학 시간에 학생들과 의사소통이 하나도 되지 않는 상태였어요. 그런데 학생들이 얼마나 착했는지 떠들지도 않았죠. 물론 교사 말을 듣지도 쳐다보지도 않았지만요. 학생들은 묵묵히 책상 아래를 보며 자기 할 일만 했어요. 저는 선생 노릇을 못 할 정도로 괴로웠죠. 그저 무언가 한번 해 봐야겠다고 생각했는데, 그때 개별 학습지를 어떻게 생각해 냈는지는 모르겠어요. 당시에는 개별 학습 형태의 수업을 준비하기에 여건이 좋지 않았어요. 학교에는 복사기가 없었고, 학급 학생 수는 50명이 넘었거든요. 다행히도 개별 학습을 시작하면서 열심히 참여하지 않는 학생이 단 한 명도 없었어요. 20여 명이 줄을 서도 수업 내용에 대해서만 서로 물어보았죠. 두 시간을 이어서 수업하고 10분만 쉬는 형태도 학생들이 먼저 제안한 것 같아요. 답에 대한 이유를 써 오라고 하면 학생들은 무엇이든 아무거라도 생각을 써 오곤 했어요. 두 번째 시간 수업을 마치는 종이 울리면 재빨리 개별 문제지를 몇 개씩 가져가서 숙제로 해 오겠다는 학생들도 있었죠. 일요일 당직 때 15명 쯤 오라고 했는데, 휴일인데도 학교로 찾아오지 않은 학생은 단 한 명도 없을 정도였어요. 찾아온 아이들은 수학 수업이 너무 재미있다고 해 주었죠. 그런 학생들 덕분에 무모한 개별 학습을 해 볼 수 있었던 것 같아요. 그 수업에서 전 '수업의 책임은 모두 교사에게 있다'는 결론을 내렸죠. 덕분에 교사 생활이 무척이나 행복했어요. 그러니 내가 수학 수업을 연구하도록 한 첫 번째 동력은 학생들이라고 할 수 있죠.

그때는 제가 몇몇 선배들이 권하는 내용을 무조건 그대로 해 보던 때였어요. 선배들이 권한 활동은 내가 학생 시절에 경험한 적도, 교대에서 배운 적도 없는 내용이었죠. 집단 상담, 학급 신문, 학급 문집, 모둠 활동, 토의·토론 같은 것이었는데, 학생들과 처음 집단 상담을 했을 때 한 학생이 가정 사정 때문에 소리 내서 울고, 나머지는 달래면서 울고, 한바탕 우는 시간을 보내기도 했어요. 또 장애를 가진 삼촌을 말하는 학생이 겪는 어려움이 나에게는 생소한 것이어서 너무 놀랐고요. 집단 상담에서는 따돌림을 당한 경험이 있는 학생도 나타났는데 그때 학생들은 기꺼이 친구의 집에 돌아가며 방문해서 대화를 하곤 했죠. 모두 선배들이 가르쳐 준 활동이었어요. 학급 신문을 문방구에서 복사를 해서 나눠 주면 다음 날 10원짜리 동전이 내 책상에 수북이 쌓이기도 했는데, 학생들의 주장은 '신문은 선생님 신문이 아니라 우리의 신문'이라는 것이었어요. 그 선배들은 어떻게 그런 활동을 알고 후배들에게 권했는지 선배들의 경험을 글로 읽을 때마다 존경하는 마음이 새록새록 생겼죠. 그 선배들 덕분에 해 본 여러 가지 활동 경험이 있어서 수학 수업에 대해 포기하지 않고 무모한 도전을 해 보았던 것 같아요.

수학 수업을 연구하면서 놀이가 우리 반에서 효과가 있다는 것을 알았을 때 저는 이야기하고 싶었어요. 그때는 이야기를 들어 주는 곳이 있었어요. 수업에 대해 이야기하는 소모임, 수업에 대해 글을 쓸 수 있는 교육 매체가 있었죠. 저는 제가 한 수업을 이야기하면서 더 신이 나서 새로운 놀이와 이야기를 만들고 교실에서 적용해 보았어요. 실패한 날도 있었지만 내가 수업 시간에 보여 주는 열정이 학생들에게 다른 배움을 줄 것이라고 믿었고, 실패를 고쳐서 효과적인 활동으로 바꾸기도 했죠. 그런 수업에 대한 이야기는 퇴직하기 전 학교에서도 할 기회가 있었어요. 우리 학교에서는 교사회의 시간에 일상적으로 학년 수업 사례 발표를 했었죠. 발표를 듣고 나면 활동 의도를 물어보고 어려움은 없었는지도 물어보았어요. 사례를 발표하는 후배들과 같은 학교의 동료라는 것이 자랑스럽고 수업을 다루는 회의 시간은 만족감으로 마음이 따뜻했어요. 수업에 대해 이야기를 나눌 수 있는 자리는 수업 연구를 하는 중요한 동력인 것 같아요.

학교에서 제가 누렸던 것들이 다시 생기거나 잘 유지되면 좋겠어요. 서로 배우는 분위기를 만드는 학생, 고민을 해결하려는 의지가 있는 선배와 후배 교사들, 수업에 대해 일상적으로 이야기를 나누는 문화가 있는 학교 말이에요. 이제 저는 퇴직을 해서 교육에 대해 말을 하지 말고 듣는 사람이어야 한다고 생각하지만, 수학 수업에 대해 이야기를 걸어오는 후배가 있다면 마음이 설렐 것 같아요. 기꺼이 이야기 나누고 싶어요. 정말 고마워요.

02

교사 박지희

거름으로 다시 찾아갈
삶의 가장자리

아이들은 교실 앞쪽 칠판 아래에 놓여 있는 놀이판에서 놀다 교사의 움직임을 따라 모여들었다. 몇몇은 자리로 돌아가고 교사는 만든 그림책으로 한 아이와 한동안 이야기를 나누고 있다. 또 다른 아이가 찾아와 교사에게 목도리를 묶어 달라고 한다. 수업 종이 울렸다. 아이들은 그림책 만들기에 한창이다. 교사는 교실 뒤편으로 가 연필을 깎고 아이들을 둘러보며 자연스럽게 지도를 시작했다. 한 아이가 칭찬받자 다른 아이들이 몰려든다. 한 아이는 따로 불러 세심히 가르쳤다. 10여 분이 지났을까? 다른 아이를 앞으로 데리고 나와 발표를 하게 했다. 아이들은 친구의 발표에 호응하며 재미있는 지점을 찾아 앞다퉈 말하기 시작했다. "나는 또 이야기가 달라요, 하는 친구?" 교사의 말에 다른 아이가 손을 들어 발표하는데 소리가 작다. 그러자 교사는 아이의 말을 크게 따라 하며 아이들을 집중시킨다.

교사는 재촉하지 않는다. 다만 발표하는 아이의 확성기가 돼 친구들이 아이의 생각과 표현을 이해하도록 했다. 그림책을 실감 나게 만든 아이가 등장하자 아이들은 더욱 집중하기 시작한다. 아이들의 호흡에 따라 고사의 반응도 더 커지고 아이들도 표현하기에 더욱 열을 올린다. 아이들의 호흡을 느끼며 수업의 강약을 조절하는 모습은 경험이 많은 교사들만이 가지는 일종의 특권일 것이다. 아이들 입에서 《한입에 덥석》이라는 책 이름이 나오며 친구들이 만든 그림책과 연관을 짓기 시작했다. 또 다른 아이의 입에서 《감기 걸린 물고기》라는 책 이름이 나오자 교사가 흐뭇한 듯 "책 이름이 저절로 나오네" 한다. 중간 놀이 시간이 다가오자 한두 명씩 자유롭게 움직이기 시작한다. 놀이 시간이 끝나고 자유롭게 책을 읽는 시간. "집에 가서 아빠 엄마한테 책 읽은 거 전달하는 거예요. 그리고 무슨 말을 했는지 알림장에 써 달라고 해야 해요."

이어서 교사가 책을 읽어 주기 시작한다. 교사의 손에 든 책은 빅북 《소별왕 대별왕》. 이 그림책을 읽어 주는 과정에서도 아이들은 저마다 옛이야기로 이미 만난 〈흥부와 놀부〉, 〈잭과 콩나무〉로 수다를 떨며 그림책에 빠져들고 있다. 이 교실의 담임 교사는 박지희이다. 그는 이날을 끝으로 한동안 수업을 하지 못하게 됐다. 공모 교장으로 새로운 일을 시작하기 때문이다.

빅북을 펼쳐 들고 읽어 주기 시작하니 아이들은 옹기종기 모여들었다.

그로부터 한 해가 훌쩍 지났다. 그는 여전히 교장 박지희가 낯설고 힘들다. 아이들과 살아온 익숙한 생활을 벗어나서 교장으로서 해야 하는 일이 적잖이 부담이다. 다시 돌아가고 싶은 마음만 가득하다. 언제나 아이들 곁에서 아이들 속에서 살았고 동료 교사와 학부모들의 응원에 힘을 얻고 힘든 삶을 이겨 냈던 교사 박지희. 그가 교사로 살아오기까지, 그에겐 남다른 성장 과정과 수업 이야기가 숨어 있다. 교장 박지희가 아닌 언제나 교사 박지희로 불리고 싶다는 그의 삶과 수업 이야기를 지금부터 만나 보려 한다.

교사의 삶은 여전히 진행형

전남 신안군 자은도. 신안 앞바다에 떠 있는 아홉 개의 섬 중 하나. 이 섬은 이 글의 주인공 박지희가 태어나 중학교까지 다닌 고향이다. 그는 이때의 자신을 고집 세고 눈물도 많았던 아이로 기억한다. 중학교를 졸업한 그는 고향을 떠나 목포의 한 여고로 진학을 하면서 처음으로 뭍생활을 시작했다. 버스도 택시도 처음 타면서 멀미를 시도 때도 없이 했다. 바다와 엄마라는 말만 나와도 눈물을 왈칵 쏟을 정도로 지독한 향수병에 빠졌었다는 어린 박지희. 그러나 낯선 고등학교 생활도 그의 고집스런 성향을 꺾지는 못했다. 부당한 일에는 눈물을 흘리더라도 맞서는 데 주저함이 없었다. 그 과정에서 깊은 상처를 입기도 했다. 힘든 고등학교 시절을 보냈던 그는 서둘러 서울로 떠나고 싶었기에 원하던 곳은 아니었지만 교육대학에 진학하게 된다.

교육대학은 그의 삶의 질곡이 빚어지는 출발지이기도 했다. 그에게 교육대학은 통제와 규격화된 시간표와 제약이 가득한 곳으로 고등학교와 별반 차이가 없었다. 수업 시간에는 의미 없는 교수 방법이나 사조만

나열되었고 교육이 할 수 있는 일이 무엇인지는 가르쳐 주지 않았다. 철학도 문제의식도 없는 곳이었다. 이런 환경을 비판 없이 받아들이는 학생들이 교사가 된다는 사실에 희망을 찾을 수 없었다. 그는 언제든 도망칠 이유를 찾으려 했다. 그때 난데없이 여학생의 군 입소 훈련이 떨어졌다. 당시 그가 머물던 교육대학은 일주일 넘게 여학생들에게 군사 훈련을 시켰다. 국가 공무원으로서 철저한 애국심으로 정신 무장을 시킨다는 목적이었다. 그는 훈련을 거부하며 저항했다. 당시 이 사건은 1987년 사회 민주화 바람을 타고 이슈가 되었고 징계 위기에서 벗어난 그는 간신히 교사가 될 수 있었다.

그러기도 잠시, 그는 신규 교사로 발령을 받은 지 1년 6개월 만에 전국교직원노동조합 조합원 대량 해직 사태에 휘말리게 된다. 1989년, 정부의 온갖 탈퇴 협작과 폭력에 맞서던 그는 퇴직금 48만 원을 받고 해직자의 길로 들어서야 했다. 막내 해직 교사로 박지희는 중등에 비해 상대적으로 조직화가 낮은 초등을 조직하는 데 힘을 보태기 시작했다. 전국을 돌아다니면서 열악한 초등 교육 현실을 목도하기도 했다. 초등과 중등의 환경 차이, 처우 차이도 보였고 같은 초등 내에서도 서울과 타 지역의 차이도 있었다. 주당 평균 수업 시수가 중등은 17시간인 데 비해 초등은 32시간이었다. 초등 교사는 임신을 해도 체육 수업까지 모두 책임져야만 했다. 당시 초등 교사의 유산율은 타 직종에 비해 심각했다.

이뿐이 아니었다. 초등에는 담임 수당, 연구 수당도 없었다. 관사는 너무 낡아 시설 개선이 시급했다. 이런 현실은 그를 수업 시수 경감 투쟁으로 이끌었고 마침내 담임, 연구 수당 및 관사 환경 개선과 이전비 지급이라는 결실을 맺기에 이른다. 이를 계기로 많은 초등 교사들이 조직의 힘을 실감하며 전교조의 핵심 활동가로 나서기도 했다. 이제는 일반화된 예체능과 과학 교과 중심의 교과 전담 제도가 초등학교에 정착하게 된 시점도 바로 이즈음이었다. 그는 뛰고 또 뛰었다. 서울이 아닌 다른 지역에서 사는 시간이 더 많았다. 대구의 한 조합원은 전국을 쉼 없이 돌아다니는 그에게 발발거리며 잘 돌아다니는 박지희라며 '발지'라는 별명을 지어 주기도 했다.

해직된 지 2년, 그는 초등 교육운동 과정의 첫 출판물인 《바로 서는 초등교육》에 다음과 같은 시론을 쓰며 교육운동에 대한 의지를 다지기도 했다.

> 초등 교사들은 전교조 합법화의 관건이 바로 자신의 어깨에 달려 있음을 확인하며 힘찬 노력을 경주해야 한다. 또한 전국교직원노동조합은 초등 교사 대중들의 정서와 이해를 반영하고, 주·객관적인 조건에 대한 과학적 분석을 통해 적절한 전술 개발로 초등 현장의 대중 투쟁을 지도, 지원해 나가야 할 것이다. 하나가 된다는 것은 서로의 조건을 인정하는 데서 출발한다. 엄연히 존재하는 초등 현장의 특수성을 인정하면서 그 내용을 풍부히 가져 나갈 때 전국 교사의 절반인 13만 초등 교사들이 떨쳐 일어서게 될 것이며, 바로 이렇게 만들어 가는 것이 우리 초등 교사 조직의 임무이며 초등 교육운동의 과제가 아닌가 생각한다.
> - 전국교직원노동조합 초등위원회(1991),《바로 서는 초등교육》

세월이 흐르고 흐른 2019년 3월, 그는 힘겹게 서울의 내부형 공모 교장이 되었다. 교육대학을 졸업하고 교사로 살다 교장이 되기까지 그는 시대와 개인 삶에 찾아든 변화와 갈등을 온몸으로 받아들이며 살았다. 불쑥 찾아온 숙명을 따르고 받아들였다. 도저히 견딜 수 없을 것 같은 상황에서 그를 버틸 수 있게 해 주었던 건 아이들이었고 수업이었다. 아이들과 관계를 맺고 공감하며 교사로 성장해 왔다. 교육과정을 자신만의 안목으로 분석하고 배움의 속도와 환경이 각기 다른 아이들을 배려하는 수업으로 하루하루를 버티며 살았다. 교장이 된 이후로도 수업으로 살아가는 그의 삶은 여전히 진행형이다.

삶으로 가르치지 않으면 거짓이다

닫힌 교문만 바라보아도 눈물이 나던 시절. 지원군으로 나선 학부모들의 보호를 받으며 그는 출근 투쟁을 했다. 학교는 해직 교사 박지희 대신 다른 교사를 반에 배치했다. 그를 대신해서 발령받은 후배 교사는 교문 앞에 서서 우는 그를 보고 차마 교문 안으로 들어가지 못하고 그의 곁에 주저앉아 버렸다. 그는 함께 눈물 흘리던 후배가 고마웠다. 교문을 못 들어가게 막고 있는 것이 자신이라는 생각에 더 이상 출근 투쟁을 할 수 없었다. 하지만 그는 간절히 학교로 돌아가고 싶었다. 노동자도 교사도 아닌, 아이들을 가르치지도 못하는 해직이라는 틀에 갇혀 도무지 갈피를 잡지 못하는 시절을 빨리 끝내고만 싶었다. 차라리 다른 일을 찾자는 마음이 들 때 김영삼 정부는 전교조에 각서를 조건으로 한 해직자 복귀를 제안해 왔다. 굴욕적이지만 더 이상 이런 일로 흔들릴 조직이 아니라는 판단으로 그는 각서를 쓰고 해직 시기를 마감하게 된다.

그렇지만 복직한 학교는 지난 해직 기간의 노력에도 달라진 것이 거의 없었다. 관료들의 권위적인 행태도 교사와 학부모들의 고통도 여전했다. 동료들은 무기력했다. 그는 부당한 권력과 문화에 저항하자며 동료들을 독려하기 시작했다. 동료들은 그의 편이 돼 주었다. 학교는 조금씩 협력과 나눔의 공간으로 바뀌기 시작했다. 그러나 이도 잠시, 성과급이라는 폭탄이 떨어졌다. 새로 부임한 교장은 성과급을 교묘하게 이용했다.

아이들 일기장까지 교장에게 제출해 검사를 받게 하고 생활 기록장이라는 걸 만들어 교장 훈화를 기록하게 했다. 그리고는 이를 성과급에까지 반영하려 했다. 그는 교장의 이런 행위를 부당하다며 거부했다. 그러나 이전과 달리 동료들은 그에게서 점점 멀어져 갔다. 학교는 성과급에 동의하는 이와 그렇지 않은 이로 나뉘었다. 이 과정에서 그는 심한 우울증에 빠졌다. 교사로서 기본적인 양심과 삶이 무너지는 상황에서 그가 할 수 있는 일은 없어 보였다.

아이들은 기가 막히게 알더라고요. 아이들의 인권을 이야기하는 교사가 자기 인권은 하나도 지키지 못하는 걸 누구보다 아이들이 잘 안다고 생각해요. 사실 저도 만만치 않게 세서 아이들과 싸울 때도 많았어요. 그렇지만 아이들이 저를 무시하는 행동은 하지 않았어요. 담임이 자신들을 무시하지 않는다는 걸 아이들도 느낀다는 걸 알았어요. 지금 교사들이 아이들을 대하기가 힘들다 그러는데 어쩌면 교사나 부모나 말로만 인권, 인권하는 것을 아이들은 이미 다 알고 있어서 저 난리라는 생각도 하게 되더라고요. 그래서 저는 삶으로 가르치지 않는 것은 다 거짓이라는 생각을 하게 됐죠. 그러면서 남 앞에서 강의를 하는 것조차 부끄럽기 시작했어요.

20대 후반의 삶을 그는 해직 교사라는 교사도 노동자도 아닌 모호한 정체성을 갖고 살았다. 그는 그 기간이 지금의 박지희로 살게 한 수업 시간이었다고 한다. 해직이 아니었다면, 자신은 굉장히 오만한 사람이 되었을지도 모른다고 말한다. 시험에 실패한 적도 없었고 조그마한 섬에서 자랐지만 평범한 가정에서 어머니와 아버지의 사랑을 충분히 받으며 성장했다. 심지어 짧은 경력으로 해직될 때도 그의 아버지는 '네가 먹고살 방법 있으면 알아서 해라' 하며 그의 선택을 지지해 줄 정도였다. 그런 그는 해직 기간 동안 자신보다 더 힘든 사람들과 만나면서 그들이 사회에서 어떻게 고통을 받으며 가난을 대물림하며 살아가는지를 가까운 곳에서 똑똑히 지켜볼 수 있었다. 그에게 해직은 진짜 세상에 눈을 뜨게 한 시간이었던 것이다. '삶으로 가르치지 않는 것은 다 거짓'이라는 그의 말은 이런 뼈저린 경험에서 비롯했다. 그의 지난했던 삶을 보면 한 교사가 아이들 앞에 선다는 것은 어쩌면 굉장한 용기가 필요한 행위인지도 모르겠다. 아이들 앞에 자신의 뚜렷한 정체성을 드러내고 진정성을 인정받지 못하고서 교사가 과연 수업을 제대로 해낼 수 있을까? 그야말로 수업을 잘 살아 내기 위해서 교사가 가장 먼저 해야 할 일은 아이들과 맺는 관계를 위해 바로 서는 일이다.

관계 : 삶으로 가르쳐야 한다

교장이 된 뒤에 그는 학교 구성원들 사이의 '관계'가 눈에 더욱 잘 들어왔다. 그러면서 수업 기술이나 학급 긍정 훈련과 같은 매뉴얼을 넘어서는 교사의 진정성과 정체성이 더욱 중요하게 다가왔다. 파커 J. 파머도 학생들과 대면하게 되면 교사는 딱 한 가지 자원만 가동할 수 있다고 했다. 그것은 교사 자신에 대한 인식, 즉 정체성이다(《가르칠 수 있는 용기》). 훌륭한 가르침은 기술이 아니라 교사의 정체성과 성실성이라는 말은 박지희의 철학과 다르지 않다. 그는 교사가 아이들의 말을 잘 들어 주고 행동을 이해하려는 태도를 보여 줄 때라야 비로소 관계가 이어지고 회복된다는 것을 끊임없이 강조했다.

연수나 수업 나눔 뒤에 교사들에게서 돌아오는 질문이 있다. 똑같은 책, 똑같은 방식으로 하는데 왜 선생님 반에선 되고 우리 반에선 안 되냐는 질문이다. 그러면 나는 어떤 수업이든, 어떤 활동이든 자료나 방법보다 '관계가 먼저'라는 대답을 해 드린다. 교사의 책에 대한 태도나 수업에 대한 마음, 그리고 책을 통해 아이들과 어떻게 만날 것인지에 대한 태도가 아이들과 교사의 관계다. 아이들에게 맞지 않는 책을 선택하거나 그럴싸한 결과물을 바라거나 독후 활동에 연연해하면 책을 매개로 아이들과 관계 맺는 것에 실패한다.

- 박지희, 차성욱(2019), 《온작품을 만났다 낭독극이 피었다》, 35쪽

중등과 달리 초등은 담임인 한 교사가 많은 교과를 다뤄야 하는 특수성을 지니고 있다. 따라서 학생들은 거의 하루 내내 한 교사의 수업에 의존한다. 담임과 학생들 사이에 단단한 신뢰 관계가 형성되어 있지 않으면 수업이 제대로 이뤄질 수 없는 구조이다. 그럼에도 많은 이들이 이런 사실을 곧잘 잊는다. 대부분의 학교에서 일 년 중 단 한 번 공개 수업을 한 것으로 모든 수행 과정을 평가해 버린다. 그러나 한 교사의 수업에는 학생들과의 관계가 정교하게 구조화되어 있다. 관계 형성이 잘 이뤄져 있는 교실의 수업은 그래서 열려 있고 계획과 즉흥의 경계를 넘나들며 정답이 없는 길에서도 길을 잃지 않고 자신들만의 답과 길을 찾아간다. 타자를 폄하하지 않고 존중하는 바탕에서 신뢰는 쌓이고 관계는 끈끈해진다. 결국 관계는 서로에 대한 믿음에서 시작하고 배움은 관계에서 피어나는 것이다.

학창 시절 내가 존중받지 못했다고 느꼈던 것은 교사들의 "나
는 이런 곳에 올 사람이 아니다, 어쩌다 여기 발령이 났어, 이러
고 있을 사람이 아닌데"라는 말 때문이었어요. 우리들의 자존심
을 상하게 했었죠. 지금도 학교 교사들이 안 했으면 좋은 말들,
안 했으면 좋은 생각들이 '나는 이 학교에 올 사람이 아니야'라
는 거예요. 그건 그곳에 사는 사람들을 전면적으로 부정하는
말이거든요. 이런 생각으로는 교사와 아이들은 절대로 좋은 관
계를 맺을 수가 없다고 봐요.

그는 꽤 오랫동안 학생과 교사 사이에서 관계가 얼마나 중요한지를
언급했다. 교장이 된 뒤에는 이런 지점이 더욱 잘 눈에 들어온다고 했다.
교사들이 진정성 있게 학생들의 말을 들어 주고 행동을 이해하려는 태
도를 보여 줄 때라야 비로소 관계가 회복되면서 사건·사고들이 눈에 띄
게 준다는 사실을 재차 강조했다. 아울러 학생들의 변화에는 교사들의
자존감 회복도 매우 중요하다고 보았다. 교사 스스로 자존감이 무너져
있는데 어떻게 학생들의 자존감을 세워 주고 서로 관계를 회복할 수 있
겠냐는 것이다.

어쩌다 교장. 어느 공모 교장 선생님의 글머리에 붙은 말인데,
요즘 두 달 동안 내가 입에 달고 살았던 말이다. 살면서 단 한 번
도 내가 교장 되면 잘할 거고 그래서 교장이 되어서 학교를 바
꿔 볼 생각 따위는 하지 않았다. 어쩌다 교장이 되었지만, 과연
개인이 남다르게 교장 역할 한다고 교장을 포함한 학교 문화가

개선되거나 달라질 거라 생각하지 않았다. 더구나 세상을 바꿀 수 있다는 생각은 턱도 없다. 하지만 난 어쩌다 교장이 됐을까를 생각하며 내가 최선을 다해 보여 줄 건 무엇일지를 생각한다. 평교사든 어쩌다 교장이든 개인이 무슨 철학과 신념을 갖는가 보다 중요한 건 관계라고 생각한다.

- 박지희의 facebook에서. 2019년 4월 20일

공감 : 공감은 배워야 하는 것

교장이 된 어느 날 출근길. 그는 놀이를 하다 다리를 다쳤다는 1학년 아이와 엄마를 마주쳤다. 헤어지고 난 뒤에 학교에 엘리베이터가 없다는 걸 떠올렸으나 그 일은 곧 잊었다. 어느 날 해당 반 담임 교사가 그 아이를 안고 계단을 오르고 있는 것을 보았다. 상황을 파악해 보니 아이 엄마가 그와 같이 요구했다는 것이다. 그래서 아침마다 그 힘든 일을 하고 있었다. 박지희는 학부모를 만났다. 학교에 엘리베이터가 없는 것은 매우 유감이지만 교사가 아이를 안고 계단을 오르내릴 수는 없다고 설득했다. 이 일을 통해 그는 학부모와 교사의 관계에서도 필요한 것이 '경계'라는 것을 확신했다. 학부모가 학교나 교사에게 요구할 것들의 경계, 이를 교사나 학교가 어디까지 수용하고 어디까지 거절해야 하는가의 경계를 세우는 것이 학부모와 교사의 관계를 건강하게 만드는 일이라 보았다.

교사들의 자존감이 무너졌다는 것은 오늘날 교육의 위기를 말하는 것이기도 하다. 학교교육에 대한 신뢰와 교직에 대한 존중의 하락, 자신의 아이가 최고의 배려와 교육을 받아야 한다는 학부모들의 이기심, 그리고 이 사회가 타인에 대한 배려심도 공감 능력도 잃고 있음을 드러내는 아이들의 폭력, 이 모두가 교사들의 자존감을 더욱 떨어뜨리고 있다.

게다가 정부의 제도적 뒷받침도, 교사의 자기 확신과 경험도 부족하니 학부모들의 요구에 무조건 응하게 되고 그런 교사를 보게 되는 학생들의 신뢰도 잃는 악순환을 반복하는 것이 오늘날 학교가 처한 현실이다. 그래서 더욱 그는 관계의 중요성을 그렇게도 강조했는지 모른다.

그는 수업을 지배하는 요소 중 '관계'만큼이나 중요한 요소가 하나 더 있다고 본다. 그것은 바로 '공감'이다. 타인에 대한 공감. 초등 교사지만 국어를 깊이 공부할 교과로 선택을 한 까닭도 '공감 능력'이 점점 부족해지는 아이들을 수업으로 도울 수 있다고 보았기 때문이다. 그가 공감 능력을 중요하게 생각하게 된 것은 야학 교사 시절의 경험 때문이다. 야학에서 다양한 사람들을 만나면서 타인을 이해하는 공감의 폭을 넓힐 수 있었다.

박지희

당시 공장 노동자들은 고등학교 졸업장을 너무도 갖고 싶어 했어요. 대학생들은 검정고시보다는 노동법을 가르치려 했고요. 정작 노동자들은 그걸 그다지 반기지 않았죠. 대학생들이 굉장히 건방졌던 거예요. 나이도 우리보다 많은 사람들이 대부분이었고 살다 보니까 졸업장이 없어서 그것이 너무도 절실했던 사람들인데, 그들의 고통과 열망보다도 우리 생각으로만 가르치려고 들었던 거죠. 저는 그때 노동자들의 그런 열망에 공감을 했죠. 그래서 다른 대학생과 많이 부딪혔어요. 교육은 그들의 열망에서 출발해야 한다고 주장했거든요. 교대를 다니고 있어 더 그랬는지도 몰라요. 그때는 다들 너무 어렸죠.

야학 교사 박지희가 당시 깨달았던 건 교육이 배우는 이들의 열망에서 출발해야 한다는 것이었고 그런 깨달음은 다름 아닌 공감에서 비롯되었다. 그래서였을까? 그는 수업 속에서 아이들을 읽어 내는 데 가장 큰 관심과 열의를 보인다. 아이들이 고민하고 생각하고 있는 지점을 텍스트와 연결시켜 맥락과 서사를 만들어 흥미와 관심을 이끌어 내는 데 집중한다. 그는 말한다. 책을 읽히는 것은 단순히 읽기 능력을 길러 주고 다독시키는 데 목적이 있는 게 아니라고. 아이들에게 책을 읽히는 것은 아이들이 기꺼이 책 속 인물들의 자리에 서 보게 하는 것이라고. 그런 경험을 하게 하는 것이 바로 독서라고. 그것을 연습하게 하는 것이 바로 수업이라고. 그 과정에서 아이들은 자신의 감정을 읽고 인정하고 타인의 감정까지 이해하며 성장해 간다고. 그는 수업이라는 시공간에서 아이들의 공감 능력을 되살리고 길러 주는 게 가장 중요하다 여기고 있었다.

한 방송에서 중학생들이 마을 사람들을 인터뷰하는 장면이 나왔다. 아이들에게 기꺼이 인터뷰를 해 주며 자기 이야기를 열심히 들려주는 아저씨가 눈에 띄었다. 왜 그렇게 인터뷰를 자세히 해 주냐는 질문에 아저씨는 "어릴 때 다른 사람들의 삶을 보지 않으면 자라서 세상 사람들이 모두 자기와 같은 입장에 있다고 생각할 겁니다. 저렇게 이웃들의 삶을 들여다보는 공부를 한다는 것만으로 희망이 보여요"라고 답했다. 그렇다. 어릴 때만 배울 수 있는 것들이 있다. 어리고 약하고 작고 사소한 것에 대한 공감 능력이다.

- 박지희, 차성욱(2019), 앞의 책, 4쪽

그의 수업은 그가 의식하지 않더라도 야학과 해직 시기의 경험, 처지가 다른 이들의 여러 상황에 대한 공감에 바탕을 두고 시작한다. 이것은 교과서 텍스트에서 만나는 주제를 해석하는 그의 시선에서도 드러난다. 2011 개정 교육과정 6학년 국어 교과서에는 '관점'에 대해 어떻게 생각해야 하는지에 대한 단원이 나온다. 이 수업을 준비하는 그의 자세는 서로 다른 눈으로 보면 다르게 보인다는 지도서의 기계적인 접근과는 사뭇 다르다. 이것은 아이들의 공감 능력을 키우기 위한 그의 중요한 수업 전략이었다.

그림책《사라, 버스를 타다》를 보고 실제 이야기라는 배경 지식 (로사 팍스 사건을 바탕으로 한 그림책이라는 것)과 교사 자신의 세계관이 없다면, 그림을 보고 단순히 질문하고 답을 할 수는 있지만, 담고 있는 의미가 전달되지는 않아요. 관점 관련 수업을 할 때 다룬 교과서에 담긴 헬렌 켈러 이야기가 기억이 나요. 헬렌 켈러에 대한 이전과 다른 시선을 담은 내용이었죠. 전 아이들에게 누군가를 본다는 것에는 한 사람의 관점이 녹아 있다는 점을 말하고 싶었어요.

그는 약하고 작고 사소한 것에 대한 공감 능력은 어릴 때만 배울 수 있다고 말한다. 정신과 의사 정혜신은《당신이 옳다》에서 한 존재가 다른 존재가 처한 상황과 상처에 대해 알고 이해하는 과정을 거치면서 그 존재 자체에 대해 갖게 되는 통합적 정서와 사려 깊은 이해의 어울림을 공감이라 정의했다. 그러면서 정혜신도 공감은 타고난 감각이나 능력이 아니라 학습이 필요한 일이라 말한다. 공감은 태어날 때 주어지는 것이 아니타 배워야 한다는 것. 아이들에게 수업은 바로 이런 공감 능력을 키워 주는 것이어야 하는 것이다. 박지희는 국어 수업으로 아이들이 타인의 자리에 서 보게 하고 이해하는 방법을 터득하게 하려 무던히도 애를 썼다.

성장 : 초등 국어 교육의 대모? 혹은 할매?

그가 몸을 담고 있는 전국초등국어교과모임의 일꾼들은 박지희를 서울북부모임 할매라고 부른다. 초등 교사로서 국어 교과에 관심을 갖그 그의 강의를 들었던 이라면 금세 그에게 반하곤 한다. 그의 거침없고도 명쾌한 국어 수업과 아이들에 대한 이야기를 듣는 이들은 자신들도 그런 수업을 바로 할 수 있을 것만 같다는 것이다. 하지만 그는 교육대학에서는 과학교육과에 속해 있었고 야학에서는 수학을 가르쳤다. 그랬던 그가 어떻게 초등 국어 교육의 대모와 할매라는 소리까지 듣게 됐을까?

저는 고등학교 때부터 과학을 너무 좋아해서 이과를 갔고 대학교에서도 과학 실험을 할 때 가장 재미있었어요. 그래서 아이들에게 과학을 정말 재미있게 가르치고 있다고 생각했어요. 그런데 아이들은 너무 재미없어 했어요. 관심도 없어서 이야기를 이어 나갈 수조차 없는 거예요. 소통하고 있다는 느낌이 없었지요. 그래서 아이들과 소통하면서 같이 재미있게 할 수 있는 것을 찾다 보니 국어였고 아동문학이었지요. 당시 국어 교과서는 잘게 쪼개진 텍스트가 대부분이었지만, 아이들은 그마저 재미있어 했어요. 교과서 바탕글을 읽고 연극도 하고 좋았죠. 그래서 재미있는 수업을 하려면 내가 재미있는 책을 많이 알고 있으

면 좋겠다는 생각이 들었어요. 다행히 전 어렸을 적에 어른들한
테 이야기도 많이 듣고 책도 많이 읽었어요. 그걸 좀 우려먹었
죠. 초임 시절 학교는 도서관도 없고 2부제 수업을 하는 곳이었
어요. 전 '흥부 놀부' 이야기도 잘 모르는 아이들에게 놀부의 관
점에서 쓴 〈놀부전〉을 구해 읽어 주었어요. 그런데 아이들이 너
무나 재미있어하는 거예요. 좋았죠. 그러니 아이들이 재미있어
할 만한 것들을 더 열심히 읽고 이야기해 주었죠.

그러기도 잠시, 그는 좀 더 국어 수업을 재미있게 하고 싶었지만 그
럴 기회가 없었다. 해직이 되었다. 그렇게 그는 수업과 너무도 일찍 단절
이 돼 버린다. 해직 기간에 그는 다시 복직을 하게 되면 담임을 맡아 아
이들과 재미난 수업을 하기 위한 준비를 하자는 마음으로 전교조 선배
교사들의 모임 자리를 찾아다녔다. 한 달 8만 원의 지원금으로는 어떤
것도 정식으로 배우러 다닐 수가 없었다. 그래서 그는 이오덕 선생이 계
셨던 글쓰기연구회의 연수를 따라다녔고 중등의 전국국어교사모임 연
수에도 쫓아다녔다. 그렇게 5년의 해직 기간을 보내고 복직을 하게 되었
다. 그러나 현실은 만만치 않았다. 학교 문화는 여전히 관료적이었고 교
사들도 교과서를 신성시하며 각자의 교실에서만 맴돌고 있었다. 자신이
하고 싶은, 교과서를 뛰어넘는 수업이 자신의 실천에서만 끝나지 않고 운
동이 되기 위해서는 같이 실천할 교사 모임이 필요했다. 그는 수업이 끝
난 방과 후 시간에는 주로 동료 교사들을 만나며 관계를 맺어 가고 모임
을 만들자고 설득했다. 그래서 그의 수업 준비는 늘 퇴근 이후였다. 제시
간에 퇴근을 해 본 적이 거의 없었다. 아무도 없는 공간에서 누구에게도
방해받지 않고 수업을 준비하는 일이 즐겁고 좋았다. 집에서도 어린이
책 읽기를 쉬지 않았다.

> 66
>
> 처음에 그림책이나 동화책을 읽을 때는 늘 기록을 했어요. 책 제목들을 쓰고 이건 어떨 때 활용할 거라는 걸 기록해 놨어요. 그림책은 주요 내용을 기록하고 어떤 수업이나 상황에 활용할 것인가도 메모를 했죠. 선택 기준은 따로 없어요. 그냥 닥치는 대로 읽다가 어느 학년에 맞겠다, 모든 학년에 활용할 수 있겠다, 토론하면 좋겠다, 이건 대화 글이 많으니까 연극할 때 쓰면 좋겠다 이렇게 기록해 두었죠. 활동하기 좋은 것들을 많이 했어요. 수업 전략을 고민할 때여서 그랬죠. 책을 어마어마하게 많이 사기도 했죠. 책을 사면 책의 특징을 포스트잇으로 붙여 놓기도 하고. 책장도 옛이야기, 그림책, 시, 동시, 동화 등으로 분류해서 나름대로 균형을 이루려고 했어요. 그런데 지금은 꼭 활용하려는 실용적 목적보다는 내가 읽고 싶은 것을 주로 읽고 그것을 아이들한테 건네듯이 수업하죠. 좋은 책은 어린이 책이라도 여러 번 읽어요. 특히 낭독 수업을 하다 보니 자주 반복해서 한 권의 책을 읽으면 어느 구절이 '꽝' 하고 다가오는 그런 경험을 할 때가 있는데 그게 좋아요. 그렇게 책을 좋아하고 함께 실천했던 사람들끼리 모여서 학년모임도 만들었죠. 그것이 전국초등국어 교과모임 서울모임의 출발점이기도 했어요. 거기 모였던 사람들이 지금의 '북부할매'들이죠.
>
> 99

교육과정과 그에 따른 국정 교과서가 있는 것은 그만큼 수업이 표준화된다는 뜻이다. 교과서는 여러 교재 중 하나일 뿐이라고 하지만 너무도 친절한 교사용 지도서까지 보급되는 상황에서 교재 선택의 폭은 그다지 넓지 않다. 표준화된 교육과정과 수업은 교사들에게 교과서만이라도 잘 가르쳐야 한다는 생각을 갖게 하고 좀 더 편한 수업을 위해 온라인에서 수업 방법과 자료를 찾게 한다. 굳이 교사들이 무거운 책과 자료를 가지고 다닐 까닭이 없다. 그렇지만 박지희는 스스로 텍스트를 찾아 읽고 수업에 활용할 대상과 방법을 기록해 두는 비표준화된 방식을 선택했다. 자비를 들여 수많은 책을 구입해 읽고 공부하는 일은 교과 전문성을 키우고 단련하는 기본이자 가장 빠른 길임을 그는 너무도 잘 알고 있었다.

　　몇 해 전 1학년을 처음 맡았던 내게 박지희의 수업 자료는 매우 유용하고 실용적이었다. 당장 써먹을 수 있는 자료에서부터 깊이 공부해야 적용할 수 있는 자료, 그리고 대수롭지 않아 보이는 학습지까지 다양했다. 그의 수업 자료는 수준이 고르지는 않았으나 수업을 고민하며 스스로 학습 자료를 만들어 낸 생산자로서 깊은 고민이 담겨 있었다. 단차시 수업에 활용하려 온라인에서 교수-학습 자료를 찾아 쓰고 버리는 건 그저 소비 행위일 뿐이다. 창의적이며 전문성 있는 수업은 교사가 생산자로 설 때라야 비로소 가능하다. 그러나 안타깝게도 국가는 생산이 아닌 소비하는 교사를 양산하고 있다. 표준화된 수업으로 수업 기술만을 강조하는 시절에 그의 수업은 어쩌면 가장 비효율적이었을지 모른다.

표준화는 전문성의 최저 기준일 뿐이다. 수업의 표준화된 형식은 개별화되고 최적화된 수업의 기본 틀이지 그 자체가 목표가 될 수는 없는 것이다. 그럼에도 불구하고 그것이 평가의 기준으로 작동하게 되면, 교사로서는 융통성이나 창의성, 개별성과 독창성을 발휘하기보다는 주어진 목표 실현을 위한 효율적인 교수 전략만 추구할 수밖에 없게 마련이다. (……) 표준화가 목표라면 전문성은 기대하지 않는 편이 옳다. 표준을 지키는 사람에게 전

문가라는 명칭 자체가 어울리지 않기 때문이다. 프로페셔널리
즘은 표준, 곧 기본의 준수가 아니라 새로운 표준의 창안에 달
려 있다.

- 정재찬(2014), 〈수업 비평적 관점을 통한 중등 국어 수업 사례 연구〉,
이혁규 외, 《수업 비평의 이론과 실제》, 295쪽

　　오랜 기간에 걸쳐 조금씩 다른 교사들과 자신의 공부를 나누던 막
내 해직 교사 박지희는 전국초등국어교과모임(이하 전국모)과 인연을 맺
는다. 당시 전국모는 초등에서 한 교과라도 전문성을 갖춰 교육운동의
전환을 꾀하고자 했던 교사들의 모임이었고 그는 이 지점에 가장 최적화
된 사람이었다. 그가 꾸리고 있던 모임은 서울북부모임이라는 이름을 달
고 활동했고 세월이 흐르면서 그는 이 모임에서 자연스레 대모와 할매로
불리게 된다. 그에게 전국모는 자랑스러움 그 자체. 대다수가 후배들이
었지만, 15년이 흐르는 동안 흔들리지 않고 자신들만의 방식으로 교육운
동을 해 온 대견한 사람들과 함께 성장했기 때문이다.

안목 : 교육과정과 아이 읽기

　　교육과정 문해력이라는 용어는 교사가 교육과정을 읽는 능력을 넘
어 교육과정에 대한 교사의 지식과 안목을 종합적으로 구성해 이를 수
업에 직접 활용해야 한다는 뜻을 담고 있다. '교과서가 곧 교육과정'이라
는 오래되고 낡은 인식이 아직도 남아 있고 수치로 환산하는 지필 평가
가 여전히 작지 않은 자리를 차지하고 있는 초등학교에서 이러한 용어는
매우 낯설다. 최근에는 수업에서 학습 목표를 넘어선 교육과정의 성취 기

준이 더 큰 자리를 차지하는데 차시 목표에 집중하던 수업 관행을 무너 뜨리는 데 한몫을 하고 있는 것도 사실이다. 그러나 교육 내용과 학생을 파악하여 수업을 준비하기보다 성취 기준을 어떻게 해결해야 하는지에 관심이 쏠려 수업의 본래 목적을 상실하는 모습도 보인다. 성취 기준 해석이 곧 교사의 교육과정 문해력을 높이는 관건이 될 수는 없다. 박지희는 이 지점에 주목한다. 그는 교육과정의 위계와 학년별 내용에 대한 분석과 안목 없이 성취 기준을 좇아가는 문서 분석식 교육과정 문해력의 무용론을 제기한다.

온작품 읽기 같은 경우도 자꾸 작품에 몰두하게 되면 유행으로 끝나 버릴 거라는 생각이 들어요. 올해 온작품 읽기 열풍이 지난해보다 줄어든 것만으로도 느낄 수 있죠. 온작품 읽기가 교육의 한 방법이 아니라 교육의 철학이 되어야 한다고 생각해요. 교육이라는 게 뭐냐, 이것에 대해 한 번쯤 생각해 봐야 한다는 거죠. 이것을 그냥 독서교육으로 의미를 축소해 버리면 그냥 한때의 열풍으로 끝날 거라고 봐요. 독서 단원뿐만 아니라 전반적으로 국어 교과서에서 동화 텍스트들이 많이 빠지면서 다양한 텍스트들을 만날 기회가 줄어든 것도 문제예요.

그는 교과서의 텍스트들이 시와 그림책, 웹툰 등과 같은 짧은 것으로 대체된 것을 아쉬워했다. 동화가 일부라도 실려 있으면 잘 활용할 수 있다는 것이다. 시 또한 단 한 편으로 시인의 의도를 제대로 읽어 낼 수 없는데 이 한 편만으로 아이들의 공감을 이끌어 내게 하는 것은 여전히 기능 익히기에 집중하는 국어 교육과정의 한계를 드러내고 있다는 불만

을 제기했다. 예를 들어 《글자동물원》에 실린 동시 한 편을 그냥 재미있
는 시로 가져다 놓는 것으로는 아이들이 시 자체를 즐길 수 없다는 것이
다. 교과서에 시를 모두 실을 수는 없겠지만, 시집 전체를 읽을 수 있도록
안내를 해 글자에 대한 흥미와 관심을 높이고 동시를 즐길 수 있게 하는
것이 곧 국어 교과가 지향해야 할 교육과정이라는 것이다.

　　그는 아이들의 정서와 감성, 지적 발달을 고려하지 않는 기계적이고
기능적인 국어 교과서는 시급히 사라져야 한다고 보고 있다. 하지만 교
사들이 교과서를 무시해서도 안 된다는 주장을 편다. 오랫동안 교과서의
차시별 학습 목표에만 집중하던 수업 관행을 파괴시킨 성취 기준의 가치
도 존중할 필요가 있다는 것이다. 그는 교육과정을 사회 구성원 간의 합
의라 보고 있다. 아이들 발달 단계에 맞춰 꼭 익혀야 할 요소들에 대한
합의를 일부 학교와 교사들이 너무 쉽게 무시하는 경향이 있다는 것이
다. 다시 말해, 교육과정을 해석하고 재구성하여 아이들의 상황에 맞게
적용해야 하지만 아이들이 꼭 배워야 할 단계별 요소들을 간과해서는
안 된다는 것이다. 다음 학년 혹은 학교에서 학습하는 데 문제가 발생할
수 있다는 점을 그는 깊이 우려하고 있었다.

> 지식과 기능은 이후에 이어질 배움이나 독서 활동의 기반이 된
> 다. 따라서 교과서나 교육과정의 성취 기준을 염두에 두고 온작
> 품을 중심으로 하더라도 교과서를 던져 버리는 것에 대해서는
> 신중을 기해야 한다. 어떤 것이든 100퍼센트 잘못되거나 100퍼
> 센트 완벽한 것은 없다. 그동안은 교과서를 너무 100퍼센트 맹
> 신했다. 교과서 속 작은 조각 글로 제시된 교육 목표나 성취 기
> 준들이 맥락이 없다는 한계 때문에 문제 제기를 하게 된 것이
> 지, 교과서를 아예 던져 버릴 일은 아니다. 하지만 교과서를 그

대로 따라가며 거기에 온작품을 더 얹는 것은 아이들에게 엄청
난 부담이다. 오히려 온작품을 하지 않는 것만 못할 수도 있다.
따라서 주요 텍스트를 온작품으로 하되 교육과정과 교과서의
성취 기준, 학습 목표를 어떤 장면에서 재구성할지 짜야 한다.
- 박지희, 차성욱(2019), 앞의 책, 69~70쪽

박지희가 수업을 살아가는 과정에 단순히 수업 전략과 방법만 있지
는 않았다. 내가 가르칠 국어 교과는 학생들의 발달 단계와 어느 지점에
서 관계가 있으며 발달 단계에 맞는 교육과정은 어떻게 구성해야 하는
지, 학년에 맞는 텍스트, 아이들 눈높이와 정서에 맞는 텍스트는 어떤 기
준으로 선택해야 하는지에 대한 안목을 바탕으로 하고 있었다. 이런 과
정은 수많은 경험과 함께 교과 관련 이론과 지식에 대한 공부가 함께 이
루어졌기 때문에 가능한 일이었다. 이와 관련해서 교사의 전문성을 이야
기할 때 많이 언급되는 핵심적 개념이 PCK[Pedagogical Content Knowledge], 즉 교
수학적 내용 지식이다.

자율적인 수업 활동의 창출이 가능하기 위해서 교사는 수업 사
태에 필요한 모든 지식 영역에 대해서 상당한 정도의 식견과 경
험을 가지고 있어야 한다. 그리고 이런 식견과 경험을 획득하기
위해서는 광범위한 배경 지식과 함께 수업 현장에서 만나는 학
습자의 경험에 대한 끊임없는 성찰이 필요하다.
- 이혁규(2014), 〈세 가지 시선으로 수업 읽기〉, 이혁규 외, 앞의 책,
364쪽

　　한 교사의 수업과 교육과정을 해석하고 적용하는 능력을 이야기할 때 단순히 성취 기준에 대한 이해와 해석, 배치 능력으로만 국한시키는 현상은 분명 재고할 필요가 있다. 교육 내용에 대한 광범위한 배경 지식을 습득하여 자신만의 관점을 만들어 내고 교육과정과 교과서를 비판적으로 보는 안목을 바탕으로 성취 기준을 해석하고 분석해야 학생들에게 맞는 수업을 준비하고 실행할 수 있기 때문이다. 수업은 단차시를 준비하는 과정을 넘어서 교실 안팎을 넘나들며 준비하고 공부하고 실천하며 성찰하는 일련의 모든 과정을 포함한다. 그래서 교사는 수업을 한다기보다 수업을 사는 것이고 박지희는 그런 의미에서 오랫동안 수업을 살아왔고 앞으로도 그렇게 수업을 살아갈 것이다.

　　억지로 끌고 갈 때도 많았어요. 처음에는 독하게 했어요. 초임 시절엔 아이들이 글을 읽어 낼 수 없다는 것을 이해할 수가 없었어요. 그러면서 나중에, 아주 나중에 굉장히 짧은 것도 아이들이 읽어 낼 수 없기 때문에 쓰지 못했다는 것을 알았죠. 글자는 읽지만 의미는 이해하지 못한다는 것을 납득할 수 없어서 굉장히 세밀하게 학습지를 만들어 아이들을 훈련시켰어요. 아이들이 그런 틀을 주면 어렵지 않게 해 나갔고 저는 그런 차분한 훈련이 필요하다고 봤어요. 국어 수업에서는 언어 기능적인 부분도 분명히 성장시킬 필요가 있기 때문에 반복적이고 체계적인 훈련이 필요하죠. 물론 처음에는 기능만 키워 주려고 했던 것이 너무 많았죠. 하지만 아이들에게 어떤 것들이 필요한가를 보고 자기 학급만의 교육과정을 짜야 하는 이유도 거기에 있어요. 그때 만난 아이들은 무엇보다 글을 읽어 내는 문해력을 위한 기능들을 익혀야 했던 거죠. 글의 구조 파악하기, 요약하기

등에 필요한 글을 타이핑해서 학습지로 만들어 아이들에게 주고, 교과서에 다 붙이도록 했어요. 학습지를 계속 붙이니까 교과서가 굉장히 두꺼워지게 됐죠. 그러다 문득 아이들의 학습량이 너무 많아졌구나 싶었지요. 힘들었을 텐데 심하게 반발하지 않고 그 교육과정을 아이들이 따라 주었어요. 자신에게 필요한 것을 교사가 가르치고자 한다는 믿음이 있지 않았다면 힘들었을 것 같아요. 그리고 저는 글쓰기를 할 때 무조건 한 쪽 다 채우기를 강조하는데 그 과정을 통해서 생각을 그곳에 집중할 수 있는 훈련을 한 거죠. 길게 쓰다 보면 그게 결국은 생각하는 힘을 기르는 것이라 보거든요. 하지만 글쓰기가 훈련이 안 된 아이들은 한 줄 말하기부터 한 줄 쓰기, 세 줄 쓰기 등 단계를 밟고요. 교육과정을 더하기 전에 뺄 것을 생각하는 여유가 생긴 까닭이죠. 더하기 빼기가 교사의 교육과정 구성력이라고 봐요.

박지희

99

수업은 교육과정과 성취 기준 분석과 적용만으로는 해결할 수 없는 지점이 꼭 있다. 그것은 바로 아이들의 상황을 읽어 내는 교사의 능력이다. 이것은 경험과 실천에서 깨닫지 않으면 결코 얻을 수 없다. 그도 다른 교사들이 하는 실수를 거듭했다. 다만 끊임없이 성찰해 가며 새 길을 찾아 나갔다. 어느 정도가 아이들에게 적합한 것인지는 어느 책에도 나와 있지 않다. 지역마다 아이들이 다르고 또 아이들마다 배움의 속도가 다르다. 교사가 아이들의 상태를 읽어 내는 것은 교육과정 분석 이상으로 중요하다. 가르치고 배우는 과정에서 교사도 아이들도 배움에 대한 가치를 공유하고 깨닫게 된다. 그것이 바로 성장이다. 이런 성장을 경험하기 위해서 교사에게는 교육과정을 보는 눈과 학생을 읽어 내는 눈을 키우고 또 키우는 것이 필요하다. 그는 수업 속에서 일어나는 상황에서 쉴 새

없이 스스로에게 질문을 던지며 자신만의 답을 찾아 나갔다. 누구에게
나 적용되는 정답이 아닌 상황마다 만나는 아이들에게서 얻을 수 있는
그때그때의 답이었다.

> 6학년을 맡아 《우리 누나》라는 책을 온작품으로 읽은 적이 있
> 다. 전체 학급 수가 40학급이 넘는 대규모 학교였고, 6학년만
> 하더라도 9학급이나 되었다. 특수반이 있었고 학생 수가 많은
> 편이었지만 학급마다 장애가 있는 친구가 있지는 않았다. 우리
> 반에는 다운증을 앓는 재영이가 있었다. (……) 4년이 흐른 뒤
> 5학년 아이들과 같은 작품을 가지고 이야기를 하는데 별 감흥
> 이 일지 않았다. 여전히 우리 반에 장애가 있는 친구가 있고, 아
> 이들이 장애가 있는 친구와 함께 생활하는 상황은 같은데도 말
> 이다. (……) 이렇게 애써 고른 온작품도 아이들에게 잘 다가갈
> 때가 있고 다가가지 못할 때가 있다. 하물며 교과서에 일부만 나
> 와 있는 똑같은 바탕글로 똑같은 활동과 똑같은 질문을 하며
> 전국의 아이들에게 똑같은 수업을 하다니, 이는 두고두고 어이
> 없는 일로 회자될 것이 분명하다.
>
> - 박지희, 차성욱(2019), 앞의 책, 32~34쪽

복지 : 학생들에게 복지는 수업이다

수업이 학생들에게 복지로 다가가야 한다는 말은 표현 방식에 차이
만 있었지 다른 곳에서도 익히 만났던 말이다. "한 명의 아이도 수업에서
놓쳐서는 안 된다"라는 말을 우리는 이제 흔히 사용하지 않는가. 그러나

그것이 수업에서 구현되고 있는 지점을 발견하기란 그리 쉽지 않다. 그가 다른 이들과 조금 다른 건 초등 국어 수업과 일상에서 읽기 능력으로 소외받는 아이들을 보살피는 일을 게을리하지 않고 본인의 꾸준한 실천으로 증명해 보이고 있다는 것이다. 이 과정에서 그는 단호히 학교에서 복지는 바로 수업이어야 한다는 결론을 내린다.

> 읽기 능력이 2~3년 뒤처지는 아이는 학급에서 소외되기 쉽다. 학교에서 복지란 바로 수업이다. 수업에서 소외되는 것에 대해 외면하면서 다른 복지에 대해 이야기한다는 것 자체가 어불성설이라고 믿는다. 나는 책을 읽어 주는 방식이 수업의 소외를 막는 방법이라고 보았다.
>
> - 박지희, 차성욱(2019), 앞의 책, 173쪽

2008년 1월, 나는 대안 국어 교과서를 만들기 위해 프랑스 파리의 학교를 탐방하며 교육 전문가들을 만난 적이 있다. 그들 가운데 프랑스 교과서 제작 연합회 회원들이 있었다. 그들에게 프랑스에서는 어떤 교과서들이 어떻게 만들어지고 있는지를 들을 수 있었고 프랑스 교육 전반에 관한 상황과 교육에 대한 철학도 들을 수 있었다. 그리고는 끝에 그들에게 질문을 던졌다. 당신들이 꿈꾸는 교과서는 어떤 것이냐고. 그때 들었던 얘기가 지금까지도 잊히지 않는다. 그것은 바로 '배움의 속도가 다른 학생들 각자에게 맞는 교과서를 손에 쥐게 해 주는 것'이라는 말이었다. 교과서를 제작하는 회사들의 연합체 회원들이었지만, 그들에게도 교과서를 만드는 기본적인 철학이 있구나 감탄을 했었다. 수업이 바로 복지라는 그의 이야기를 접하면서 새삼 그 시절을 떠올렸다. 오랫동안 아이

들과 지내면서 실천하고 깊게 고민하지 않으면 나올 수 없는 생각이었다.

그의 수업 사례는 책과 강의 자료에서 어렵지 않게 찾을 수 있다. 그러나 그의 실천을 단순히 따라 하는 수업 자료로만 여기면 수업이 학생들에게 복지로 다가가야 한다는 그의 수업 철학을 읽어 낼 수 없다. 아이들과 함께 살아가면서 관계를 맺고 소통하며 깨달은 지점에, 고민하고 실패하며 만들어 낸 수업에는 그만의 철학과 관점이 녹아 있다. 이 지점을 읽어 낼 수 있을 때라야 우리는 수업 사례만을 쓰고 버리는 소비자가 아니라 전문성 높은 수업 생산자로 변화하는 계기를 마련할 수 있다. 1학년 수업에서 그의 실천을 살펴보면 어렵지 않게 그 지점을 확인할 수 있다. 나는 그의 수업 준비에서 두 가지 지점에 주목했다. 먼저 교과서에도 없는 텍스트를 선정하는 까닭을 들 수 있다. 흔히 삶으로 가르쳐야 한다고 말들 하지만, 실제로 삶이 어떤 것인지를 보여 주기란 쉽지 않다. 더구나 '왜 사느냐'에까지 이르면 막막해진다. 살아 있는 것은 어떤 가치가 있는지, 살아 내면서 누릴 수 있는 것은 무엇인지, 삶은 혼자만으로도 가능한 것인지를 말로 표현하기가 어렵기 때문이다. 이때 그는 그림책《살아 있어》를 활용한다. 살아 있는 것이 아프고 눈물 나고 슬프고 시드는 것이고 고통받고 슬프고 힘겨운 것이라는 사실을 책으로 보여 주며 확인시킨다. 그의 철학과 의도가 담긴 수업을 하기 위해서는 때로는 교과서 밖 이야기를 가져올 수밖에 없다.

> 학교의 기능이라는 것이 정말 촘촘하게 압축되어야 한다고 봐요. 지금은 너무 펼쳐져 있어요. 학교에 복지가 들어와 있는데 복지의 개념이 가난한 아이들 지원해 주고 프로그램 돌려서 참여 기회를 주는 정도인 거예요. 이런 것들은 다 행정적인 자치 단체로 빠져야 해요. 돌봄도 빠져야 한다고 생각해요. 그야말로

학교에서의 복지는 수업에서 소외되지 않는 아이들을 만들어
내는 것이 더 중요해요. 학교에서는 교육만을 생각해서 그 본질
을 찾아야 한다고 봐요. 경찰서, 동사무소에서 하는 일까지 학교
에서 다 하고 있는 게 문제예요. 기초 학력 부진인 아이들에게
복지라는 이름으로 기회를 준다고 하는데 일상의 수업에서 소
외되고 있다면 다 거짓인 거죠. 학교의 경우 같은 교과서가 아
니라 아이들 각자에 맞는 다른 교과서로 수업해야 해요. 진정
으로 복지, 맞춤형 교육이 되려면 우리 학교에서 쓰는 교과서는
달라져야 해요. 그래야 자기 속도에 맞게 수업을 받을 수 있지
않을까요?

그는 수업은 내용이 형식을 장악해야 한다고 생각한다. 내용을 고민
하다 보면 배움의 수준과 속도가 다른 학생들의 상황을 모두 고려한 수
업을 그릴 수밖에 없다. 반면, 기능과 형식에 치우친 수업은 일정한 틀에
서 학생들의 도달도 여부에 관심을 두기 때문에 수준 차이가 생길 수밖
에 없고 수업에서 소외된 학생들이 나올 가능성이 매우 높다. 특히 국어
교과는 학생들의 읽기 능력이 고르지 않고 차이가 크기도 해 해당 학년
의 학습을 함께 하기가 어려울 수 있다. 기능을 너무 앞세우다 보면 반드
시 사각지대가 생기기 마련이다. 이를 부진 학생으로 구분 짓기 시작하
는 순간, 학생들의 수업 소외는 불가피하다. 그는 국어 교과에 대한 안목
과 학습이 없이 단순히 팁 위주의 기능 활동으로 전개되는 수업이 얼마
나 위험한 것인지 많은 교사들이 깨닫기를 바랐다.

박지희

처음부터 교사가 함께 읽어 나가며 배경이나 낱말 뜻, 문학적 장치에 대해 맥락 있게 설명해 주면 읽기 능력이 많이 떨어지는 아이도 책을 깊게 읽어 낼 수 있다. 물론 읽기 능력이 어느 정도 향상되고 몇 개의 작품을 깊이 있게 읽었다고 해서 스스로 책을 찾아 즐겨 읽는 습관까지 만들어지지는 않는다. 하지만 맥락에 몰입할 수 있는 온작품 함께 읽기가 아니었다면 책 읽기에서 소외되지 않고 이야기에 몰입하며 깊은 주제를 시에 연결해 낸다는 것이 아예 불가능했을지도 모른다.

- 박지희, 차성욱(2019), 앞의 책, 186쪽

까닭 : 아이들은 수업이 필요하다

아동문학 평론가 원종찬은 "감상은 정서의 영역에 속하기 때문에 작품을 읽고 느낀 것에 대한 표현력의 차이가 그대로 감상 정도를 말해 주는 것은 아니다"라고 했다. 작품에 대한 아이들의 반응이 "재밌어", "슬퍼" 하는 식으로 단순해도 그 안에서 어떤 작용이 일어나는지에 대해 함부로 단정할 수 없기 때문이라는 게 그의 생각이다《교사를 위한 온작품 읽기》). 박지희는 이 말에 충분히 공감했다. 다만 독자로서 단순히 책을 읽는 것과 수업 텍스트로 공부하는 경우는 구분할 필요가 있다고 말한다. 감상하는 법을 배우는 아이들에게 감상을 자세하게 표현하도록 요구하고 익히게 하는 일은 꼭 필요한 과정이라는 것이다. 아이의 감상을 교사가 함부로 재단할 수는 없겠지만 표현하는 방법을 가르치는 과정이 바로 곧 수업이어야 하고 국어 교과의 목적이어야 한다는 것이다.

“

아이들도 표현을 하기 위한 수많은 연습이 필요해요. '좋았다, 싫었다'라고 단순하게 표현한 것을 평가하는 것은 의미가 없다고 생각해요. 하지만 그것을 구체적으로 표현할 수 있게 '나도 예전에 그런 경험이 있어'와 같이 표현 방법을 안내하는 것은 훈련되지 않으면 안 된다고 생각해요. 그러니까 다양한 전략을 쓴다는 것은 그런 것을 훈련하는 과정인 거죠. 가만히 내버려 둔다고 어느 순간에 잘 표현할 수 있는 건 아니잖아요. 그리고 '표현되지 않아도 상관은 없어'라고 말할 수는 있지만 우리는 그 표현력이라는 걸 키우기 위해 수업이라는 걸 하는 거예요. 수업이라는 건 무언가의 능력을 향상시키는 데 목적이 있잖아요. 근데 그냥 표현의 기술을 배우는 게 아니라 표현하면서 자신의 내면을 깊숙이 들여다보고 다양한 방법으로 드러내는 것이 수업이기 때문에 저는 그것을 교사가 의식하지 않는다면 무책임하다는 생각이에요.

”

박지희

이규철은 국어 교육의 목적은 읽는 능력과 표현하는 능력을 키우고 그리하여 생각하는 힘을 기르는 데 있다고 정리했다(《수업 딜레마》). 중등 교육 경험과 실천에 바탕을 둔 이러한 정리는 박지희의 생각과 매우 맞닿아 있다. 초등 교육에서 국어 교육으로 할 수 있는 일은 읽기의 격차를 줄여 수업에서 소외된 아이들 없이 책을 통해 나를 타자의 위치에 두고 공감하는 능력을 기르는 데 있다. 아울러 공감한 바를 교사가 제공한 다양한 수업 전략으로 연습하여 표현 능력을 기르는 것이 그다음 목적이 되겠다. 이러한 과정은 궁극적으로 학생들의 생각하는 능력, 즉 사고력을 키워 내는 기초적인 작업이 될 수 있을 것이다. 따라서 교과 내용에 대한 전문적 지식과 함께 구체적이고도 다양한 수업 전략을 기획하는 일은 어쩌면 당연한 수업 준비와 실행 과정일 것이다. 그리고 이러한 과정은 단기간에 드러나는 것이 아니라, 적어도 일 년의 과정을 꾸준히 실천하고 관찰해야 얻을 수 있는 것이다. 따라서 교사들의 일상 수업 관찰도 정기적이고도 장기적으로 이뤄져야 제대로 이해할 수 있을 것이다.

어떤 사람의 수업을 연구하고 싶다면 길게 만나는 과정이 필요하다고 봐요. 완전히 실패할 때도 많아요. 그 과정을 통해서 아이들과 수업의 어떤 길을 찾아 나가려고 하느냐, 그 과정이 보이지 않으면 그냥 저 교사 참 수업 잘한다 하고 끝나 버리죠. '내가 이 수업을 왜 하지? 이 수업에서 어떤 이야기를 만나게 될까'를 스스로에게 질문하고 끊임없이 이야기하지 않으면 안 된다고 봐요.

박지희

그의 책에는 꾸준한 실천으로 달라지는 아이들 모습이 곳곳에 등장한다. 학원 공부에 지쳐 다분히 경쟁적이었던 한 남자아이. 조금이라도 생각을 요구하는 깊이 있는 공부를 하면 짜증을 내며 글쓰기도 책 읽기도 싫어했던 아이. 그런 아이가 연말에 책 한 권에 빠져 글의 맥락을 읽어 내고 상황에 어울리는 시를 골라 발표하는 과정은 놀랍다. 어디 그뿐인가. 온작품 읽기를 가족 읽기로 확장시켜 부모와 함께 읽는 과제는 그의 표현을 빌자면 '파장'을 몰고 왔다. 책을 잘 읽지 못하는 딸을 위해 끝까지 책을 읽어 주며 남편과 아빠로서 자신의 부족함을 들여다본 가정이 있는가 하면 너무 일찍 하늘나라로 간 '엄마'를 아빠와 처음으로 소리 내어 말하고 이야기하기 시작했다는 가정도 있고, 베트남인 엄마를 위해 아빠가 책을 소리 내어 읽어 준 가정까지.

연말에는, 그렇게 반응이 없던 아이들이 스스로 낭독극을 만들자고 제안을 하며 책으로 만난 경험을 표현하고 싶어 하는 아이들로 바뀌는 모습에서 아이들과 수업을 살아가는 그의 진면목을 볼 수 있다. 그는 현 국어 교육과정은 전략이 다양하지 않아 늘 익숙하고 단순한 수업이 이뤄진다고 보고 있다. 그러다 보니 국어 수업에 대한 선호도가 떨어지고 또 다른 암기 과목처럼 돼 버리고 있다는 것이다. 아이들에게 다양한 표현을 기대한다면 당연히 수업에서 교사는 다양한 전략을 고민하고 학습하고 준비하여 제공해야 한다고 본다. 따라서 교사의 수업 전략은 교사의 고민만큼 다양해질 수밖에 없다. 그의 실천 사례 중 많은 책이나 텍스트들과 결합하는 전략이 하나 있다. 그것은 바로 그림자극이다. 그림자극을 만나게 된 과정도 그림자극과 고학년 아이들의 발달 과정 또는 특성에 대한 그의 연구와 고민에서 나왔다.

2004년 정도에 북부모임에 연극을 연구한 선생님이 계셨는데 그분이 전문가 하는 그림자극 연수를 받아 보기를 권유했어요. 그때 길게 연수를 받았죠. 3~4주 정도 토요일마다 교실에 신문으로 암막을 만들고 수업을 받았는데 얼굴을 내밀지 않아도 된다는 것이 너무나 좋았어요. 고학년이라도 얼굴을 드러내지 않으니 어떤 거라도 다 할 수 있겠다는 생각이 들었어요. 전 예쁘게 하는 걸 좋아하는데 그림자극은 너무나 예쁘고 나한테 잘 맞았어요. 그런 것에 반해서 시작하게 됐어요. 그즈음에 주로 6학년 담임만 주로 하게 되었는데 6학년 아이들에게 아주 좋은 활동이었죠. 얼굴이 안 나오니 아이들이 또 하고 싶어 하고 그래서 자꾸 하게 됐어요. 나중에는 엄마들과 결합하게 됐어요. 엄마들도 좋아해서 그때부터는 인형을 만드는 건 엄마들이 하기 시작했죠. 시나리오를 쓰고 배경을 만드는 건 아이들이 하지만 인형을 만드는 건 엄마들이 도와준 거죠. 그래서 무척 쉽게 아이들과 수업을 하게 되었죠.

물론 그가 고민하고 만들어 낸 전략은 그만의 고유한 것은 아니다. 책에서, 모임에서, 연수에서 익히고 동료 교사들에게서 배운다. 그 과정에서 다양한 수업 전략을 끊임없이 공부하고 실천한다. 수많은 실패를 통해 배우고 아이들을 통해 배우면서 교사인 그도 아이들도 함께 성장한다. 수업으로 살아가는 일은 교사로 성장하는 일과 그렇게 맞닿아 있었다.

자존감 : 수업으로 우울에서 벗어나다

성과급이 교사들을 분열시키고 협력하는 문화를 깨 버리면서 박지희는 절망에 빠져들었다. 교사로서 자존감도 무너졌다. 학교 사람들이 싫어졌다. 때마침 전국모에서 제안을 해 와 본격적으로 학교 밖 교과모임 활동에 참여하게 된다. 박지희 개인은 깊은 늪으로 빠져드는 듯 힘든 시절이었으나 모임과 연수에는 활발하게 참가했다. 그렇게 자신의 몸을 살필 여력도 없이 분주했던 그는 날로 날카로워졌다. 주위 사람들을 힘들게 했다. 그는 그 모든 것이 자신의 열등감과 무너진 자존감 때문이었다고 회상했다. 그러한 상황에서도 그는 학교 밖 모임을 꾸준히 해 나갔다. 전국모의 각종 연수에 참여하고 책까지 펴냈다. 주위 사람들에게 상처를 주는 말을 하고 본인도 그렇게 상처를 받으면서 조금씩 스스로 회복해

나가는 실마리를 찾기 시작했다.

❝

그때 만난 아이들에게 미안하죠. 내가 아무리 개인적인 상황과 별개로 교육 활동을 해 나간다 했더라도 그건 묻어났을 테니까요. 지금 생각해 보면 아이들에게 더 엄격했지 싶어요. 지각하거나 다른 아이들에게 함부로 하거나 그럴 때 무섭게 혼을 내곤 했었죠. 그런 눈에 보이지 않는 것들이 많이 있었을 테지만 내가 무너지지 않고 그 시기를 뚫고 나올 수 있었던 것은 아이들과의 만남의 장에서만큼은 아직은 괜찮은 사람이라는 마지막 자존감 덕분이었던 것 같아요. 그래서 그것만큼은 놓치지 않으려 했어요. 예전에 한창 전국모 홈페이지에 사례나 자료를 올릴 때가 개인적으로 가장 힘들었을 때인데 지역 선생님들의 '선생님, 잘 활용할게요'라는 말이 무너져 가는 제 자존심을 지켜 줬다고나 할까요?

❞

오래전 나는 《아이들 삶의 리듬을 잇는 학급운영》이라는 책을 펴냈다. 초등학교 학생들과 일 년을 살며 어떻게 리듬을 이어 갔는지 학급 이야기를 작은 책에 담았다. 학급에서 아이들과 사는 일에도 리듬이 필요하지만, 수업에도 리듬이 필요하다. 한 차시 안에도 리듬이 있지만 담임교사 혼자서 많은 교과를 다루며 개별 아이들의 변화와 성장, 격차와 부진을 감안한 수업을 기획하고 진행하는 일은 엄청난 공력이 필요하다. 마치 군인들이 진군하듯 국가 교육과정을 따라 '진도 빼기'를 해야 하는 게 우리네 낡은 학교 문화이다. 국가 교육과정에는 교과 운영의 리듬, 일 년 수업에 관한 리듬 개념이 없다. 어쩌면 한국의 학교 체제에서는 기적 같은 일이 날마다 벌어지고 있다고 봐야 한다. 교사가 그 과정에서 얼마나 힘든 과정을 거치며 상처를 받고 좌절하며 자존감을 잃어 가는지 아무도 관심을 보이지 않는다.

교사도 한 사회의 일원이고 한 가정의 일원이며 평범한 시민이다. 교사도 아프고 병이 들고 우울증에 빠지고 심적 장애를 겪는다. 학교에서 수업은 교사들의 이러한 개인 사정들이 뒤섞여 이뤄지는 것이다. 그리하여 교사가 수업을 산다는 것은 단순히 교육과정을 운영하며 수업 전반을 채워 내 살아간다는 뜻 이상을 담고 있다고도 볼 수 있다. 많은 교사들이 전문성을 높이기도 전에 일찍부터 자존감을 잃고 학급 운영과 수업에서 갈 길을 찾지 못하고 있기도 하다. 이들을 어떻게 회복시켜야 할지 박지희는 한 가지 답을 내 주었다. 그건 바로 교사들을 향한 따뜻한 응원과 믿음, 그리고 격려였다. 학교 안팎에서, 가정에서 갈 길을 잃은 그에게 가장 큰 힘은 학부모의 응원과 동료 교사들의 격려였다. 그것마저도 없었다면 지금의 그는 전혀 다른 모습으로 살아가고 있을지도 모른다.

학부모들의 응원은 아이들의 변화된 모습에서 비롯된다. 학급 운영과 수업을 통한 자녀들의 성장은 교사에 대한 학부모의 인식을 바꾼다. 이는 교사에 대한 격려와 응원으로 이어져 수업의 질을 높이게 된다. 교사들을 위한 국가의 진정한 지원과 복지는 이런 선순환 구조를 만들어 주는 것이다. 그렇기에 수업에까지 영향을 미치는 성과급과 같은 국가 정책은 하루빨리 폐기되어야 한다.

학교에서 온작품 함께 읽기라는 주제로 교원학습동아리를 함께 하는 후배가 "온작품 읽기 수업은 교사가 힐링 되는 것 같아요" 라는 말을 했다. 왜 교사가 힐링 될까? 교사도 함께 소리 내어 읽다 보면 어느 문장이나 대목에서 울컥하며 더 읽지 못할 정

도로 감동이 오는 순간이 있다. 하지만 가장 큰 감동은 아이들이 "책 빨리 읽어요. 국어 수업 해요"라는 말을 한다는 자체에 있다. 아이들 입에서 국어 수업을 하자는 말이 나오고, 책을 빨리 읽고 싶다는 말이 나오는 것만큼 교사로서 행복한 일이 있을까? 나의 수업이 아이들에게 환영받는다는 느낌은 교사의 자존감을 세워 준다.

- 박지희, 차성욱(2019), 앞의 책, 61쪽

다시 돌아갈 수업과 삶의 가장자리

나이가 든다는 것은 무엇을 뜻하는 것일까? 파커 J. 파머는 《모든 것의 가장자리에서》라는 책에서 노화라는 중력에 맞서 싸우기보다 '나이듦에 협력'할 때 얻게 되는 경험을 들려준다. 노년은 낯선 것이고 낯선 것을 향해 발걸음을 내디딜 때마다 사람들이 미처 보지 못하는 아름다움을 느낄 수 있다는 것이다. 박지희는 몸은 교장의 자리에 있지만, 마음은 교사로 머물고 있다. 하지만 교장 자리에 있기에 볼 수 있는 것들을 보려 한다. 교사일 때에는 눈에 띄지 않았던 새롭게 보이는 것들을 어떻게 풀어갈 것인가 고민한다. 교장 자격 연수 과정을 겪으며 교장은 어떤 위치이고 어떤 역할을 해야 하는지에 대한 교장의 철학에 대해서도 고민하고 있다. 교장은 학교 관리자이기도 하지만 교육의 리더이기도 하기 때문이다.

관리자에게는 철학 공부가 반드시 필요하다고 생각해요. 예를 들어 선생님들과 갈등을 없애는 것도 중요하지만 갈등을 회피하거나 무조건 없애는 것도 능사는 아니라고 봐요. 어디에서 갈

쉬는 시간이면 아이들이 몰려와 이것저것 물어보고 부탁하곤 한다. 아이들과의 관계, 아이들과의 거리를 알 수 있다.

박지희

등이 생기는지 고민하고 해결하려는 '자세'가 결국 가장 중요하다는 생각이에요.

관리자의 언어도 매우 중요하다고 봐요. 관리자가 "난 이런 거 싫어하고 이건 좋아해"라고 말하면 다른 사람 누구도 자유롭게 결정할 수가 없잖아요? 그리고 언어는 매우 구체적이어야 한다고 생각했어요. 관리자가 "이 학교, 학급은 왜 이래요?"라고 말하면 듣는 사람이 긴장하잖아요. 관리자가 무엇을 말하는 건지 모르겠으니 듣는 사람이 혼란스럽죠. 표현이 모호하잖아요. 관리자는 때로는 자기 취향을 숨기기도 해야 하지만 때로는 아주 구체적인 언어를 사용해야 한다고 봐요. 이런 게 교장의 언어이자 관계 철학이라고 생각했어요. 학교에서 교장이 교사들과의 관계를 망치는 것들은 의외로 이런 것들이라고 봐요. 저에게도 가장 큰 숙제죠.

그는 교장을 하면서도 교사들의 수업 언저리를 드나들기를 주저하지 않는다. 예전 관리자들이 하던 수업 감찰이나 감시가 아니다. 다른 자리에서 서서 수업을 바라보며 교사들을 이해하고 도울 수 있는 방법을 찾기 위해서다. 다시 돌아갈 교실에서 달라져야 할 자신을 발견하기 위해서다. 익숙한 교사의 자리가 아닌 낯선 교장의 자리에서 그는 수업에서 무엇을 경험하고 무엇을 깨달았을까? 교사였을 적에 그가 미처 보지 못했던 것은 무엇이었을까? 수업의 자리를 떠난 그에게 물었다.

교사와 학생들을 만나는 방식이, 아주 자세하게는 교사와 학생들 책상의 거리까지 보이더라고요. 저는 늘 저한테 익숙한 거리가 있어서 그 거리를 당연하다 여겼어요. 그런데 반별, 학년별로 수업이 돌아가는 모습을 보니 학생들이 산만한 경우에는 교사와 학생 책상과의 거리가 멀었어요. 물리적 거리가 큰 영향을 미치고 있었던 거죠. 좌석 배치도 수업의 형태와 집중도에 큰 영향을 주더군요. 예전에는 'ㄷ' 자나 모둠별 배치를 선호했지만 이러한 배치가 능사는 아닌 거예요. 집중해야 하는 수업에는 그에 맞춤한 좌석 배치가 필요한 거죠. 수업 상황에 맞는 교사와 학생의 거리가 중요한 거였어요. 다양한 학년의 수업을 들어가면서 아이들과 어떻게 호흡하며 수업을 하는 게 좋을까 고민하게 됐죠.

어떻게 보면 지금까지 그에게는 자신이 선택한 삶은 거의 없어 보인다. 섬에서 목포의 고등학교로 진학하면서, 서울로 대학을 진학하게 되면서도 가정 형편으로 교대를 선택하게 되었고 우연한 기회에 야학을 경험하게 됐다. 그러면서 세상에 눈을 뜨게 되고 교육이라는 것에 관심을 갖게 됐다. 발령을 받은 뒤에는 아이들의 특성을 이해할 기회도 갖지 못하고 해직이 되면서 그가 선택하지 않은 삶을 살게 된다. 해직이 되어서도 돌아갈 학교를 생각하며 아이들과 수업할 준비를 했다. 복직을 해서는 자신이 바라지 않던 여러 일들에 맞서 싸우며 살아야 했다. 이때까지 그 어떤 삶도 그의 선택은 없었다. 다만 수업에서 만난 아이들과 동료 교사, 학부모들의 응원에 힘입어 여기까지 왔다. 그리고 교장이라는 원하지 않던 새로운 길을 가고 있다. 떨어진 낙엽이 거름이 되어 열매를 맺게 할 먼 훗날, 어쩌면 그가 만나지 못할 그날을 위해서.

과거의 나로 지금의 나를 규정하지 말자, 잘나갔던 나를 곱씹지 말고 비참했던 나도 멸시하지 말자, 그것들이 지금의 나를 있게 했던 거다. 지난 시절을 보면 고통의 순간은 있지만 그 시간을 뚫고 나갔던 것은 나를 잃지 않았다는 거거든요. 지금도 마찬가지예요. 어쩌면 새로운 길을 가는 지금 실패할 확률이 90%라고 생각해요. 그래도 먼 훗날 이 시기를 돌아보면서 비참해하지 말자는 생각을 해요. 그것들이 어떤 가치가 있었던가 하는 것은 나중에 평가가 될 거고, 그것들이 결코 쓸모없는 시간은 아니었을 거라는 생각을 하게 됩니다. 순간순간 지금의 내가 제대로 살고 있나 생각하고 있는데, 요즘 저의 그런 생각에 응원을 해주었던 것이 〈인생 후르츠〉라는 영화예요. 그 영화에 이 자막이 계속 흐르죠. "바람이 불면 낙엽이 떨어진다. 낙엽이 떨어지면 땅이 비옥해진다. 땅이 비옥해지면 열매가 여문다. 차근차근 천천히."

끝으로 나는 박지희에게 '당신의 삶에서 진정 수업은 무엇'이었는지 물었다. 잠시 고민하던 그는 '수업은 자신이 아이들과 가장 의미 있게 만날 수 있는 시간'이었고, 자신은 모든 수업을 의미 있는 시간으로 만들려고 끊임없이 노력했다고 회상했다. 아이들에게도 수업에서 '너 제대로 살고 있니?', '뭐가 문제니?' 하는 질문을 계속 던졌다고 했다. 물론 그 질문은 자신에게로 향하는 것이기도 했다. 아직은 그 질문에 대한 답을 찾지도 얻지도 못했지만, 그래도 흔들리지 않고 뚜벅뚜벅 걸어가고 싶다고 했다. 그랬다. 그에게 수업은 삶의 질문을 찾는 의미 있는 시간이자 공간이었다. 진정 삶에 대한 의문과 타인에 대한 궁금함으로 서로가 공감하는 수업. 그는 늘 삶에 대한 질문과 공감이 공존하는 수업을 꿈꾸며 살았다. 아직 그의 꿈은 완성되지 않았다. 당분간 아이들과 같이 호흡하며 보내던 수업에서 멀어졌기 때문이다.

이런 의미 있는 수업을 하고 싶어 하는 그는 교장직을 끝내고 평교사로 돌아가겠다는 선언을 일찌감치 해 버렸다. 그는 지난 2019년 1월 전국모 겨울 정회원 연수에서 강의 끝에 '내가 돌아갈 곳은 교실'이라고 말했다. 그에게 교장은 교장공모제로 시작해 교장선출보직제로 가는 과도기에 선배로서 징검다리 역할을 하기 위한 것일 뿐이라고 했다. 울림 있는 강연에 연수장 곳곳에서는 박수가 나오고 그의 말이 끝날 무렵에는 동료 교사들의 흐느끼는 울음소리가 들렸다. 당시 그 자리에 함께했던 나도 눈물을 꽤나 흘렸고 며칠을 울었다. 왜 울었는지 나도 확실하게 기억나진 않는다. 그저 시대와 자신의 운명 사이를 오가며 힘들게 싸워 왔던 그가 실패라는 결과물을 내놓을지라도 꼭 다시 돌아오겠다는 말 때문이었을 거라 짐작할 뿐이다.

누군가 그랬다. 삶의 의미는 없다고. 삶 자체에 무슨 의미가 있냐고. 다만, 의미는 부여할 수 있다고. 박지희가 삶에 부여한 의미에 박수를 치고 눈물을 흘리는 건, 그가 살아온 삶에 대해 많은 이들이 공감했기 때문이다. 아무쪼록 그의 다짐대로 '발지' 교사 박지희를 교실에서 다시 볼수 있기를 바란다. 그를 사랑하고 존경하는 많은 후배들과 학생들 곁에서 '할매' 교사 박지희가 힘들게 지켜 온 수업을 다시 살아가며 삶의 가장자리에서 부디 아름다운 마무리를 하면 좋겠다.

저는 4년 뒤에는 평교사로 내려올 겁니다. 그러면서 그때 또 여기 와서, 막내 해직 교사가 교장으로 지낸, 성공담이 될지 실패담이 될지는 모르겠지만, 그 이야기를 나눌 거예요. 그게 저한테는 굉장히 부끄러운 이야기가 될지라도 전 안 울 겁니다. 왜냐, 그것이 그냥 길가에서 쓰레기장에 버려지는 낙엽이 되지 않고 선생님들 땅에, 후배님들이 교육을 바꿔 가는 길에 거름이되고 또 그것이 서울북부모임 할매 교사로서 살아가는 내 삶의 가치이지 않을까 생각하기 때문입니다.

박지희
입니다

선생님이 보내 주신 제 이야기를 보면서 개인적인 삶을 누군가의 시선으로 드러낸다는 것이 이렇게 어렵구나 싶었습니다. 변곡점을 통과할 때마다 힘들다 했는데 이리 글로 된 것을 읽으니 너무 엄살 부리며 살았구나 싶기도 하고 말이죠. 그러면서 교사 박지희가 아닌 개인 박지희의 삶은 뭐지 싶기도 했습니다. 학교로 인한 관계들이 내 삶의 대부분을 차지하고 거기서 상처받고 또 거기서 만난 이들에게 응원받으며 살아온 모습이 마치 스스로 사명 의식 투철한 교사라고 말하는 듯해서 오글거리기도 하고 민망하기도 했습니다. 수업을 산다는 것이 무엇인가라는 생각을 다시 곰곰이 해 봅니다. 초등 교사의 길로 들어선 딸이 교사로서 첫 방학을 보낼 때 그런 말을 하더라고요.

"모든 교사들이 엄마처럼 방학 때도 연수만 받고 교육 관련 책만 보는 줄 알았어."

그래서 딸도 저처럼 연수도 받고 책도 읽겠지 했는데 방학 내내 교육 관련 글 한 줄 안 읽고 여행 다니고 못 했던 취미 활동으로 꽉 채우더라고요. 그런 딸을 보면서 어쩜 제가 가장 좁은 교육을 하지 않았나 싶기도 했습니다. 개인적으로 풍부하고 다양한 삶을 사는 것이 가장 중요한 교육과정 준비가 아닐까 하고 말이지요. 여행도 거의 안 다니고 책 보는 것 말고 별다른 취미도 없으며 학교에서 맺은 관계가 관계의 모든 것인 양 살아온 제 삶이 아이들에게 꽉 막힌 교육과정이 아니었을까 하는 회의가 들기도 했죠. 그것이 제가 사는 방식이고 제가 가장 잘할 수 있는 일이지만, 제가 아이들을 위해서만 어린이 책을 읽는 것이 아니었어요. 어린이 책을 혼자 읽거나 함께 읽으며 교사인 저도 치유받고 안내도 받았던 거죠. 결국은 제가 연수를 받고 책을 읽으며 보내는 시간들은 수업을 위한 것이 아니고 제가 사는 것이었습니다.

며칠 전 우리 학교 6학년 아이들에게 졸업을 기념하는 수업을 했어요. 수업한 책은 《조커, 학교 가기 싫을 때 쓰는 카드》였죠. 수업 준비를 위해 이 책을 다시 읽다가 벼락 같은 문장을 만나고야 말았어요. 로엘 선생님이 아이들에게 다양한 선물을 주겠다고 말하면서 '천재지변'이란 낱말도 선물로 주고 싶다고 합니다. 이 책을 어림잡아도 열 번은 읽었는데 이 시기에 왜 이 문장에 꽂혔는지 자세히 말할 수는 없지만, 졸업을 앞둔 우리 학교 아이들에게도 가장 선물하고 싶은 문장으로 정했네요. 산다는 것은 수많은 '천재지변'을 겪게 되는 일이지만 의외로 천재지변인 줄 아는 사람은 많지 않다는 생각이 듭니다. '천재지변' 같은 일을 겪고도 많은 사람들은 또 나는 '왜 나한테 이런 일이……', '내가 무슨 잘못을 했나?' 하는 자기 검열을 하다 자기 잘못으로 귀착시키며 주저앉아 버리게 되지요.

열세 살 아이들이 앞으로 세상과 만나 쉽게 받아들여지지 않는 일들도 겪겠지요. 그때 아이들에게 자기 앞에 닥친 일이 혹시 천재지변같이 자신이 어쩔 수 없는 일이 아닌가라는 의문을 던져 보고 그 자기 검열과 우울의 터널을 빠져나올 수 있으면 좋겠다는 마음으로 그 낱말을 선물했습니다. 제 선물이 얼마나 잘 전달되었는지 또 저한테서 출발한 선물이 언제 도착할지는 알 수는 없습니다. 하지만 이 책을 읽어 주는 동안 저에게는 천재지변이란 선물이 확실히 도착했습니다. 제가 수업을 사는 이유는 저도 수업을 준비하며 수업을 하며 수많은 선물을 받았고 제가 받은 선물들을 아이들에게 건넨다는 마음인 것 같습니다.

두서없는 제 이야기를 이렇게 깔끔하게 정리해 주신 선생님께 감사드립니다. 어떤 대목에서는 저의 내면을 저보다 깊이 보신다는 느낌마저 들었습니다. 아마도 긴 시간 동안 같은 일을 하고 고민도 나누고 그래서 같은 길을 나란히 걸어온 덕분인 듯합니다. 얼마 뒤가 될지 모르지만 교직 생활 끝까지 옆에서 지켜봐 주고 응원해 줄 친구를 확인하는 기회가 된 듯해 더욱 힘을 얻습니다. 고맙습니다.

03

교사 최은경

있지만 보이지 않는 시간을
산다는 것

수업을 바라보는 눈이 교사에서 아이들로 옮겨 간 지는 이미 오래다. 늘 수업의 대상으로만 여기던 아이들을 전면에 내세운 것은 교육의 목적과 결과가 모두 아이들에게 있다는 명분과 당위가 설득력을 얻었기 때문이다. 교사는 아이들의 눈을 따라 수업을 준비해야 하고 헌신과 전문성으로 자신의 능력을 입증해야 한다. 그러나 이런 숙명을 안고 맞서이겨 내려는 교사들을 찾기란 쉽지 않다. 오히려 공무원 신분이라는 그늘에 숨어서 침묵하거나 학교 내의 공간에서 자신들만의 권력을 욕망하는 교사들을 더 쉽게 발견할 수 있다. 그 까닭은 여러 가지가 있겠지만, 나는 가장 큰 원인이 교사들이 스스로에게 던지는 질문, 예컨대 다음과 같은 질문이 사라져 가고 있기 때문이라고 생각한다.

"당신이 만들고 싶고 꿈꾸었던 교육과 수업은 무엇입니까?"
"당신이 되고자 했던 교사는 어떤 사람입니까?"

이제 만나게 될 교사 최은경은 자신의 삶과 수업에서 끊임없이 스스로에게 질문을 던지며 답을 찾았던 사람이다. 때로는 실패와 아픔을 겪으며 자신이 던진 질문에 대한 답을 찾으려 애를 썼다. 이제 그가 살아온 시공간을 따라 수업을 바라보는 눈을 아이들이 아닌 교사로 잠시 돌려 놓고자 한다.

질문이 사라지는 시대

물질적 풍요는 여가와 놀이를 일상으로 끌어들였다. 욕구를 충족시키려면 사람들은 끊임없이 소비를 해야 하고 불안을 떨치려 또 돈을 벌어야만 한다. 세상 사람들은 어느새 남들보다 뒤처지지 않으려 학습하고 일하는 것이 곧 세상의 전부인 삶을 살아가고 있다. 이를 위해 하루하루를 버텨 내고 견뎌 내는 삶은 당연시되고 있다. 이런 세상에서 점차 사라지는 것은 질문이다.

1965년 개봉한 장뤽 고다르 감독의 〈알파빌〉은 감정을 억압하는 도시를 그린 SF 영화다. '알파빌'이라는 도시에서는 사람의 감정을 흔드는 책을 금지한다. 눈물을 보였다는 이유로 사형을 집행하기도 한다. 어떤 질문도 의문도 품지 못하는 시민들은 권력에 복종할 뿐이다. 그저 일하고 소비하는 일차원적인 삶의 언어만 허락받는 사람들. '왜'라는 질문과 의문을 던지지 못하는 사람들은 책의 가치와 자기 존재의 의미를 잃어 갈 수밖에 없었다.

그림책《100만 번 산 고양이》에 나오는 고양이는 주인 없는 자유로운 몸이 되었을 때라야 비로소 행복을 느끼기 시작한다. 누구에게 구속당하고 억압당하는 존재가 아닌, 자신의 존재를 확인받고 감정을 느끼고 사랑을 확인할 때라야 비로소 고양이는 죽음을 맞이할 수 있다. 이 이야기에도 끊임없이 자신이 어떤 존재인가를 묻는 질문이 숨어 있다. 프랑스의 소설가이자 평론가였던 폴 부르제가 언급해 널리 알려진 '생각한

대로 살지 않으면 사는 대로 생각하게 된다'는 말도 그렇다. 끊임없이 우리 자신들의 삶에 질문을 하지 않으면 스스로 존재 이유를 거부하며 인간 소비재로 살게 될 것임을 경고하고 있다. 교사가 되려는 이에게 스스로가 혹은 누군가가 '왜'라는 질문을 하지 않는다면 그만큼 위험하고 슬픈 사회는 없을 것이다. 스스로에게 '왜' 교사가 되려고 했는지 질문을 갖지 못했던, 그래서 부끄러웠던 학생 최은경. 다행히도 그에게는 끊임없이 질문을 던지던 스승이 있었다.

"여러분은 발령을 받으시면 어떤 교사로 살기를 원하세요?"

"어떤 아이로 자라기를 바라시나요?"

이렇게 두 개를 질문하시는 거예요. 그런데 대학교를 다니면서 이런 질문을 받아 본 적이 없었어요. 아무도 대답을 안 했어요. 그때 제가 빨간색 옷을 입고 있었는데, 제가 눈에 띄었는지 지목을 하시더라고요. 그래서 엉겁결에 대답을 했죠.

"저는 아이들 옆에서 아이들 손을 놓지 않는 교사가 되고 싶어요. 아이들이 어려울 때 도와주고요. 그리고 맛있는 거 있으면 나눠 먹고 친구들하고 싸우지 않고 사이좋게 지내는 아이들로 자라면 좋겠어요."

그런데 이 말을 하면서 막 눈물이 났어요. 정말 중요한 질문인데 내가 제대로 말을 하지 못했다는 거랑, 이 질문이 왜 이렇게 사람을 부끄럽게 하고 힘들게 하는지 모르겠다는 생각만 들었죠.

대학 졸업을 앞두고 이오덕 선생을 우연한 연수 자리에서 만나게 된 최은경. 그는 어정쩡하게 대답을 하고는 부끄러워 그만 그 자리에서 울고 만다. 그러나 이오덕 선생은 뜻밖에도 그에게 아주 잘 말해 주었다며, 그렇게 살면 된다고 위로의 말을 건넨다.

그때 선생님은 함께 살아가는 아이들을 기르기 위해 반드시 해야 할 두 가지를 힘주어 말씀하셨어요. 무엇보다 아이들과 배우고 익히는 것을 함께해야 한다, 아이들이 시를 쓸 때 교사도 함께 쓰고 읽으며, 몸을 움직여 하는 일을 부끄러워하지 않아야 한다, 쓰레기를 치우거나 추운 겨울 찬물에 걸레를 빠는 것도 함께해야 아이들의 몸과 마음을 이해할 수 있다, 교사도 배우는 괴로움과 고통을 경험해야 한다는 말씀이셨어요. 두 번째는 삶을 가꾸기 위해 글짓기가 아닌 글쓰기를 하고 날마다 수업을 기록하여 나를 성찰하는 교단 일기 쓰기가 필요하다고 하셨어요. 당시 아이들과 만남을 기대하고 준비하던 내 마음에 이오덕 선생님의 말씀은 씨앗으로 단단히 뿌리내렸죠. 그때부터 지금까지 교단 일기를 쓰고, 시를 쓰거나 필사하고, 아이들에게 들려줄 이야기를 스크랩해 왔고 그런 행동이 몸에 배게 되었어요.

《수업을 왜 하지?》라는 책이 교사들에게 큰 반향을 일으킨 적이 있었다. 이전까지만 해도 교사들은 수업을 왜 하는지에 대한 질문을 받아 본 적이 없었다. 교육을 왜 해야 하는지에 대한 질문 정도가 전부였다. 교사와 학생의 삶을 지배하고 규정하는 수업에 대해 비난과 비판은 했을지언정, 정작 교사가 하는 수업이 어떤 의미를 지니고 있으며 어떤 의도

로 수업을 하는지에 대한 질문을 던지려 하지도 않았다. 교육대학에서조차 이런 질문을 받은 적이 없다. 지금도 이런 상황은 크게 달라진 게 없다. 해마다 전국에서 수많은 신규 교사들이 수업을 살게 되지만, 과연 이들 중 자신들이 왜 수업을 하는지에 대한 질문을 받거나 스스로에게 던지는 이는 얼마나 있을까?

우리는 그동안 '왜'라는 질문보다는 '어떻게'에 익숙해 있었고 당연시 여겨 왔다. 발령을 받고 학교에 간 대부분의 교사들은 어떻게 수업을 하고 어떻게 공문을 작성하고 어떻게 교사 생활을 할지에 대한 고민만을 안고 있었다. 수업이란 오직 교사만 잘하면 되는 것으로 여겼다. 하지만 '어떻게'라는 질문에서 빠뜨리고 있는 지점이 바로 '아이들'이다. 따라서 '왜'라는 질문에 맞닥뜨리게 되는 순간, 우리는 수업에서 아이들을 떠올릴 수밖에 없다. 학생 최은경은 '왜'라는 질문에 어설프게 답을 하곤 울어 버렸다. 왜 교육을 하고 왜 아이들을 만나야 하는지 뚜렷한 확신도 없던 자신이 너무도 부끄러웠기 때문이었다.

학생회에서 강의료 대신 차표를 끊어 드렸어요. 교문 밖까지 모셔다 드리면서 '먼 길 와 주셔서 감사합니다' 하고, 지금 생각하면 보잘것없는 시 한 편을 써서 봉투 안에 같이 넣어 드렸더니, 잠깐만 있어 보라고 하시면서 너덜너덜한 큰 가방에서 책 한 권을 꺼내시는 거예요. 선생님의 《어린이를 지키는 문학》이었어요. 그러면서 왜 공부 잘하는 사람들이 대구에만 가려고 하냐고, 젊은 선생님들은 청송, 영양, 봉화, 울진 여기는 안 오려 하냐고, 이게 참교사냐고 그런 말씀을 하셨어요. 그 뒤에 고민을 하다 결국 친구들하고 모두 경북으로 지원을 하게 되었죠.

부끄럽지만, 내가 할 수 있는 일

최은경의 고향은 경북 예천이다. 시골 교회 장로였던 아버지 밑에서 유치원 아이들에게 성경책을 읽어 주며 자란 그는 언제나 이야기를 조금 다르게 바꾸어 들려주길 즐겨 했다. 성경에 담긴 상황들이 때때로 이해가 가지 않았기 때문이었다. 교회 유치부 교사를 거쳐 고등학교 때까지 그는 남에게 설명하고 가르치기를 즐겼다. 그가 세상에 대해, 스스로에 대해 질문을 던지기 시작한 것이 아마도 이때부터였는지도 모른다. 교인의 집안이었지만 딸인 자신에게는 언제나 헌신을 강조했고 공부도 남동생보다도 잘하면 안 된다는 가부장적인 가정이었다. 그때마다 그는 할머니를 찾았고 당시 여성의 삶을 들을 수 있었다. 자연스럽게 할머니에게는 여성의 언어를, 한문을 공부하시는 할아버지에게는 공적인 언어를 배우며 힘을 얻었다.

112

대학에 가서는 국문학을 공부하고 싶었다. 한적한 시골에 살았지만 피아노를 들여 익힐 만큼 그의 가정은 유복했다. 할아버지는 약재상을 하셨고 마당에 감나무 여섯 그루가 있을 만큼 집이 컸다. 때때로 집으로 거지들이 찾아와 봉당마루에 걸터앉아 밥을 기다리고는 했다. 당시만 해도 형편이 넉넉한 집들은 밥을 먹기조차 어려운 이웃들에게 식사를 대접하는 것을 당연시 여겼다. 집으로 찾아오는 거지들이 마치 친척이라도 된 듯 은경을 소리 높여 찾을 때마다 그는 무서워 도망치곤 했다. 할머니는 집으로 찾아온 객들을 함부로 내칠 수 없다며 함께 사는 사람처럼 대하곤 했다.

당시 교대에 입학한 후 동아리 선배가 추천해서 읽은 첫 책이 《아무도 미워하지 않는 자의 죽음》이었어요. 이 책을 읽으면서 '국가와 평화' 그리고 '지성인의 책무'라는 것을 처음으로 생각하게 되었죠. '평화를 향해' 오롯이 자신을 던진 뮌헨 대학교 학생들에게서 부끄러움을 느꼈어요. 무엇보다 나치의 폭력 속에 하루하루 살아가는 "경건한 사람들이 신의 존재를 두려워하는 것을 이해할 수 없다"라고 했던 조피 숄의 말이 송곳처럼 박혔거든요. 하지만 뭔가를 알게 되고 행동해야 한다는 마음이 들면 들수록 두려움도 커졌죠. 단단하지 않은 마음과 생각을 가진 나는 앞장서서 학생운동을 하는 친구들과 선배들처럼 용감하지 못했고 언제나 대열의 끄트머리에서 도망갈 궁리를 했어요.

동화를 읽고 아이들의 느낌을 일일이 물어보고 있다. 아이들은 스스럼없이 다양한 의견을 발표한다.

최은경

　　그가 대학을 다니던 1986~1987년의 엄중한 시대 상황은 교육대학이라고 비껴갈 수 없었다. 대학생은 지식인이라는 사회적 책임을 자각하면서도 앞에 나서는 일은 무섭기만 했다. 어느 날부터인가 연극반과 풍물패에서 우리 문화와 민요를 배우고 대동제 고싸움 등을 기획하는 일에 빠져들기 시작했다. 문화선전대 활동을 하면서 교육 봉사로 아이들을 가르치기도 했다. 교육학을 배우면서 파울로 프레이리도 알게 되었다. 지금껏 보수적인 교회를 다니던 그에게 해방 신학과 함께 만난 파울로 프레이리는 세상과 교육을 다르게 보게 했고 다른 삶을 살아야겠다는 마음을 먹게 했다.

　　부끄럽지만 내가 할 수 있는 일을 찾아 예수의 제자로 열심히 살고자 했어요. 어린이-Y학교 교사, '작은 교회' 운동 등에 참가하여 여러 아이들을 가르치고 봉사했어요. 전교협(전국교사협의회) 활동을 하시는 선생님들의 교실에 찾아가 수업을 보고 기록하며 아이들이 쓴 글을 함께 읽기도 했죠. 그러던 중에 예비 교사학교인 '징검다리학교'를 만들었어요. 서정오 선생님의 '옛이야기 수업', 임길택, 윤태규, 이호철 선생님의 '글쓰기와 문집', 임성무 선생님의 '우리 아이들의 노래와 놀이'를 배우고, 풍물패와 함께 '우리 가락과 민요'를 익혔죠.

마을이 키우고 사랑한 교사

이오덕 선생의 충고와 조언을 마음에 새긴 그는 교사로 살아갈 곳으로 대구가 아닌 경북을 선택한다. 첫 발령을 받은 곳은 조지훈의 생가가 있는 영양 일월산 아래 가곡국민학교였다. 금씨와 조씨가 많이 사는 곳으로 운동회는 마을 잔치였고, 가정 방문을 하면 길이 멀어 아이들 집에서 하룻밤을 곧잘 묵기도 했다. 어느 날은 어머니들과 함께 저녁밥을 지어 먹고 노래자랑도 했다. 읍내에서 열리는 전교조 회의와 공부로 늦은 밤길을 다니는 그를 두고 '처녀 선생이 겁도 없다'고 동네에 이상한 소문이 나기도 했다. 그때마다 함께 지내시던 할머니께서 손수 음식과 떡을 만들어 동네 분들에게 대접하여 손녀를 감싸 주셨다. 어릴 적부터 할머니에게 듣고 배운 〈해순이 별순이〉, 〈뱀신랑〉 이야기며, 〈남생이 노래〉, 〈방아타령〉, 〈상주 모내기 소리〉는 모두 그의 수업 재료가 되었다. 학교에서 못 한 이야기나 공부는 자취방으로 찾아온 아이들에게 이어졌다. 마을에서 아이들과 할머니들에게 한글도 가르치고 동네 교회에서 피아노 반주도 하던 그는 조금씩 그리고 빠르게 가곡리 주민이 되어 갔다. 당시 그는 전교조의 조합원이기도 했다. 엄중한 시절, 작은 시골 마을의 학부모나 동네 어른들은 그에게 관심과 걱정을 쏟으며 응원을 아끼지 않았다.

"선생님, 우리도 고추 투쟁 열심히 했어요. 노조 열심히 하이소."
"최 선생, 노조 하니 힘들지요? 그래도 우리 아~들 열심히 가르치시는 거 알아요."

전교조 활동으로 그는 좋은 스승과 동지를 만날 수 있었다. 사무실이 없던 때는 주로 성당에 모여 책 읽기와 풍물, 연극을 배우며 '참실발표회'에서 공연도 하고, 재주 많은 선생님들과 수업을 나누며, 아이들과 함께 읽은 《꼬마 옥이》, 《똘배가 보고 온 달나라》, 《개구쟁이 산복이》 수업을 소개했다. 그러나 당시 노태우 정권은 이런 평화를 마냥 내버려 두지 않았다. 시시때때로 장학사와 경찰이 교실로 찾아왔다. 그때마다 그들은 아이들 공책과 그가 읽어 준 동화책을 검열했다.

"교과서에 나오지 않는 노래를 가르치고, 불온한 책을 읽어 주는 행위에 대해 반성문을 써라."
"노조 집회에 참가했으니 시말서와 경위서를 써라."

이런 다그침을 받을 때마다 그는 진솔한 글쓰기를 했다. 그가 가르친 노랫말의 의미와 이원수의 동화가 한국 전쟁을 겪은 아이들의 상처를 어떻게 치유해 주는지 그리고 이문구 동시 속에 부모님의 사랑을 표현한 부분을 적고 아이들 감상문까지 넣어서 교장과 장학사에게 주었다. 꼭 읽어 보라고, 앞으로 이런 내용으로 교과서가 바뀌어야 한다고 의식화(?)를 시키기도 해서 더 큰 미움을 샀다.

결국 그는 두 해를 보낸 영양에서 고향인 예천으로 이동을 했다. 부모님, 특히 완고한 아버지는 고향에서 노조 활동을 하지 말라는 엄포를

좋았지만 그에게 지회 사무실만큼 즐거운 곳이 없었다. 전교조 예천지회
는 농민회와 예천사랑청년회 등과 한 사무실을 사용했다. 문화 활동뿐
아니라 집회에도 함께했다. 방학이 되면 농민회와 전교조, 청년회 그리고
농활 온 대학생들과 함께 면 단위로 들어가 마을 일을 하고 '여름 학교'
에서 아이들을 가르치며, 마을 잔치도 열었다.

　　1996년. 예천지회에서 처음으로 '어린이날 대잔치'를 농민회와 청년
회의 도움으로 한내 백사장에 천막을 치고 열었다. 청년회 풍물패 공연,
각종 전시회와 체험 활동을 통해 하루 동안 아이들이 주인이 되는 자리
였다. 전교조 합법화 이후에는 교육청에서 이 행사를 주관하여 지금도
해 오고 있다. 예천지회에는 회의 전 마음 나누기를 하는 문화가 있었다.
그때 돌아가며 살아온 이야기도 하고 좋은 문학 작품도 소개했다. 결혼
후 두 아이를 키우며 그림책에 흠뻑 빠져 있던 그는 아이들과 함께 읽은
그림책을 선생님들에게도 읽어 주었다. 중등 교사들도 그림책에 매료되
는 자리였다. 초등 교사들은 문학 작품 중심 수업을 시도해 우리 동화는
물론 정승각, 권윤덕, 이억배 등의 그림책과 앤서니 브라운을 비롯한 외
국 그림책을 읽고 비평도 하며, '남북 어린이가 함께 읽는 옛이야기', '함
께 읽는 동시' 자료집을 만들어 활용하였다. 그때 함께했던 선생님들은
지금도 지역에서 모임을 이끌고 후배들을 키우며 든든하게 뿌리내리고
있다.

아이들의 교사로 단련되다

아이를 기르게 되면서 애랑 어떻게 지낼까 고민하다가 그림책
을 만나기 시작했어요. 그런데 당시에 책이 거의 없어 출판사

에 직접 전화를 해서 택배로 받았어요. 그래서 만난 첫 그림책이 《달님 안녕》이었죠. 아이가 그림책을 막 긁어 대면서 좋아하는 거예요. 이렇게 한두 권 읽다 전교조 하이텔 인터넷 통신에 '은경샘의 육아일기'라는 걸 써서 올렸죠. 그리고 그때 출판사에 독자 투고를 하니까 책을 보내 주는 거예요. 그래서 맛을 들였죠. 지회 선생님들이랑 서평도 쓰기 시작했어요.

그렇게 마을에서 자리를 잡는 듯했지만 그는 직장을 옮긴 남편을 따라 갑작스럽게 경기도로 가게 된다. 그러나 경북에서 경기도로 도간 이동은 쉽지 않았다. 사표를 내고는 1년 동안 기간제 교사를 하며 임용 시험을 준비해야 했다. 이 시절 그는 한 해 동안 교육학을 인터넷 강의로 들으며 교육과정을 눈여겨보며 공부하기 시작했다. 그리고는 다시 자신에게 질문을 던지기 시작했다. '교사는 왜 교육과정을 읽지 않는가?' '왜 교육과정에 아이들의 발달 과정이나 아이들에 대한 연구가 전혀 없을까?' '교육과정은 단지 가르쳐야 하는 지식만 초·중·고로 늘어놓았을 뿐이구나.' 이렇게 그는 비로소 처음으로 교육과정에 대한 관심을 품게 된다.

한편 국어 교육과정과 수업에 대한 이해를 높이기 위해 중등 국어교사모임 교사들의 수업을 찾아다니기도 했다. 바로 옆 중학교 김명희 교사의 수업은 한 편의 영화 같았다. 시와 소설을 읽으며 아이들의 생각과 말이 열리는 순간이 눈부셨다. 장호철 교사의 토론 수업은 사회 이슈와 논쟁적인 문제를 다루는 불꽃 같은 수업이었고 이상훈 교사의 영혼이 담긴 시와 연극 수업은 아이들이 왜 선생님을 따르고 그리워하는지를 알게 해 주는 마음이 출렁이는 순간이었다. 당시 중등 교사들은 《우리말 우리글》이라는 대안 교과서와 모임에서 직접 만든 자료로 수업을 하고 있었다. 초등에서도 이제 막 문학, 특히 아동문학을 새롭게 읽고 수업으로 실천한 사례들이 전교조 초등 회지인 《우리 아이들》과 교육 잡지인 《우리교육》을 중심으로 발표되기 시작했다.

> 경기도로 떠나기 전에 지역 국어교사모임에 참여했어요. 그리고 중등 선생님들의 수업을 계속 보게 됐어요. 그때 저는 마치 벼락을 맞은 듯한 느낌이었어요. 시를 정말 시답게 가르치더라고요. 질투는 나의 힘이랄까, 이런 부러움이 제 수업 변화의 계기가 되었죠. 한번은 1정 연수를 받는데 같은 5년 차 경력의 중학교 영어 선생님이 수업을 공개할 수 있다고 하는 거예요. 이 말에 또 자극을 받았죠. 저는 그 당시 행복한 우리 반 만들기 같은 학급 운영에 힘을 쏟고 있었는데, 막상 교과서로 하는 수업에서는 힘이 빠졌어요. 동화는 그냥 읽어 주는 거고 교과서를 봐야 수업을 하는 거라고 생각했거든요. 근데 중등 선생님들의 수업을 보고 다른 시도를 하게 됐어요. 아이들이 어려워하는 역사 수업을 주제별로 나누고 역할극과 토론 수업을 해 봤어요. 수업 과정을 전교조 경북지부 참실대회에서 발표했는데 중등 선생님들한테 '아, 사회과에도 이런 변화를 줄 수 있구나', '교과의 성격을 뛰어넘으면 통합적인 수업을 할 수 있구나' 하는 호응을 받았죠.

그렇게 최은경은 경북에서 10년 남짓한 교사 생활을 마무리하고 2003년에 경기도 평택에서 새로운 삶을 시작하게 된다. 평택에 가서도 전교조 지회를 중심으로 모임을 만들었다. 이름은 '무지개 물고기'였다. 그곳에서 뒷날에 양심에 따른 병역 거부를 한 김훈태 교사를 만나고 평화와 생태에 대해 고민하는 교사들도 만났다. 이와 더불어 아이들의 삶을 글쓰기로 어떻게 도울 수 있을까 하는 고민을 했다. 충남 아산 거산초등학교에 있던 《그림책을 읽자, 아이들을 읽자》의 저자 최은희 교사도 초대해 그림책에 대해 본격적으로 공부하기 시작했다. 때마침 초등 교사들이 국어 교과로 전국모임을 준비한다는 소식을 듣고 대전으로 달려갔다. 그 시절 뜻을 같이하는 교사들과 만든 교사 네트워크 '함께 만드는 참교육 마당'에 최은경의 '손바닥만 한 이야기' 게시판을 열어 수업 이야기를 올리면서 공적인 글쓰기를 시작했다. 수업 이야기 이전에는 하이텔 통신에 육아 일기를 연재하기도 했다. 손바닥, 발바닥 외에 모두 짓물러진 아들을 편안하게 잠들게 하기 위해서 그가 선택한 것은 노래, 그림책, 동화, 옛이야기, 동요, 동시였다. 이런 과정을 거치면서 그의 글쓰기는 조금씩 다져지기 시작했다. 특히 《우리 아이들》, 《우리교육》, 《어린이와 문학》에 수업 이야기를 연재하면서 그의 실천과 글쓰기는 더욱 탄탄하게 성장할 수 있었다.

최은경

아이들의 교사로 단련된다는 것

그의 초기 수업은 교과서 중심이었다. 하지만 그는 늘 불안했다. 교과서대로 하는 것이 불편하고 답답했다. 수업은 하는데 재미가 없었다. 그런데 이상하게도 아이들이나 그나 책을 함께 읽으며 교과서에서 느끼지 못한 재미를 느꼈다. 당시에는 교육과정에 대한 고민 자체가 없었다. 그냥 단위 시간에 아이들과 행복하게 보내야겠다는 마음뿐이었다. 지루하던 교과서 수업이 교과서에 없는 동화나 시 수업을 할 때면 재미가 넘쳤다. 그때 다룬 시들이 《일하는 아이들》에 실린 작품들이었다. 제일 힘든 것은 수학이었다. 조성실 교사의 《즐거운 수학 시간 만들기》가 나오기 전까지는 정말 어떻게 해야 할지를 몰랐다. 평가도 문제였다. 전체가 8단원인 교과서를 7단원까지만 가르치고 뒤는 흐지부지되는 경우가 많았다. 대부분 평가를 7단원까지만 하기 때문이었다. 그래서 한번은 8단원부터 진도를 나가니 학원으로부터 항의가 들어왔다. 좌충우돌하는 시기가 그에게도 있었다. 수업을 40분 단위로 딱 맞게 끊어서 해야 한다는 것은 힘들었지만, 40분 안에 잘하고 싶기도 했다. 형식적인 수업에 대해서도 고민이 너무 많았다.

> 분절적인 교과 내용을 어떻게 한꺼번에 가르칠 것인가를 고민하기도 했어요. 마침 2005년에 월간 《우리교육》에 국어 수업을 연재하면서 그동안 해 온 교육 실천과 수업을 정리하는 계기를 갖게 됐죠. 그때부터 교육과정을 처음으로 분석하기 시작했어요. 수업의 핵심이 무엇인지를 묻고 재구성하고 되돌아보기를 하면서 내가 무엇을 가장 열심히 했는지 알게 됐죠. 동화 읽기와 글쓰기, 2000년부터 해 온 학부모 통신을 다시 돌아보게 됐어요. 교육과정을 분석하고 공부하면서 40분이라는 시간의 틀을 깨기 시작했어요. 누가 시키지 않았지만 블록 수업을 했죠. 그렇게 해야만 기대한 수업을 할 수가 있었어요. 3월 첫 만남부터 마지막 헤어짐 때까지 매번 그렇게 공부를 하고 수업을 하고 했어요.

그가 지금의 교사로 단련되기까지는 여러 요인들이 함께 작용했다. 민주화 과정에서 빚어진 전교조 조합원 대량 해직 사태는 그를 교실 속 교사만이 아닌 지역 사회와 시민단체의 한 구성원으로서 교사의 역할을 깨닫게 했다. 그들과 지내면서 수업을 삶으로 끌어와야 한다는 것을 알게 되었다. 결혼과 육아는 또 다른 요인이었다. 특히 아토피로 고생을 하는 아이를 위해 노력을 하다 그림책을 만나면서 교사로서도 성장하는 계기가 되었다. 경기도로 일터를 옮기면서는 교육과정과 수업을 고민하며 학습했다. 이런 과정에서 최은경은 아이들의 교사로 단련되어 갔다.

《입 속의 검은 잎》이라는 기형도 시집에는 내 마음을 치는 시들이 많아요. 〈소리의 뼈〉라는 시는 수업 시간 내내 침묵으로 가르치는 것을 얘기하는 건데, 최근에 《침묵으로 가르치기》를 읽으면서 이 시가 떠올랐죠. 기형도 시인이 이야기하고자 했던 그때의 감수성을 교육학적으로 다시 바라보게 되는 거예요. 수업에 이 시가 바로 적용이 되지는 않지만, 아이들에게 어떻게 침묵으로 가르칠까 고민이 더 명징해지기도 하고요. 시집 마지막에 제가 제일 좋아하는 〈엄마 걱정〉이 있는데, 누구나 이런 유년의 아픔이 있어요. 그죠. 교사의 삶이 어떻게 수업에 투영되는가라고 할 때 교사의 배경 지식이 그 안에 담긴다고 생각해요. 지식이라는 게 도구, 언어도 되는데 가장 좋은 지식은 교사의 삶이겠죠? 그것들이 교육과정과 수업으로 연결되는 것이라고 봐요.

유럽교사교육협회가 만든 교사의 자질에 대한 정책 제안서에는 가르치는 일이란 성찰하는 사고 능력, 지속적인 전문성 개발, 자율성, 책임감, 창의성, 연구, 개인의 판단력이라고 기술하고 있다(《교사의 전문성, 어떻게 만들어지나》). 교사의 전문성이 이들의 기술처럼 이러한 교사의 자질을 키워 주고 확장시켜 주는 데서 찾을 수 있다면 최근까지 각종 교육 기관에서 보여 주는 연수의 형식과 내용, 과정에 의문이 들 수밖에 없

최은정

다. 교사가 교육과정을 읽어 내고 전문적인 지식을 습득, 수업에 적용시켜 학생들의 자발성과 창의성을 끌어내는 일련의 과정이 잘 드러나지 않는다. 아래에서부터 올라오는 교사의 자발적인 배움과 성장의 욕구를 받아 그들을 돕기보다는 위에서 만든 정책 실현에 교사들을 동원하는 방식이 여전하다.

교사를 성찰하고 사유하게 하기보다는 의무적인 참여가 강조되고 단발적인 사례 개발과 따라 하기 수준에 머물게 하는 연수는 교사의 전문성을 떨어뜨릴 뿐이다. 교사의 전문성을 키우기 위해서는 배우려는 교사로 어떻게 성장시킬 것인가를 고민하고 그에 맞는 정책과 연수를 추진해야 한다. 최근 교육과정에서 성취 기준이 강조되면서 교사들은 그것이 만들어지는 배경을 이해하지 못한 채, 주제 중심 교육과정이나 프로젝트 수업에서 성취 기준을 어떻게 배치할 것인가에만 매몰돼 있다. 심지어 성취 기준 카드까지 만들어지는 형국은 교사를 여전히 기술적인 위치에 머물게 하고 있다. 교과 지식과 교육 내용에 대한 지식을 기본적으로 습득하지 못한 채 활동 중심으로 수업이 편제된다는 것에서 아래와 같은 발언이 조금은 설득력 있게 들린다.

너무 많은 교실에서 교사들은 학생들이 생각하도록 만드는 일보다 적극적으로 활동하게 만드는 일에 더 관심을 두고 있다. 더욱이 학생들이 생각하게 만드는 일에 관심을 두는 경우에도 생각의 대상, 즉 내용에 대해 거의 관심이 없는 경우도 있다.
- 데이지 크리스토둘루, 김승호 옮김(2018), 《아무도 의심하지 않는 일곱 가지 교육 미신》, 추천 서문(딜런 윌리엄)

10여 년 전부터 표준화된 수업을 전면 비판하고 나선 오욱환은 배우려고 하지 않는 사람은 가르칠 수 없다고 했다. 학생들은 스스로 배우는 고사를 통해 지식보다 중요한 '배우는 자세'를 배운다는 것이다. 그는 어떤 직업이 자신에게 맞는지 알아보려면, '혼신을 다하는 10년'이 필요하다고 주장한다. 열심히 일해 보지 않고 어떻게 그 직업이 자신에게 맞는지 알 수 있냐는 것이다. 직업의 만족도는 직업의 종류보다 그 직업에 임하는 사람의 자세에 달려 있다고 강조한다(《교사 전문성》). 최은경도 이오덕 선생을 만나 비슷한 말을 들었다. 진짜 교사가 되려면, 아이들을 위하며 사는 교사가 되려면 '배우는 고통'을 함께 느낄 수 있어야 한다고 했다. 한 교사가 성찰하며 사유하는 전문성 높은 교사가 되기 위해서는 스스로의 단련이 필요하다. 그런 의미에서 최은경은 사유하며 실천하고 기록하는 일을 무던히도 버텨 내고 이겨 낸 셈이다.

요즘 교생들은 프로세스는 정말 완벽하게 잘 짜요. 주민자치센터 및 기관을 알아보는 사회과 수업을 보더라도 그렇죠. 그렇지만 어떤 종류의 기관이 있는지가 중요한 게 아니거든요. 왜 그런 기관이 생겨나게 되었는지 질문이 필요한데, 프로세스를 잘 짜 주면 아이들은 주민자치센터와 기관의 종류만 나열하죠. 그건 죽어 있는 지식밖에는 안 되잖아요. 주민자치센터가 사회 안전망으로 어떤 역할을 하는지 교사가 질문을 가지고 있어서 그 질문을 아이들은 어떻게 생각하는지로 확장해 줄 때, 일부분밖에 안 되는 지식의 프로세스가 거기에 머무르지 않을 수 있겠죠. 어쩌면 이것은 성취 기준과 평가를 확장시키는 것일 수도 있어요. 성취 기준과 평가는 한정돼 있지만, 아이들이 주민자치센터를 방문해서 지역의 문제를 알게 되고 질문을 확인하게 될 때

125

그 너머를 볼 수 있지 않을까요?

다시 던져진 '질문'

2005년 전교조 참교육실천대회에서 발표를 하던 때였다. 아이들과 함께 시를 쓰고 계절 감각을 몸의 리듬으로 나타내는 사례를 소개하는데, 그 광경을 지켜보던 한 교수가 질문을 했다. 이는 그를 더욱 깊은 공부의 길로 안내하는 결정적 계기가 되었다.

"교사가 의도적으로 책을 읽히고 글쓰기를 시키는 학생들의 문학적 능력이 교과서로만 배워 익히는 학생들의 문학적 능력과는 다르게 향상된다는 걸 어떻게 과학적으로 증명할 수 있죠?"

당시 그는 이 질문에 명확하게 답변을 하지 못한다. 그날 이후로 '과학적으로 설명한다는 게 뭘까?', '어떤 주제나 문제에 대한 탐구 과정을 논문 형식으로 시작하고 끝을 맺는 것일까?' 하는 생각을 끊임없이 하기 시작했다. 그는 교사는 교육 실천가라고 생각해 왔다. 그러나 교사가 살아가고 실천하는 것에는 탐구자 혹은 연구자의 몫도 있어야 한다는 생각이 들었다. 돌이켜 보면, 이런 문제를 자신도 모르게 회피해 왔다는 느낌도 들었다. 아이들이 어떻게 변하는지는 그날그날 자신이 쓴 교단 일기에 기록되고 있다고 여겨 왔던 것이다. 그러나 아이들이 어떻게 독자로 성장하는가에 대해 자신의 언어로 설명하고 증명해 내려 하는 것에서는 부족하기만 했다. 이는 그를 책과 문학을 통해 아이들이 어떻게 성장하는지를 증명하고 자신의 전문성도 높이겠다는 결심을 하게 이끌었다.

2007년 춘천교대 대학원에 아동문학교육과가 생겨 지원했어요. 우리나라와 외국의 아동문학 작품을 두루 읽고 해석과 비평을 익히게 됐죠. 배운 것을 바탕으로 문학 수업을 하고 읽기 공동체가 이런 것이구나 경험을 했어요. 그 과정에서 아이들이 어떻게 독자로 성장하는지에 대해 실행 연구를 할 수 있었어요. 3년 내내 했죠. 처음에는 어떤 걸 발견하는 독자였다가 또 공감하는 독자였다가 그리고는 작품의 주제나 핵심이 되는 과제에 대해 질문하는 독자가 됐다가 나중에는 독립을 하게 되더라고요. 자기만의 세계를 가진 자립하는 독자가 되는 거죠. 공부를 하면서 아이들의 자립에서 가장 중요한 것은 읽기 공동체구나 싶었어요. 그래서 '교육이 가진 공공성이 이렇게 발현이 되는구나' 하는 성취감을 느꼈죠. 그리고 함께 읽기에 대한 중요성도 깨닫게 되었죠. 대학원 마지막 해에는 원종찬 선생님께 한국 아동문학사를 배웠어요. 이오덕 선생님이 이런 말씀을 하셨죠. "우리나라 아이들은 자신을 부끄러워한다. 우리나라 아이들은 나라를 부끄러워한다. 영어가 아닌 한글을 쓰는 것을 부끄러워한다. 이런 것이 역사를 통해서 규명되지 못한 부분이다"라고. 저는 우리나라 아동문학이 그렇게 깊은 역사를 가진 줄 몰랐어요. 1970년대 유신 정권에 부합하여 반공을 외치며, 아이들을 맑고 밝고 깨끗한 존재로만 보았던 역사가 아니라 1920~1940년대에 걸쳐 아이를 주인이 되게 하려 노력했던 건강한 아동문학사가 있는 거예요. 제게 새로운 세계가 열린 거죠. 당대 치열하게 쌓아 올린 결과가 〈겨레아동문학선집〉으로 엮여 있더라고요. 그걸 공부하고 싶어서 박사 과정에 지원했어요. 굉장히 힘들었지만 참으로 열심히 공부했던 시절이었어요. 그러면서 교육과

최은경

정을 제대로 볼 수 있는 눈을 기를 수 있었죠. 초등의 교과 전체가 중등에 속박되어 있는 구조가 보였어요. 그래서 새롭게 초등에 맞는 교육과정이 필요하다고 생각했고 2013년부터는 핀란드 교육과정을 공부하기 시작하면서 학교 철학이 녹아든 교육과정과 수업을 다시 고민하게 됐어요.

공부가 깊어지면서 최은경이 교육과 문학에 대해 갖는 생각은 크게 두 가지로 나뉜다. 먼저 교육적으로는 '문학에는 힘이 있다'는 것이다. 그가 아이들에게 국어 수업을 중심에 두고 책을 가까이하게 하는 까닭은 이런 믿음 때문이다.

작년에는 음악 전담을 했어요. 음악은 음이 있는 소리로 이뤄지잖아요. 우리 동네에 관아 터가 있어서 거기 가서 리코더도 불고 작은 음악회도 하고 그랬어요. 또 내가 좋아하는 그림책을 가지고 잔디밭에서 읽어 보기로 하고 《시리동동 거미동동》 같은 음악과 관련된 그림책을 가져오라고 했는데 뜻밖에도 아이들이 《프레드릭》을 가져왔어요. 그게 왜 음악과 관련된 책인지 물었더니, 프레드릭은 시인이어서 음악으로 이어질 수 있다는 거예요. 문학은 어떤 것과도 이어지게 한다는 걸 알게 된 거죠. 저한테는 문학이 숨구멍이자 공기 같은 거예요. 그리고 국어 시간은 상처를 치유받는 시간이죠. 제 책 중에 《지구인이 되는 중입니다》라는 책이 있는데, 거기에 최승호의 동시를 소재로 한 이야기가 있어요. 최승호의 말놀이 동시는 낱자와 낱말을 재미나게 익힐 수 있는 좋은 동시집이에요. 한번은 최승호의 동시를 읽는데, 수업 밖에서만 있던 아이가 이 동시를 쓴 사람이 누구냐고 묻는 거예요. 빨리 마쳐야 하는 시간이지만 아이를 잠깐 남겨 검색을 하게 해 주었어요. 칠판에 최승호, 최○○, 최은경 이렇게 써 주고 낱자를 찾아보게 했더니 이제 알겠다고 하는 거예요. '최'가 같다는 걸 안 거죠. 그러고는 저보고 선생님 참 좋은 사람이라는 거예요. 이렇게 재미있는 동시를 쓴, 자기 이름하고 비슷한 시인을 찾도록 가르쳐 줘서. 이제까지 나를 힘들게 한 이 아이가 마음을 열어 베트남 외갓집에 놀러갔던 이야기를 해 주었어요. 자랑하면서. 그래서 제가 "진짜?" 하면서 맛있는 거를 주니까 선생님 게 없다면서 같이 먹자는 거예요. 음, 그래서 (문학은) 약간 어설프고 힘들고 참담한 순간을 이겨 내게 해 주는 힘? 참 참담할 때가 많잖아요. 외로운 순간도 많고요. 교사는 혼자서 겪어 내야 하는 게 많은 것 같아요. 아이들과 기 싸움도 해야 하고. 그것을 같이 이겨 내게 하는 힘, 그것을 찾아가게 하는 힘이 문학에 있다고 보죠.

그러나 그는 더 이상 문학의 힘에만 의지하지 않게 된다. 민주시민교육이라는 새로운 공부를 만나게 되면서부터였다. 그는 문학을 공부하면 할수록 문학이 개인의 윤리성에 천착하게 되었다는 사실을 느끼게 된다. 그 전까지만 해도 그는 문학이 교육에서 가장 큰 힘을 발휘할 수 있을 거라 굳게 믿어 왔다. 그러나 민주시민교육을 공부하면 할수록 사회학적인 관점을 빼놓을 수가 없었다. 지금은 시민교육이나 문학교육이나 크게 다르지 않다는 것을 깨닫게 되었지만 문학에 경도되면서 시야가 좁아졌다는 판단이 들었다. 한동안 그가 아이들 삶의 확장을 교실에만 머물게 했다면, 민주시민교육을 만나면서 아이들이 학교와 사회에 직접 참여하며 변화를 일구어 내는 과정에 집중하기 시작했다. 때마침 경기도교육청의 민주시민 교과서 작업에 함께하게 되면서 본격적으로 이런 고민을 풀어 내기 시작했다.

시민 교과서 윤문을 하게 되었어요. 당시 시민 교과서를 만드는 팀이 힘들 때였어요. 자료를 보았더니 아이들 수준에 맞지 않거나 날것의 1차 자료들을 그대로 쓰는 거예요. 저는 그러면 안 된다고 생각했고 제 의견이 받아들여졌어요. 〈해와 달이 된 오누이〉 이야기도 폭력을 순화하기보다는 아이들이 그걸 듣고 텍스트를 무서워해서 마음속에 또 다른 나쁜 감정들이 발현될 수도 있어요. 아이들은 받아들일 수 있는 공포와 불안, 아슬아슬함 같은 걸 좋아하죠. 그게 필요하고요. 그 선을 넘어가면 안 돼요. 아이들에게는 옛이야기처럼 믿을 수 있는 어른들이 들려주는, 잔혹한 세계지만, 그걸 이겨 내며 구원받는 서사가 필요하죠.

그러면서 그는 시민교육 집필자들과 함께 유럽과 미국의 시민교육, 비고츠키 교육학과 발달론을 공부하게 된다. 마을과 지역 공동체 안에서 아이들과 함께 어떻게 수업을 만들어 갈 수 있는가를 본격적으로 고민을 하기 시작했다. 문학을 읽고서 개인에서 사회의 문제로 아이들의 삶이 구체화되고 확장되는 것을 고민하게 된 것이다. 아이들은 단편적인 지식을 배우기 위해 지나칠 정도로 애를 쓴다. 하지만 현실은 이런 지식조차 쓸 곳이 없다. 아이들이 단단한 자아를 가지지 못하고 단편적인 지식만을 습득한 채 사회에 나가고 있는 모습이 두렵기까지 했다. 아이들을 성장시켜야 할 학교가 학교 너머에 대한 고민이 거의 없다는 것이 우리

최은정

네 교육의 가장 큰 문제로 보였다. 문학에 대한 그의 고민은 바로 이 지점이다. 책으로, 문학으로 극복이 되지 않는 지점에 교육이 있어야 한다는 것, 그리고 그것은 삶과 사회에 대한 깊은 사유에서 시작해야 한다는 것이 그의 생각이다.

#1 수업 : 말이 열리는 교실

1학년 아이들과 쓴 최은경의 《지구인이 되는 중입니다》의 이야기 가운데 〈말이 열리는 교실〉이라는 꼭지가 있다. 이 꼭지에서는 시 세 편으로 나누는 교사와 아이들의 말들이 넘쳐 난다. 교사가 시를 소리 내어 읽어 주고 아이들도 돌아가면서 시를 읽고 맛을 본다. 소리를 작게 했다 크게 읽어 보기도 하고 토끼 코처럼 움찔거리며 읽다가 함께 웃기도 한다. 다른 시를 읽을 때는 추임새도 넣어 본다. 말 잇기로 장면을 찾기도 하면서 아이들은 시적 상황과 어조, 시에서 말하는 이까지 찾아내 그를 놀라게 한다.

"너희들 정말 1학년 맞아? 어떻게 이렇게 시에 대해 잘 알지? 멋져, 멋져!"
"읽어 봤으니까요."
"선생님, 이 시를 연극으로 할 수 있어요. 봐요. 간다, 붙잡고 오고 붙이고 해 봐요."

아이들은 즉각 상황극을 연출하기도 하고 도화지에 시를 쓰고 그림도 그린다. 나중에는 리듬 치기까지 한다. 천천히 오래 정성껏 시를 읽은 날. 아이들의 생각과 말이 열리는 순간. 서로의 글과 그림을 좋아하고 이야기를 들어 주던 순간을 아이들과 교사 최은경은 네 시간에 걸쳐 자연스럽게 연출해 낸다. 시를 읽고 말하며 생각하며 모든 것이 자연스럽게, 교사가 의도하지 않았지만, 아이들의 흥에 관심을 기울이며 교사는 그대로 따라가고 돕는다. 시간이 가는 줄도 모르고 교사와 아이들 모두가 흠뻑 빠져드는 시간, 말이 열리는 그곳에 아이들이 있고 삶이 있다.

최은경

언어가 삶을 구성하는 걸 보면 이런 게 있어요. 노트 필기를 잘하는 아이들이 있는데 자기의 말로는 설명을 잘 못해요. 필기는 했는데 베낀 거죠. 자기 말로 자기가 아는 걸 설명하는 게 진짜 자기 글이거든요. 한 번 자신의 말로 하고 나면 글쓰기가 돼서 더 쉬워요. 수업에서 수업의 핵, 이야기의 눈, 지식의 핵을 교사가 말하는 건 쉽죠. 근데 아이들이 그 말을 하게끔 하는 것이 의미 있는 접근이고 시도죠. 중요한 것은 아이들이 주제에 대한 핵심 질문을 찾고 생각을 말하는 거예요. 아이들이 말하면 저는 그 자리에서 받았죠. 아이들의 말이 쭉 다 나오면 그중에서 공통적인 지점도 있고 서로 다른 점도 있는데, 그것을 들여다보면 우리가 알고자 하는 핵심적인 말이 거기에 있어요. 그 말을 찾아내는 그 순간이 바로 하나의 학습이 완성되는 순간이고 배움의 꽃이 피어나는 순간이죠.

그는 교사와 아이들의 질문과 대답 속에 배움이 있다고 믿는다. 그래서 그가 쓴 글과 책에는 아이들 말과 교사의 질문이 가득하다. 다른 교사들의 글에도 아이들의 말이 있지만, 그것이 단순히 상황을 옮겨다 놓은 것이라면, 그의 글에 드러난 기록은 조금 다르다. 교사는 아이들에게 질문을 던지고 아이들로 하여금 교사에게 혹은 누구에게든 질문을 하게 만든다. 질문들은 말로 드러나고 말은 다시 아이들 사이를 이어 가고 교사에게로 흘러왔다 다시 아이들에게 넘어가면서 확장된다. 그는 아이들의 말을 공기 속으로 날아가 버리도록 내버려 두지 않는다. 녹음을 하거나 칠판에 써서 아이들 말을 기록한다. 기록에서 아이들에게서 배움이 일어나고 있음을 포착한 그는 아이들에게 질문을 던진다. 그리고 아이들은 그에게 새로운 제안을 한다.

> 아이들이 막 말을 쏟아 낼 때는 녹음도 하고 쉬는 시간에 적어 놔요. 칠판을 뗐다 붙였다 하죠. 칠판이 엄청 많아요. 칠판을 세 개 정도 쓸 때도 있어. 하나의 문장으로, 글로 완성한 것을 타이핑하고 인쇄해서 딱 붙여 놓으면 그것은 모두의 배움이 되죠. 그 밑에 댓글을 달면 텍스트가 확장이 되는 거예요. 예를 들어 《종이 봉지 공주》 이야기를 읽으면 '종이 봉지 공주'의 성격과 배경은 누구나 다 알 수 있어요. 우리가 하고자 하는 것은 삶을 다르게 보는 거잖아요. 종이 봉지 공주 얘기를 할 때, 잠자는 숲속의 공주와 다르다고 쓸 수 있죠. 그러면 누가, '다른 이유가 뭐야?' 하고 질문을 하면 그냥 여자아이라는 거예요. 이렇게 자꾸 질문을 하면서 텍스트가 확장이 되는 거죠.

교실 수업 개선을 위한 담화 분석을 한 벳시 라임스는 《말이 열리는 교실》에서 교실 수업에서 이야기가 어떻게 구조화되며 의미를 구성하는지에 대해 관찰하고 분석한다. 벳시 라임스는 고상한 목표를 공언하는 교육 정책이 있음에도 성취 간극이 여전히 학교에 존재하고 상당수의 아이들이 뒤처지고 있는 것에 주목한다. 그리고는 그 해답을 아이들과 교사가 나누는 교실 속 담화에서 찾으려 한다. 아이들이 사용하는 말을 면밀하게 살펴보면 언어의 사용이 어떻게 발생하고 어떤 방식으로 연결되는지 이해할 수 있다는 것이다. 교실에서 수업하면서 사랑스럽게 웃고 생각하며, 독특하고 멋진 방식으로 성장해 가는 아이들과 교감하다 보면 교사의 하루 일과는 금방 지나가게 마련이다. 이때 아이들이 무엇을 말하는지 알아차리고 이해하는 것은 교사와 살아가는 아이들이 누구인지를 제대로 알게 되는 출발 지점이다.

　이 말에서 얻게 되는 교감이 바로 교실 수업에서 아이들이 배우고 성장하는 데 도움을 주는 것이다. 벳시 라임스는 아이들은 대체로 자신이 당연하게 여기는 것에 의문을 제기하도록 격려를 받으면, 중요한 문제를 해결하고 차원 높은 사고를 하는 기법을 익히게 된다고 한다. 《지구인이 되는 중입니다》의 〈아이들의 굉장한 선언〉 편에서는 그가 아이들과 어떻게 말을 통해 배움에 이르고 확장하는지를 잘 보여 주고 있다. 《또야

〔너구리의 심부름》을 읽고서는 아이들이 자기 경험과 생각을 풀어 내면서 글쓴이의 의도와 생각을 알아채 간다. 이 과정에서 교사는 아이들의 말을 그냥 흘리지 않고 기록하고 이해하고 확장시켜 그날 그 시간에 배울 지점을 스스로 찾아내게 하거나 안내한다. 그의 수업에는 교사들과 아이들의 말이 있고 그곳은 곧 '말이 열리는 교실'이 된다.

#2 수업 : 서사가 꿈틀대다

《지구인이 되는 중입니다》의 수업들 중에는 교사가 기획한 의도와 다르게 전개되다 좀 더 풍성한 결과를 만들어 내는 서사들이 곧잘 등장한다. 그러다 보면 수업은 40분을 넘기기 일쑤다. 아이들이 배움으로 들어서는 지점이 교사가 의도한 지점과 늘 같지는 않다. 한 시간이 지나도록 도무지 배우려 하지 않고 길을 찾지 못하는 수업이 허다하다. 그렇더라도 기계적 피드백으로 억지로 수업을 마치고 성취 기준에 도달한 학습을 했다고 교사가 치부하면 그만인 것이 오늘날의 수업 방식들이다.

66

우연적인 요소가 많아요, 수업은. 지난번 수업도 그랬죠. 아이들이 머리띠 하나만으로도 토끼가 돼 버렸잖아요. 아이들은 이런저런 말을 하면서 계속 뭔가를 하자고 그래요. 전담의 비애가 그거예요. 제가 만약 담임이면 시간 제약 없이 아이들의 서사를 만들어 보고 싶거든요. 그게 수업의 가장 큰 결과물이라고 생각해요. 아이들이 변한 것 중 하나가 덕후가 많이 생겼다는 점이에요. 아이들도 이제 전문가예요, 어느 정도. 개별적으로 전문가가 되어 있는데, 자기들이 서사의 주인공이 되고 싶어 해요.

게임이 그래요. 게임은 결국 자기가 만들어 가잖아요. 아이들이 이 아이템 저 아이템을 모아 가면서 내 세계를 구축해서 게임을 통해 또 다른 서사를 만들어 내잖아요. 이런 아이들을 수업에서 서사의 주인공으로 만들어 내는 일은 그래서 너무 자연스럽고 중요하죠.

최근에는 과정 중심 평가로 평가에 방점을 찍어 수업을 기획하며 전개하는 백워드 교육과정이 2015 개정 교육과정의 핵심으로 등장했다. 수업 속에서 평가를 생각하기보다 평가 계획과 과정에서 수업을 바라보기 시작했다. 평가가 수업을 규정한다는 명제와 수업이 곧 평가라는 주장은 '수업=평가'보다 '수업<평가'의 논리가 강하다. 기존의 양적인 평가와 입시 중심 평가로 수업이 왜곡된다는 주장과는 분명 다르지만, 평가로 수업을 규정하고 지배하려는 또 다른 논리가 숨어 있다. 그나마 평가에서 자유로워지며 학생들에게 배움으로 안내하던 최근의 수업 변화를 왜곡시키기도 하는 것이다.

수업은 아이들을 배움 속으로 안내하고 과정을 즐기고 기쁨을 느끼도록 하는 데 가장 큰 목적을 두어야 한다. 그러나 지금의 흐름은 성취기준이라는 일정한 틀에 교사와 학생들을 가둔다. 과정과 결과를 지켜보고 피드백을 해 기록해 가는 수업이 곧 배움 중심 교육이라는 논리가 퍼져 가고 있다. 이런 식으로 수업에서 아이들의 모든 행동과 과정, 결과가 평가로 이어지게 되면 그것이 아이들을 위한, 아이들의 수업이 될지는 매우 의문이 든다.

> 그림책 《세상에서 가장 행복한 100층 버스》, 그게 게임의 서사
> 같잖아요. 단계를 밟아 가면서 한 층 한 층 아이템을 모아 가는
> 과정이. 저는 수업에서 단편 단편을 이겨 내야 한다고 생각해요.
> 40분이나 한 블록이 아니라, 블록이 쌓여서 하루 이틀 사흘째
> 수업 이야기가 모이고 일주일치의 수업이 모여서 결국은 아이들
> 이 만들어 가는 서사가 되는 거예요. 저는 이게 중요하다고 봐
> 요. 이게 마지막 결과물이라는 생각이 들어서, 책을 읽을 때도
> 예전에는 단편 동화 하나만 하고 말았는데, 요즘은 시리즈물을
> 많이 해요.

교육은 긴 호흡으로 이어 가야 한다. 아이들의 학습 상태와 과정을
지켜보고 부족한 아이들을 돕는 과정이 곧 수업이고 평가는 이를 도울
뿐이어야 한다. 평가에 방점을 찍을수록 교사는 아이들을 배움으로 안
내하는 것이 아니라 성취 기준에 쫓겨 일정한 틀 안에 가두고 판별하는
데 집중할 가능성이 높다. 따라서 이런 문제들을 인식한다면 '수업이 곧
평가'일 수 없다. 교사는 아이들이 배움에 대한 즐거움과 기쁨을 느끼고
있느냐에 관심을 기울이고 수업을 준비해야 한다. 40분 단위에 얽매이지
말고 느긋하게 아이들의 변화와 성장을 기록하며 대화를 나눠야 한다.
교사가 설계한 수업과 다르게 아이들의 행동과 말이 이리저리로 튀더라
도 때로는 끌고 때로는 밀어주며 '밀당'의 서사를 만들 수 있을 때라야
아이들은 수업에 흥미를 느끼고 배움의 길로 들어선다. 최은경의 수업은
이런 서사가 만들어질 때마다 긴장을 하며 아이들의 말을 이어 가려 애
를 쓴다. 그러나 늘 성공하는 것만은 아니다. 실패를 통해 아이들의 말이
어느 지점에 있었는지를 다시 살핀다. 배움과 성장은 이런 실패와 좌절,

혹은 아쉬움 속에서 한 발 한 발 나아갈 뿐이다.

> 솔직히 중간중간에 엄청 힘들어요. 아이들이 튕겨 나가기도 하고, 제 시간에 될까, 이게 맞는가에 대한 고민이 많이 들었어요. 교사가 자신과 아이들을 믿어야 하죠. 교사의 강한 자아가 필요한 것 같아요. 이 강한 자아는 자율성을 기반으로 하고 아이들을 존중하고 자연과 학교 구성원과 연대를 하는? 이 수업이 학교와 공동체가 가지는 가치로 이어져야 한다고 생각하죠. 중간중간 이게 맞나, 말을 이렇게 많이 해도 되나, 이런 생각을 해요. 이런 수업이 늘 성공하는 것도 아니고. 지난번에 제 수업을 봐서 아시잖아요. 첫 시간에는 너무 잘됐어요. 아이들도 잘했고. 그런데 마지막 시간에는 급식 차가 오면서 소란스러워 수업이 안 됐어요. 그렇게 마치면 안 되잖아요. 그 다음을 기대하는 이야기를 해야 하는데 아쉽죠.

수업을 읽는다는 것은 교사의 행동과 말, 그리고 아이들이 무엇을 배우고 있는지에만 집중하는 것은 아니다. 교사가 수업 과정에서 무엇에 힘들어했는지, 어느 지점 어느 상황에서 당황하고 어려워했는지도 읽을 수 있어야 한다. 준비한 수업이 어떤 앞뒤 맥락을 가지고 있는지, 의도와 다르게 아이들이 튕겨 나가고 숨어 버린 지점을 수업을 살아온 교사의 입과 글에서도 읽어 내야 한다. 그리고 아이들의 이야기를 들어야 한다. 이를 위해서는 꾸준한 관찰과 협업이 필요하다. 기계적인 차시별 수업 관찰과 공개 수업이 실적으로 쌓여 일상화되는 문제에 다시 이의를 제기해야 한다. 수업에 서사가 없는, 아니 서사를 용납하지 않고 받아들이지도 않는 교사와 학교 문화에서는 온전한 수업이 설 자리는 없다.

#3 수업 : 부끄러움과 자존감

그는 아이들이 자존감을 갖기 위해서는 아이들이 스스로를 부끄러워하면 안 된다고 생각한다. 이오덕 선생에게 배운 게 바로 이런 것이었다. 나를 부끄러워하는 순간 모두를 잃는 것이나 마찬가지이기 때문이다. 수업에서도 다르지 않다. 그가 어렸을 적 학교에 입학해 처음 느낀 것은 기쁨과 즐거움이 아닌 바로 부끄러움이었다. 받아쓰기 시험을 쳐서 딱 하나가 틀렸는데, 선생님이 빨간 줄을 확 그으면서 자신에게 100번 써 오기를 시켰을 때 큰 수치감을 느꼈다. 어머니도 이렇게 쉬운 걸 틀렸냐고 했을 때는 자신이 굉장히 나쁜 애가 된 것 같았다. 그때 할아버지와 할머니는 "하나밖에 안 틀렸구만" 하며 위로와 격려를 해 주었다. 그는 수업이 그래야 한다고 본다. 수업에서 자신이 주인이 되고, 부끄러움이 아닌 격려와 위로를 받을 때라야 비로소 자존감을 높여 가며 수업을 즐길 수 있다는 것이다.

'학교가 낡고 더러워', '학력이 낮아', '다문화가 많아' 교사들이 이런 말을 하면 아이들이 모르는 것 같지만 다 알아요. '내가 사는 동네는 못사는 동네야', '우리 아버지는 돈을 못 벌어', '나는 공부 못해' 하면서. 그래서 아이들이 6학년이 되면 '폭망했어요' 하잖아요. 아이들의 자존감이 거의 무너져 있죠. 이것을 극복할 수 있는 답은, 아이들 자신과 우리 안에서 찾아야 한다고 봐요.

비단 아이들만 자존감을 회복해야 하는 것은 아니다. 교사들도 다르지 않다. 평가와 질타를 받으며 주눅 든 교사들에게 수업은 어떤 의미로 다가설까? 그저 겉보기에 화려하고 잘하는 모습만 보이려는 쇼윈도 교사들이 되어 가는 것은 아닐까? 교사들은 어떤 지점에서 자존감을 회복하고 높여 나갈 수 있을까? 그는 수업이 잘되려면 수업 재료가 신선해야 한다고 여긴다. 지금껏 아이들이 한 번도 못 본 재료를 찾는다는 것은 매우 힘든 일이다. 더구나 그것을 교사 혼자서 찾는다는 것은 더욱 힘들다. 그렇다고 아이들에게 찾아보라는 것도 쉽지 않다. 국가는 교사들에게 재구성을 요구하지만 국가 교육과정의 틀에서 벗어나기 힘들다. 그는 그 답을 교사들의 협업에서 찾는다. 그는 수업을 사는 교사는 결코 혼자여서는 안 된다고 생각한다.

독일의 대표적인 혁신학교인 헬레네 랑에서 학생들은 수업을 교사 개인이 준비하는 것으로 보지 않는다. 프로젝트 교육과정이 이 학교의 중심이어서도 그렇지만, 서로 수업을 지원해 주는 교사들을 보며 학생들은 자신들의 배움이 특별한 교사의 역량에서 비롯되는 것이 아니라 협업의 과정과 결과라는 것을 일상에서 확인하는 것이다. 이런 과정을 눈으로 보고 몸으로 겪는 아이들은 그들의 삶에서도 협업을 매우 자연스럽게 익힌다. 특별하게 협동 학습이라는 기술적 활동을 숙련하지 않더라도 문화로 만나고 몸으로 깨닫는 것이다. 자칫 수업에서 낙오가 되고 자존감을 잃어버릴 수 있는 아이들에게 수업은 함께 만들어 가는 것이고 누구에게나 도움을 받을 수 있다는 생각을 갖게 하는 것이다. 교사도 마찬가지다. 교사가 독선에 빠지지 않으려면 교사학습공동체를 구축해 서로의 부족한 부분을 채워 가야 간다. 그에게 협업은 수업에서 교사들이 자존감을 찾기 위한 매우 중요하고 꼭 필요한 요소다.

#4 수업 : 있지만 보이지 않는 시간

시계가 멈추기를 잊은 듯 자꾸만 뎅뎅거리는 동안 톰은 기쁨에
차서 빗장을 떼고 문을 열었다. 그리고는 자기를 기다리고 있어
주리라고 생각했던 그 정원으로 걸어 들어갔다.

- 필리파 피어스, 김석희 옮김(1999), 《한밤중 톰의 정원에서》, 47쪽

여름 방학 동안 이모 집에서 지내게 된 톰은 어느 날 1층에 있는 괘
종시계가 한밤중에 열세 번 울리는 것에 놀란다. 시계를 자세히 보기 위
해 달빛이 새어드는 뒷문을 열었던 톰은 그곳에서 아름다운 정원을 목
격한다. 이후 톰은 있지도 않은 시간 13시라는 시공간으로 성큼성큼 들
어가곤 한다. 주위 어른들은 모르는, 톰만이 간직하고 살아가는 이야기
다. 최은경은 이 있지도 않은 시간을 자신의 수업과 교실, 학교와 사회로
연관시켜 본다.

3월 처음 아이들이 만나서 티격태격 지내고 현장 학습도 다녀
오고 그러다 4, 5월쯤 지나면 마음이 열리는 시간이 와요. 책을
같이 읽으면서 그 시간 안으로 들어가는 거죠, 주로 저 같은 경
우는. 그러면서 공동의 목표가 생기더라고요. 어떤 책을 읽었는
데 재미있어하는 부분을 아이들과 내가 같이 발견하고 공동 목
표를 정하는 거예요. 알지 못하는 사이 어느 시간이 되면 그 정
도는 달성할 수 있겠다 하는 믿음 그런 거예요. 이를테면, '우리
반 용기 모으기'를 한 적이 있어요. 그림책 《진정한 일곱 살》을

읽으면서 1학년 아이들에게 진정한 여덟 살이 되려면 용기가 있
어야 하는데, 용기 열 개 모으기를 해 보자 했어요. 아이들이 생
각하는 용기를 여러 개 말하고 적게 했죠. 다른 사람을 배려하
지 않고 자기만 생각하거나 친구들을 놀리거나 하는 건 진정한
용기가 아니잖아요. 근데 어느 순간 학급 분위기 때문에 진정한
용기가 만들어지는 거예요. 공 같은 것도 차례대로 사용한다든
지, 혼자 많이 하고 싶은 놀이 기구도 반 아이들 전체가 용기를
모으기 위해서 그 마음을 접게 되는 분위기가 만들어져요. 그
순간, 그 마음들을 가질 수 있는 보이지 않는 시간을 경험하게
되는 거예요. 눈에 보이지 않는 시간을 거치며 공동의 것을 만
들어 내는 것이죠. 처음에는 용기 열 개를 만들다가 스무 개를
만들고 서른 개를 만들면서 눈에 보이는 칭찬뿐만 아니라, 나도
재미있는데 다른 친구도 재미있는 것을 이해하게 되고 그걸 나
눠 주는 거죠. 그건 아이들한테 되게 어려운 거예요.

그는 눈에 보이는 수업 시간만이 곧 수업의 시작과 끝이라 여기지
않는다. 개인의 성취 기준으로만 한정시켜 학습 목표 달성이라는 기계적
이고 틀에 박힌 성장을 기대하는 국가 교육과정에 묶이려 하지도 않는
다. 함께 사는 수업이라는 시공간에서 아이들이 은연중 깨닫게 되는 공
동의 목표를 수업에서 스스로 발견하고 타인에게 공감하며 삶의 맥락을
이해하는 지점에서 수업의 의미를 찾으려 하는 것이다. 그것을 그는 책
에서 출발했지만, 책에 묶이지 않고 책 너머의 시공간에서 자신을 이해
하고 타인을 이해하는 또 다른 민주적인 시공간으로 끄집어내어 이전과
다르게 자라는 아이들을 기대한다. 수업의 끝에서 다시 현실로 돌아온
아이들은 이전의 아이들과 분명 다르기 때문이다.

66

언젠가 6학년 담임을 할 때, 자폐 아이가 있었어요, 자동차만 그리는. 그때 학교에 있는 피아노를 우리 반에 갖다 놓고 조율을 받았는데 조율하시는 분이 〈꽃의 왈츠〉를 쳐 주었죠. 어느 날 그 아이가 교실에 아무도 없을 때 들어와서 혼자서 그 곡을 치는 거예요. 교실에 들어가려다 그 모습을 보고는 나도 아이들도 다 안 들어갔어요, 연주가 끝날 때까지. 나중에 종이 치고 우리가 보고 있는 걸 안 아이는 씩 웃으면서 자기 자리로 가는 거예요. 그 다음 날 점심시간에 그 아이는 아이들이 다 있는 자리에서 다시 피아노를 쳤어요. 그때 반 아이들이 그 노래에 맞춰서 막 춤추면서 책상 사이사이를 물고기처럼 돌아다니는 거예요. 그때가 《한밤중 톰의 정원에서》를 읽을 때였거든요.

99

책을 통해 만나는 시공간. 있지도 않은 시간을 대면했던 아이들은 그에게 이렇게 물었다고 한다. "선생님! 이것도 13시에 속하는 시간이에요?" 잘게 차시별로 쪼개고 쌓아 가며 학생들의 성장을 이야기하는 12시의 교실에서는 볼 수 없었던 아이들의 모습. 그는 이것이 바로 공동체 문화를 만들어 내는 것이라 여긴다. 이런 문화는 있지도 않은 시간을 살아가는, 있지도 않은 수업을 살아가는 아이들이 함께 살며 깨닫게 되는 것이다. 피아노를 쳐서 교실을 전혀 다른 세계로 안내한 아이는 그와 헤어질 때까지 자신의 장애를 이겨 내지는 못했다. 그렇지만 학교 자치 시간에 선거에 참여하며 자기가 지지하는 친구에게 박수를 치며 함께할 수 있었다. 그에게는 매우 놀라운 경험이었다. 아이들의 발달과 성장에는 공동체의 경험이 매우 큰 역할을 한다. 그는 그게 교실일 수도 있고 학교 밖의 무엇일 수도 있고 책을 한 권 같이 읽는 순간일 수도 있다는 생각을 한다.

용기를 내는 거죠, 교사 스스로가. 그런 의미로 아이들이 우리한테 보내는 사인이 있는데, 그 사인을 잘 보고 그 안으로 교사가 용기를 내서 들어가야 한다는 걸로 이해해요. 교육과정을 구성하는 것도 마찬가지예요. 정원이죠, 정원. 사실은 있지도 않은 시간은 결국 눈에 보이지 않는 정원이지만, 잘 가꾸어 가면 그게 학급의 정원이 될 수도 있고 학교의 정원이 될 수도 있고 크게는 민주주의의 정원이 될 수도 있는 거죠. 우리 사회에. 근데 힘들죠. 그 정원 문을 열고 들어가면 수고도 해야 하고 땀도 흘려야 하니까. 다들 문을 열 수 있는 괘종시계 소리가 들리긴 할 거예요. 다만, 그 문을 열고 들어가냐, 아님 제자리에 있는 거냐 하는 거죠. 근데 한번 걸어 들어가다 보면 점점 더 용기가 생겨 더 넓은 곳으로 가 보기도 하고 다른 방향으로 가기도 하며 영토가 확장되죠.

온전한 나를 향해 가는 길, 수업

그와 인터뷰를 한 날. 반갑게 나를 맞아 주며 안내한 방에는 그가 지금껏 살아온 이야기가 큰 상자에 가득 담겨 있었다. 그것을 책상 위에 펼치는 순간, 가장 눈에 띈 것은 공책들이었다. 그가 고민하고 실천하며 꾸준히 썼던 기록. 날마다 쓴 일기며, 시를 필사한 것이며, 수업의 밑그림과 과정, 결과를 기록해 나간 공책들이 펼쳐져 있었다. 그래서 바로 그에게 기록에 대한 생각을 물었다. 그는 기록이란, 사라지는 말을 붙잡아 내는 것이라 했다. 교육은 음악과 닮았다고도 했다. 있지 않은 시간과 싸우는 것이 같다 했다. 좋은 수업은 언뜻 보이다 마는 신기루 같은 것이고 음악이나 말처럼 공기 속으로 날아가는 것이라는 것. 그의 생각처럼 기록은 수업을 살아가려는 교사에게 매우 중요할 수밖에 없다. 교육과 수업에서 기록은 아이들의 말과 몸짓 그 찰나를 붙잡는 일이다. 동화책이 한 편의 이야기를 오래 머무를 수 있도록 하듯이 교사의 수업과 실천도 그러해야 한다. 그러면서도 기록에 대한 욕심과 경계를 잊지 않는다.

그게 초등 교육의 유산이 되지 않을까 싶어요, 나의 개인적인 유산이기도 하면서. 일반화가 어렵더라도 한 꼭지만이라도 어떤 분에게 도움이 된다면 괜찮지 않을까요. 그러다 보니 욕심도 생겨요. 다 좋았던 게 아닌데도 좋았다고 이야기하고 싶은 것. 억지로 끌고 가는 건데도 '자율 동아리 했더니 잘하더라', '아이들의 자율성이 커지더라' 같은. 일 년 안에 자율성이 커지는 것도 아닌데, 내가 그렇게 말하고 있는 게 아닌가 하는 반성도 하죠. 요즘 그에 대해 순간순간 깨닫는 것도 있어요. 사례를 이야기할 때 이면까지 이야기해야 하는데 좋은 것만 이야기하고 싶은 마음을 버려야 한다는 생각을 해요. 이런 욕심을 내려놓고 진솔하게 이야기해야 하는데 번지르르하게 이야기하는 게 아닌가. 요즘 그런 것이 두렵고 무서워요.

그에게 수업에 대한 생각을 물었다. 최은경에게 수업이란, 온전한 자신을 드러내는 것이라고 했다. 그리고 온전함을 향해 가는 데는 시간이 걸리고 앞으로도 늘 흔들릴 수밖에 없을 것이라고 했다. 그리고는 수업은 어떤 소망과 같아서 완결되지 않은 자기 삶의 이야기와 같다고 했다.

어쩌면 소망과 완결되지 않은 이야기가 아이들 때문이지 않을까 반문도 했다. 늘 어디로 튈지 모르고 날마다 새로운 이야기를 만들어 내는 아이들과 함께 있다 보면 수업이라는 시간이 이전과 똑같을 수 없다는 것이다. 새로운 아이들과의 이야기가 날마다, 해마다 이어지기에 소망을 품은 수업은 늘 지속될 수밖에 없고 수업 이야기는 언제나 열린 상태일 수밖에 없다는 것이다. 수업에 대한 이런 생각을 가진 그에게 교사로서 남은 꿈을 물었다.

《동화로 여는 국어수업, 동화로 크는 아이들》은 1~6학년의 국어 수업을 동화로 풀어내 전체를 묶었고 《지구인이 되는 중입니다》는 1학년이라는 한 학년 이야기를 묶었어요. 다음 책은 한 아이의 온전한 삶을 들여다보는 성장 과정을 기록해 보면 어떨까 해요. 지난번 수업을 볼 때 찍은 사진을 보내 주셨잖아요? 사진 속의 내가 아이들 곁에서 사는, 내가 모르고 있던 나의 멋진 모습 같았어요. 내가 참 행복한 모습으로 살고 있구나 하고 느꼈죠. 지금처럼 있지만 보이지 않는 시간을 보내는 그런 수업을 하고 싶어요. 할 수 있을까요? 올해 목표는 매일 시를 한 편씩 읽는 것이었어요. 시를 읽는 것과 읽지 않는 것에 큰 차이는 없는 것 같지만, 시를 읽을 때 나에게 쉼, 여유를 주는 것 같아요. 아이들에게도 나에게도 그런 수업을 하고 싶어요. 잘 놀았다는 수업. '이게 공부야?' 하는데 뿌듯한 수업. 아주 가끔이겠지만, 아이들이 만든 시공간에 앞으로도 계속 초대를 받고 싶죠.

　　그는 자신이 닮고 싶은 교사의 이야기가 담긴 책이 하나 있다며 소개를 해 주었다. 그 책은 하이타니 겐지로의 《나는 선생님이 좋아요》. 그를 감동시킨 장면에는 '결정적인 말'이 적힌 쪽지가 붙어 있었다. 책 속에는 수업을 잘하는 아다치 선생님에게 건네는 "하지만 선생님 흉내는 내지 않겠어요"라는 고다니 선생님의 말도 담겨 있다. 그리고는 이런 말을 덧붙인다. 대개의 선생님들은 '한번 따라 해 보겠습니다'라든가 '가르쳐 주세요'라고들 한다. 그러나 고다니 선생님은 "어렵겠지만, 스스로 생각해서 만들어 가도록 하겠어요"라고 한다. 자신만의 길을 가겠다는 고다니 선생님의 이 말이 최은경에게 크게 와닿았다. 그것이 바로 그에게는 지금까지도 있고 앞으로도 있을 결정적이라는 말이다. 동료 교사들과 수업을 함께 공부하고 준비도 하지만 때로는 나만의 수업, 최은경의 수업을 만들고 싶어 했다. 아마도 그건 혼신을 다해 살아온 '수업'이 자신의 삶을 온전히 해 줄 수 있을 거라는 그의 오래된 믿음 때문일 것이다. 하지만 그는 아직 눈치를 채지 못하고 있는 듯하다. 있지만 보이지 않는 시간을 사는 아이들과 누구도 쉽게 경험하지 못하는 수업을 살아왔다는 사실을 말이다. 이미 그는 교사 최은경만의 수업을 살고 있었다. 그것도 아주 멋지고 참 행복하게.

최은경
입니다

박 선생님, 잘 지내시나요? 저는 올해 5학년 아이 22명의 담임이 되었습니다. 아이들 이름을 책상 앞에 붙여 놓고 매일 한 번씩 소리 내어 불러 봅니다.

"서현이, 태영이, 서영이, 지후, 광규, 현호, 유빈이, 유건이……."

이름을 부를 때마다 조금씩 아이들 곁으로 다가가는 느낌입니다. 4학년 때 선생님들이 '따스한 눈길로 대해 주시길', '할머니와 함께 살아요', '수학은 힘들지만 체육 시간엔 빛돌이랍니다', '한글이 서툴러요'라며 자상하게 써 주신 문장들이 힘이 됩니다.

아직 2월이지만 새 학년 교육과정 구성을 위해 매일 등교합니다. 10년 차 혁신학교가 가지는 혁신 교육의 의미를 살펴보고, 교육과정 더하기와 빼기 그리고 새롭게 할 것을 의논하고 있습니다. 저는 '온작품 읽기'를 담당했습니다. 온작품 읽기의 이해, 교육과정의 변화, 아이들의 발달을 중심으로 이야기를 나누었지요. 지난해 각 학년에서 실천한 것을 소개하면서 초등학교 6년 동안 우리 아이들은 무엇을 배우고 익히게 되는지 질문하고 해답을 찾아갔습니다. 오후 일정에 참여하려고 모인 자리에서 어떤 분이 말했습니다.

"최은경, 무슨 강의가 총론이 어쩌고저쩌고, 문해력? 나는 PPT 4장 넘어가면 아웃이야. 짧게 해야지."

"문과와 이과 차이죠. 저는 좋던데요. 잘 들었습니다."

"선생님, 교사들이 공부해야 한다고 생각합니다. 선생님이 공간을 잘 활용하시는 것에서 저도 많이 배우지만 온작품 읽기도 공부해야 잘할 수 있다고 생각합니다."

다른 분들이 애써 분위기를 바꾸려 했지만 이렇게 날 선 말을 들을 때면 맘이 정말 불편해집니다. 괜히 했나 싶은 생각도 들고 '무엇이 저분을 불쾌하게 했을까?' 검열도 하게 됩니다. 공적인 자리에서 받은 공격에 제대로 대처하지 못했다는 생각에 속을 끓였습니다. 하지만 다음 날 똑같은 자리에서 가장 선배 선생님이 말씀하셨어요.

"연수가 힘도 들지만, 앞에서 이끌어 가시는 분들께 감사드리고 싶습니다. 어제 최은경 선생님께 들은 이야기가 너무 감동적이라 이렇게 빨간 옷을 입고 왔습니다. 하하하."

교실에 갔더니 격려 메시지도 여러 개 와 있었습니다.

"선생님, 왜 온작품 읽기인지 알게 됐어요. 좋은 책과 활동을 소개해 주셔서 감사해요."

"선생님이 쓰신 책을 학교 도서관에서 빌렸습니다. 읽고 모르는 것이 있으면 울면서(?) 선생님께 달려가겠습니다.^^"

학교 구성원이 서로의 생각과 마음을 이해하고 협력하는 일이 얼마나 힘든지, 어떻게 합을 맞추는지 새롭게 배우는 날이었습니다.

우리 5학년은 연수 후에도 매일 모여 '열두 살 아이들의 몸과 마음이 행복한 교실을 만들기 위해 무엇을 어떻게 해야 할까?'를 고민합니다. 그래서 온작품 읽기인 책만세(책으로 만나는 세상)와 날수(날마다 수학), 날글(날마다 글쓰기), 시맛(시 맛보기)을 일상 활동으로 정했습니다. 학기 중에 리코더와 노래, 긴줄넘기는 몸으로 익힙니다. 생태 교육은 감수성뿐 아니라 삶에서 실천하기를 우선으로 놓고 '감자 심고 가꾸어 요리하기', '지구를 위한 한 시간', '수암동 지킴이'를 '학년 짝 활동'으로 2학년 동생들과 하기로 했습니다. '힘들지 않을까? 계획대로 교육과정을 운영할 수 있을까?' 걱정이 앞섰는데 선생님들을 가만히 둘러보았습니다. 새롭게 보였습니다. 3반 선생님은 리코더와 음악에 조예가 깊고, 1반 선생님은 학급 운영과 아이들과의 관계의 달인, 과학 샘은 미덕 교육의 달인이고, 체육 샘은 인성 그 자체가 훌륭하니, 한 가지씩만 배워도 올 한 해가 더욱 풍성해질 것 같습니다.

5학년 교육과정을 짜면서 보니 학교 교정과 텃밭, 수암동과 수암봉까지 새롭게 보입니다. 학교에 뿌리를 내리고 살아가는 모든 나무와 풀들이 어디 숨어 있는지 궁금해졌습니다. 수암동에 있는 관아터와 전시관, 산성, 수암동 도서관 그리고 이웃 주민들. 독수리가 날개를 펴고 있는 모습을 닮은 취암鷲巖이라고도 하는 수암봉과 넓은 하늘까지 모두 열려 있습니다. 교실이, 학교가 넓어졌습니다.

"제안하신 급수대 문제 해결했어요. 오늘 업자와 계약하고 바로 시공 들어갈 겁니다. 어휴, 샘. 내가 넘 바쁜 건 알죠?"
"선생님들께서 말씀하신 교실과 복도 안전 문제 그리고 도색과 수리가 필요한 곳은 개학 전에 마치도록 하겠습니다."

"청소 용품과 기타 필요하신 물품도 가능하면 개학 전에 드리도록 하겠습니다. 대신 고쳐 쓰고 나눠 쓸 수 있는 것이 있는지 확인 부탁드려요."

행정실 주무관님과 실무사님이 보낸 메시지입니다. 그분들이 새롭게 보입니다. 지원은 표가 나지 않는 일이니 해도 되고 그냥 둬도 되는 일이 많지요. 하지만 마음을 쓰면 쓸수록 아이들에게 득이 되니 정말 중요한 일이라고 생각됩니다. 작년에 업무 전담을 하며, '공간 혁신을 위한 공간 민주주의 프로젝트'를 진행했고 관리자와 행정실 분들과 정말 많은 이야기를 나누었습니다. 큰 예산을 쓰는 과정에서 난관이 있었고 안 좋은 말을 듣기도 하고 방학도 없이 일했습니다. 이제 학교 공간이 바뀌니 숨어 있던 쉼터와 공연 무대, 편안하고 아늑한 현관이 나타났습니다. 보이지 않게 일하는 손들이 새롭게 보입니다. 참 고맙습니다.

"여보, 어제 늦게까지 일하고 오늘 또 일찍 일어나서 일하니 몸이 남아나겠어요? 무리하지 말고 잠을 푹 자도록 해요. 몸 관리를 해야 3월 개학을 하지."
"어머니, 컴퓨터 할 때 자세가 정말 중요해요. 허리를 쭉~ 아셨죠?"
"엄마, 대학생보다 공부를 열심히 하면 어떻게 해? 주말에 수랑 같이 카페 가요. 동안 유지를 위해 마스크 팩은 선물."
컴퓨터 앞에서 용을 쓰고 있으니 식구들이 걱정을 합니다. 말만으로도 고맙습니다.

'인권을 주제로 하면 이 책을 읽어야지. 활동은 이렇게 하고. 작가와 연락은…….'
'이 시는 봄에 읽고, 시 맛보기장은 이렇게 만들고 필사는 여기다

......'

'수학 교과서 개념 읽기는 이렇게, 이건 잘 모르겠다. 선생님들한테 물어봐야지.'

메모장, 온갖 책들, 동화책, 시집과 자료집, 교과서와 지도서, 색연필, 연필깎이, 이어폰, USB와 안마기, 커피잔. 이들의 공통점은 제 책상 위에 있다는 겁니다. 읽은 책과 문장들, 내가 좋아하는 색깔과 음악, 그림, 노래, 시와 수학 개념까지. 모두 나인 것. 문득 생각하니 이제 학교에서 네 번째로 나이가 많아요. 나이만큼 마음도 넓어지면 좋겠습니다. 그런 내가 새롭게 보입니다. 나를 돌보고 나를 안아 주는 내가 고맙습니다.

"선생님, 내년 연구회는 어떻게 운영할지 의논하고 싶습니다. 연락 주시면 감사하겠습니다."

"새해 우리 모임도 교실 나들이 어떨까요? 학교에 초대하고 싶습니다."

"신종 코로나 사태를 뚫고 최근에 본 영화, 〈조조 래빗〉 넘 좋았습니다. 선생님들 모두 좋아하실 듯.^^ 포스터도 받았어요.ㅎ"

"드디어 3월 첫 주에 우리 모임에서 만든 진단 활동 자료집이 배포된다고 합니다."

"민주시민교육 강의가 있는데 부탁드려도 될까요?"

방학 때도 수시로 연락하며 새해를 계획하는 연구회 선생님들. 참 고맙습니다. 그분들과 함께 읽은 책과 실천으로 지금까지 괜찮은 교사로 살 수 있었으니까요.

이 글을 쓰는데 문자를 받았습니다.

"은경샘~ 책 잘 읽고 있어요. 수소 차 정말 궁금해요. 건전지 차를 만들고 있어요. 고맙습니다."
방학 때 만들기와 실험을 좋아하는 준이에게 책 한 권을 보냈더니
잘 읽고 있답니다. 코끝이 약간 시큰해집니다. 수소 차랑 건전지 차
이야기도 기대됩니다.

언제나 든든한 동지이자 벗인 선생님이 있어 저를 돌아보게 되니
정말 고맙습니다. 늘 건강하시고 우리 안에 평화가 깃들기 바라며
이만 줄입니다.

04

교사 강승숙

낭만과 예술을 꿈꾸던 수업,
이별할 그날까지

교사가 된 지 10년을 넘어설 때조차 내 학급 운영은 백과사전식 이벤트에서 벗어나지 못했다. 아이들은 수업의 대상이었지 함께 살아갈 대상은 아니었다. 그저 함께 살고 있다고 착각하고 있을 뿐이었다. 당시 나는 아이들 곁에 머물지 않았다. 학교에 가면 컴퓨터부터 켰다. 아이들과 눈을 마주치는 일은 한참 뒤였다. 어떨 땐 1교시가 끝난 뒤에야 그날 결석한 아이가 보였다. 내 자리는 언제나 칠판 앞이었고 아이들은 늘 교탁 너머에 있었다. 주마다 다양하고 흥미로운 이벤트를 펼쳐 주는 것만으로도 나는 좋은 선생이라고 여기고 살았다. 그러던 내게 그건 학급 운영이 아니라고, 아이들 곁에서 함께 살아 주지 못하는 교사는 가짜 교사라고 가르쳐 준 이가 있었다. 그의 이름은 《행복한 교실》의 교사 강승숙. 지금까지도 내 학급살이의 모델이 돼 주고 아이들 삶 속으로, 아이들 곁으로 다가가도록 이끌어 준 내 마음속 선배 교사. 비록 먼 곳에 있었지만, 늘 내 곁에 있는 듯 조언과 응원을 아끼지 않았던 동료 교사. 난 그를 오래전부터 많은 이들에게 소개하고 싶었다. 이미 많은 이들이 알고 있을 테지만, 그럼에도 그를 모를 또 다른 이들에게 자랑하고 싶었다. 언제나 동경하며 존경했던 강승숙의 삶과 수업 속으로 이제 함께 들어가 보자.

수업이 자리하는 교실이라는 공간

그의 교실을 찾는 것이 처음은 아니다. 장맛비가 내리던 2011년 6월
에도 인천으로 가 그의 교실을 찾았었다. 당시 서울에서 전교조 전임으
로 전국초등국어교과모임 일을 하고 있던 내게 그가 전화를 걸어왔다.
자신의 반 아이들과 그림책 전시회를 처음으로 열게 됐는데, 올 수 있겠
냐는 것이었다. 학교를 떠나 일을 하던 내게 무언가 작은 도움이라도 주
려는 선배 교사의 배려를 나는 지금도 잊을 수 없다. 참으로 오랜만에 다
시 강원도 춘천에서 마주한 그는 나를 한껏 밝은 얼굴로 반겨 주었다. 하
얗게 센 머리카락이 뒤섞인 긴 머리를 땋아 뒤로 넘긴 그의 얼굴에는 세
월이 묻어나 있었다. 교과서를 읽는 그의 모습에서 돋보기가 가장 먼저
눈에 들어왔다. 그도 어느덧 노년의 교사가 돼 가고 있었다.

잠시 눈을 돌려 바라본 그의 교실. 공간은 다르지만, 인천의 교실과
다르지 않아 그리 낯설지 않았다. 교실 네 면은 아이들에게 읽어 주는 책
이 꽂힌 책장으로 둘러싸여 있다. 책장 위로는 그림책 주인공 인형이 올

라앉아 있고 책과 관련된 물품들이 놓여 있다. 교실 앞뒤는 그가 즐겨
쓰는 재활용품들로 꾸며져 있다. 그는 각종 상자 조각을 써서 교실 칠판
이나 앞 게시판에 시간표, 월, 일, 요일 같은 것을 표기해 붙여 놓는다. 때
로는 학급 규칙과 날마다 암송하는 아이들의 시나 생일을 표기하는 판
으로 쓰기도 한다. 2014년 2월, 학습연구년을 마치고 쓴 글에서 그가 아
이들 맞이로 설레는 마음을 담아 열심히 교실을 꾸미는 모습을 따라가
다 보면 내 교실도 딱 저렇게 꾸미고 싶은 마음이 든다.

흰 박스에는 그림책을 꽂았고 책상 위에는 인형과 작은 책, 액자
를 진열했다. 세탁기에 넣고 목욕시킨 인형들이 말끔한 얼굴로
자리를 잡았다. 인형과 그림책을 놓아서일까. 순간 텅 비어 허전
하던 교실에 온기가 흐르는 듯했다. 운동장 창 쪽에 붙여 놓은
작은 교사용 책상 부근에는 작은 사무용 책꽂이 세 개를 놓았
다. 그리고 교과서와 지도서, 어린이 잡지와 교육서들을 줄줄이
꽂았다. 이어 잡다한 사무 용품을 책상 서랍과 작은 플라스틱
함에 정리해 넣었다. 텔레비전을 놓았던 옛 티비장 위에는 트리
용 사슴과 인형을 하나 더 놓았다. 군데군데 작은 이젤을 이용
하여 그림책을 전시했다. 그리고 게시판에 늘 가지고 있던 학급
별칭, 학급 약속 같은 것들을 붙였다. 뒤 게시판에는 펠트지를
오려 바느질을 해서 만든 글자 '꽃씨마당'을 붙였다. 예전과 다
르게 글자를 세로로 붙이면서 '마' 자는 위치를 바꾸어 'ㅁ' 이
렇게 붙여 보았다. 그렇게 해 놓으니 딱딱해 보이던 게시판이 리
듬감 있어 보였다.
- 강승숙, 〈교실 공간에서 시작하는 미술〉, 《어린이와 함께 여는 국어
교육》, 2014년 봄호, 141~142쪽

교실 뒤편으로는 모든 아이들의 작품을 간단한 틀에 넣어 한껏 분위기를 돋우어 놓았다. 그는 미술은 자신에 대한 애정과 관심에서 출발한다고 여기고 있다. 그래서 자신이 몸담고 있는 공간을 새로운 시선으로 바라보는 것, 낡고 허름한 곳을 아름다운 곳으로 바꾸는 것이 그에겐 미술이어야 한다. 그는 아이들이 몸담고 살아가는 교실이 좀 더 아름답고 섬세한 공간이길 바란다. 시와 음악, 문학, 미술, 연극, 춤처럼 아이들 마음을 어루만지는 예술 공부와 몸을 움직여서 하는 일, 자연을 가까이 하는 일, 더불어 살며 친구를 아낄 줄 아는 공동체 공부가 시작되는 곳이 모두 교실이기 때문이다. 일 년을 함께 살아갈 교실을 학습만을 위한 무미건조한 공간으로 활용하는 것은 그에게는 받아들일 수 없는 일이었다.

가난했지만 행복했던 어린 시절

그는 마흔 초반까지도 인천의 한 자그마한 산 아래 허름한 외딴집에서 살았다. 그는 어머니를 재미있는 분으로 떠올렸다. 시장을 가도 네 형제를 줄줄이 끌고 다녔고 물건을 사지 못하는 한이 있어도 칡이나 강냉이, 엿 같은 군것질거리를 빼놓지 않고 사 주셨다. 극장에도 잘 데려가시고 비가 오는 날이면 고구마 튀김이나 술떡을 해 놓고 자식들을 반겨 주는 분이었다. 그 시절 어머니는 교회를 다녔는데, 신도들이 구역을 나눠 주마다 한 번씩 돌아가며 예배를 보는 속회, 그것도 어린이 속회를 열었다. 토요일만 되면 동네 아이들 30~40명이 모였다. 학교는 제대로 다니지 못했지만 어머니는 예술에 관심이 많았다. 손수 연극 대본을 쓰고 동네에서 처음으로 들여놓았던 오르간을 이용해 아이들에게 갖가지 춤과 노래를 가르쳤다.

66

동네 사람이 길에서 엄마를 만나 이야기를 하면 밥때를 놓치기
도 했어요. 말맛이 있는, 이야기를 맛있게 하는 사람이었어요.
텔레비전이 없을 때부터 엄마는 실감 나게 이야기를 들려줬죠.
오래된 대추나무를 베자 밤마다 부엌에서 도마질하며 수군거리
는 소리가 들렸다는 이야기, 앞을 못 보는 여자가 지푸라기 몇
가닥으로 밥해 먹는 이야기, 동네에서 들었던 이야기 등 슬프거
나 말도 안 되는 이야기들. 성서와 어머니가 읽었던 문학 작품
(톨스토이, 도스토옙스키, 괴테 등)도 쉽게 이야기로 들려주었어
요. 어머니는 교회 청년부 활동을 하면서 대학생 친구에게 문학
적, 예술적 세례를 받아요. 그러면서 어머니의 재능이 분수처럼
뿜어져 나온 거 같아요. 손수 쓴 대본으로 목포극장에 연극 작
품을 올리기도 했으니까요.

아버지가 목회를 하느라 전남 신안 홍도에서 한 삼 년 살았을
때였어요. 한번은 아버지가 크리스마스 선물을 사러 12월에 목
포로 나갔다가 이듬에 3월이 되어서야 들어온 적이 있어요. 파
도가 너무 심했던 거예요. 아버지가 없는 사이 엄마는 나를 업
고 설교를 했어요. 배 타는 청년들이 돌아오면 연극을 가르치며
꼬박 밤을 보내기도 했고요. 연극은 학교 책상으로 만든 무대
위에서 펼쳐졌는데 청년들이 오징어 잡이 집어등을 가져와 조명
을 만들었대요. 상상만 해도 멋져요. 역곡 산 밑 외딴집에 살 때
도 어머니의 로망이 이어져요. 어린이 속회를 보기 위해 동네 아
이들이 오면 어머니는 연극, 노래를 가르쳤어요. 빵 같은 간식을
사다 먹이면서요. 그것으로 크리스마스 때 공연도 하고…… 그
렇게 3년을 했어요. 그런 공간에서 내가 자란 거죠. 우리 집에
서는 늘 노래를 한 것 같아요. 엄마, 아빠가 늘 노래를 불렀어요.

하지만 초등학교 이후 아버지 사업이 어려워지면서 그런 생활을 하기 힘들어졌어요. 유년기, 내 생애 가장 낭만적인 시절이었어요. 지금도 그 시절 노래 부르고 춤췄던 장면이 생생해요. 그렇게 유년기가 행복했기에 교사가 되어 학급 운영이나 수업 속에서 그런 걸 구현하고 싶지 않았을까 싶어요.

가세가 기울면서 어머니의 속회 활동도 끝났고, 가난한 살림은 그의 성격마저 바꾸어 놓았다. 교탁에까지 올라가 아이들 앞에서 춤을 출 만큼 명랑했던 그는 가난으로 기운을 잃어 갔다. 그래도 늘 기도하며 희망을 잃지 않았던 어머니 덕분에 꿋꿋하게 견뎌 낼 수 있었다. 등록금을 내지 못해 중학교를 포기하려다 다시 들어가게 됐지만, 월사금을 못 내 교장 수녀에게 학교에 나오지 말라는 말까지 듣고 학교에 사흘 동안 나가지 못했던 때도 있었다. 끼니도 제대로 이어 가지 못했다. 보리밥을 먹거나 수제비와 조죽을 먹는 날이 셀 수 없이 많았다. 점심 도시락 반찬으로 싸 간 김치를 차마 내놓기 부끄러워 배앓이를 핑계 삼아 시간을 보내고 돌아올 때도 있었다. 고등학교 입학을 두고는 입학금을 벌기 위해 어머니가 다니던 과자 공장에 들어가기도 했다. 큰오빠가 공무원이 되면서 굶는 일은 없었지만, 형편은 나아지지 않았다. 대학 원서를 낼 때는 어머니가 자신의 뒤에서 제발 떨어지게 해 달라고 기도까지 할 정도였다.

그때는 몰랐는데 지금 생각해 보면 엄청 가난했던 거였어요. 동네 친구가 한번은 저한테 그러는 거예요. "너는 가난한데 왜 이렇게 당당해?"라고. 6학년 때부터 고등학교 3학년까지 가난했는데 어머니가 가난하다고 한숨을 쉬거나 불행해하지는 않았던 것 같아요. 어렵게 중학교를 갔지만 등록금 3기분이 늘 밀렸어요. 그 학교는 천주교 학교였는데 교장 수녀가 공부 시간에 저를 불렀어요. 교장실에 가니 전교에 딱 세 명, 등록금 못 낸 아이들이 와 있었어요. 무채색 옷을 입은 수녀 교장이 등록금을 내지 못했으니까 학교 오지 말라고 했어요. 전 울지 않았어요. 3일 지난 뒤에 교장이 다시 오라고 했어요. 아버지가 돈을 마련했던 거죠.

한번은 학교에서 쌀을 모아 가난한 학생들에게 주었는데, 담임 교사가 쌀 한 포대를 주면서 가지고 가라 했다. 자존심이 상했던 그는 한 가마도 아니고 이렇게는 받지 않겠다고 했다. 사흘을 굶었을 때는 비름나물을 먹었는데 된장도 떨어져서 나물에 소금만 넣어 먹기도 했다. 어머니는 이런 사실을 아무에게도 말하지 않았다. 하느님이 있다면 교회 다니는 사람이 이렇게 못살겠냐고 할까 봐 아무에게도 말하지 못했던 것이다. 미대를 가고 싶었던 그는 학원을 다니지 못하면 지원할 수 없다는 말을 듣고는 빨리 돈을 벌어야겠다는 생각을 하게 된다. 가난은 그렇게 그를 교육대학으로 밀어 넣었고 교사로 살아갈 운명을 결정했다.

담대하게 세상과 맞서다

교육대학의 수업은 그에게 실망만 안겼다. 출석을 1번부터 끝번까지 부르고 칠판을 세 부분으로 나눠 필기를 시키거나 설명식 강의를 하는 게 전부였다. 교육대학은 그가 꿈꾸던 대학이 아니었다. 수업을 밥 먹듯이 빠지고 답답한 학교를 떠나 밖으로 돌았다. 1년을 그렇게 시간을 보내던 그는 2학년 때부터 동문 선배의 소개로 인천 동암초등학교 뒤에 있던 재활원 야학에 나가게 된다. 퀴퀴한 냄새가 나는 재활원 식당에서 그는 일주일에 이틀씩 학생들을 가르쳤다. 가르치는 아이가 겨우 두세 명이었는데도 그는 무엇을 어떻게 가르쳐야 할지 몰랐다. 한 학생은 나이가 열일곱이었지만 손가락으로 열도 세지 못했다. 그들은 특수교육 대상이었다. 식당에서 같이 밥 먹고 공부하고 재활원 교회에서 성가대도 하면서 3년을 보냈다. 특수교육을 공부하거나 고아원을 차려야겠다는 마음도 먹었다. 시간이 흐르면서 학생들뿐만 아니라 그곳에 있던 또래 친구들과 가까워졌다. 박애주의자 같았던, 늘 남들을 돕고 살았던 어머니를 닮으려 했던 그는 야학 생활을 결코 힘들다 여기지 않았다. 오히려 그는 그시절이 참 행복했다. 온몸과 마음을 다해 그곳을 사랑했다.

강승숙

그 시절 재활원에서 잠도 자고 야학생이 아닌 다른 원생들과도 친하게 어울리면서 소풍도 가고 그랬어요. 저녁 8시에 야학이 끝나면 교사들과 인천 자유공원에 갔어요. 전철을 타고 동인천역에서 내려 자유공원에 올라가 놀고 그랬죠. 돈이 없어서 그렇게 돌아다니며 놀았어요. 야학은 한 3년 했는데 그 시간이 큰 영향을 준 것 같아요. 같이 야학을 하던 친구들과《페다고지》도 읽고 그러면서 조금씩 교육 문제에 눈을 뜨고 교육운동에 관심을 갖게 되었죠.

그는 첫 발령 시절을 떠올리며 자신은 겁이 많은 사람이었다고 말한다. 그때 어머니가 해 주셨던 "강하고 담대하라!"는 말이 지금도 잊히지 않는다고 한다. 두려웠지만, 낯선 학교라는 공간에서 그가 담대하게 불의에 맞설 수 있었던 것은 그의 어머니 말씀 때문이었다. 교장이 무소불위의 권력과 권위를 앞세웠지만 그는 결코 굴하지 않았고 당당했다.

당시 교장의 권력이 엄청났어요. 청소년 단체 활동을 맡았을 때였는데 어떻게 수련회 계획을 짜야 할지 몰랐어요. 궁금해서 교감에게 물으니 왜 이렇게 패기가 없냐고 하는 거예요. 그래서 알아서 기안을 했는데 미리 장소를 교장과 의논하지 않은 게 화근이었어요.

"지 맘대로 했구만!"

"교장 선생님, 기획안은 그야말로 기획안이라고 알고 있습니다. 제가 계획 세운 것에 대해 말씀해 주시면······."

"어디다 대고 쪼랑쪼랑 말대답이야!"

"교장 선생님, 저는 교장 선생님 딸이 아니에요! 저는 국가에서 주는 자격증을 받고 월급도 나라 세금으로 받는 거예요! 그런데 왜 저한테 반말하세요?"

그러자 교장은 교탁을 탕 치고 운동장 쪽 창문을 확 열더니 부들부들 떠는 거예요. 좀 겁이 나긴 했어요. 그래서 교장 선생님에게 어떻게 하면 좋을지 않아서 말씀해 달라고 하니 당장 나가라고 소리를 지르는 거예요. 그래서 교실로 가서 교실 앞뒷문을 모두 잠그고 아무도 못 들어오게 했죠. 전화도 안 받았어요. 수업 시간이니까 더욱 그랬죠. 쉬는 시간마다 교감과 교무부장이 왔다 갔다 했었죠. 나중에 수업을 마치고 교무부장이 교장실로 가자고 해서 교감이랑 같이 교장실에서 기획안을 고쳤죠. 옆에서 교장은 이마에 피도 안 마른 것이 말대답한다면서 계속 잔소리를 했는데, 듣는 둥 마는 둥 그렇게 하면서 기획안을 수정했죠.

보리차 사건도 있었다. 그 시절 학교에서는 어마어마하게 큰 통에 보리차를 가득 끓여 아침이면 학급마다 물을 배급했다. 그런데, 어느 날 6학년 아이들이 물을 받고는 뚜껑을 닫지 않고 주전자를 들고 가다 뜨거운 김에 주전자를 놓치면서 화상을 입는 사건이 벌어졌다. 그날부터 교장의 명령으로 일주일 동안 급수가 금지되었다. 이 일로 학교에서 아이들이 물을 마시지 못하게 되자, 그는 교장에게 달려가 왜 물을 주지 않느냐고 따졌다. 관리가 잘 안 된 탓에 벌어진 일로 학생들에게 물을 나눠 주지 않는 것은 부당하다며 항의를 한 것이다. 이 두 번의 사건을 계기로 그는 아무도 건들지 못하는 유명(?) 교사가 되었다. 이후로는 누구도 그를 괴롭히거나 시비를 걸어오지 않았다. 두 번째 학교에 갔을 때는 이런 유명세로 학년과 업무 선정도 자유로웠다. 풍물을 아이들과 교사에게 가르치며 행복한 교직 생활을 했다. 그러기도 잠시. 담대하게 세상에 맞서던 그는 전교조 가입을 이유로 해직을 맞게 된다.

다시, 교사로 다듬어지고 만들어지다

그에게 어머니는 매우 크나큰 존재였다. 어머니를 통해서 그는 순수한 이상을 향한 열정을 품을 수 있었다. 암울한 시대였지만 교사로 무언가를 해야만 한다는 생각이 들었다. 동료 교사들과 함께 한국 역사를 공부했다. 학급 운영 소모임도 했다. 교육 관련 책도 읽고 서로 돌려 가며 아이들 작품 전시도 했다. 이렇게 활동하면서 자연스럽게 전국교사협의회와 연결되었다. 이후 전교조 활동으로 결국 해직이 된 그는 생활고를 겪으면서도 악착같이 살았다. 이른 새벽에 전철역에 나가 사람들에게 전교조 신문을 나눠 주기도 하고 집회를 열면 앞에 나가 노래도 부르고 구호도 외쳤다. 조합 사무실에서 일하다가, 집회에 나갔다가, 거리에서 교사 대회 포스터를 붙이다가도 수없이 경찰에 잡혀갔다. 해직 기간은 예상보다 길어졌고 아이들과 떨어져 사는 일이 답답했다. 그래도 다시 아이들을 만날 준비와 교육에 대해 생각해 보자는 생각으로 뜻있는 교사들과 교육사상연구회를 만들었다. 공부할 때마다 토론하고 글을 쓰고 회보도 냈다. 대학에서 제대로 하지 못한 공부를 그는 해직이 되어서야 비로소 실컷 할 수 있었다.

> 해직이 되고 교육 선전부 활동을 할 때는 강의 기획도 하고 해직자들과 아침 공부 모임을 했는데 교육 관련 책도 같이 읽고 토론하고, 대학 때 하지 못했던 공부를 하면서 교육과 교직을 다시 보게 됐어요. 듣고 싶은 강의도 들으러 다니며 때마다 조합에서 다양한 강좌를 열어 교사 교육을 했는데 그런 과정을 통해 재능이 늘었어요. 장구도 치고 연극도 하고 민요나 학급 놀이를 배우다 보니 아이들과 하고 싶은 게 많았어요. 1994년 복직을 하고 정말 신나게 가르쳤어요. 일주일이 모자랄 지경이었죠. 그러다 어느 날 아이들에게 가르치고 있는 것들이 백화점식이라는 생각이 들었죠. 하고 싶은 것에 급급하다는 생각도 들었어요. 가르치기 전 아이들을 먼저 알아야겠다고 생각한 건, 배운 것을 아이들에게 적용하면서 뭔가 어수선하다는 것을 느꼈기 때문이었어요.

초보 교사들이 흔히 잘못하거나 오류를 범하는 것 가운데 하나가 아이들을 보지 않고 자신이 준비한 것만 생각한다는 것이다. 혹자는 교사들이 가장 열심히 준비한 수업이 가장 실패할 확률이 높다고도 한다.

아이들의 상태와 성장 과정을 제대로 인지하지 못한 상태에서 자신이 준비한 내용만 가져갔을 때, 교사들은 좌절감과 낭패감을 맛보기 쉽다. 때로는 자신이 열심히 준비한 수업을 아이들이 따라오지 못한다고 화를 내기도 한다. 그동안 국가 교육과정이 가장 비판을 많이 받았던 이유가 교사로 하여금 학습 목표에 지나치게 집착을 하게 만든다는 것이었다. 차시별 학습 목표에서 자유로울 수 없었던 교사들은 늘 교과서에서 벗어나지 못하고 기능적으로 학생들을 가르치는 데 급급해 왔다.

> 몸으로 공부하는 시간을 많이 갖고 싶었어요. 걷다가 멈추어 시 쓰고 그림 그리고, 노래하고 춤추고 연극을 하는 일, 정말 좋잖아요. 낭만적이고 따뜻한 거, 일상의 자잘한 즐거움…… 이런 게 좋았어요. 유년기에 겪었던 따뜻하고 행복한 경험을 아이들과 나누고 싶었던 것 같아요.

강승숙

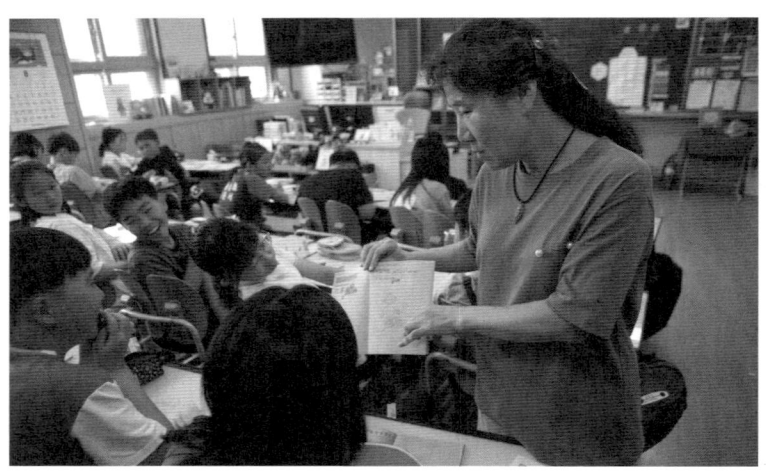

교과서라는 성역을 깨뜨리려는 교사들의 다양한 시도들이 있었다. 교육과정과 별도로 이벤트를 만들어 수업에 무관심한 아이들을 끌어들이려고도 했다. 그렇게 하다 보니 교사들의 교육과정은 점차 백과사전식이 되어 갔다. 강승숙은 이 지점에서 교사 교육과정에 앞서 아이들을 어떻게 읽어 낼 것인가, 그들의 요구와 바람은 무엇인지를 먼저 읽어 내야 한다는 것을 깨닫게 된다. 그가 아이들을 중심에 세우는 수업의 시작은 여기서 출발했다. 지난날 자신의 어릴 적 경험을 떠올리며 함께 살아가는 아이들을 위한 수업을 고민하고 실천하기 시작했던 것이다. 많이 가르치려 하기보다 아이들 생각을 묻고 곁에서 살아가며 가르치는 법을 터득하고 싶었다.

> 수많은 연수에 쫓아다니며 온갖 것을 배우다 보니 아이들을 만나면 이것저것 해 보고 싶은 마음이 일어난다. 하지만 지금 교육에서 필요한 일 가운데 하나는 지금 가르치지 않아도 될 것들을 과감하게 쳐 내는 일이다. 그리고 정말 꼭 가르쳐야 할 것들을 제대로 정성껏 가르치는 일이다. 이렇게 하려면 교과서에서도 가려낼 것은 가려내고, 교과서 밖에 있는 것도 필요하면 보태어 가르쳐야 한다. 교육에 대해 깊이 고민하고, 뚜렷하게 생각하고 있어야 한다. 혼자 힘으로는 어려운 일이기도 하다.
>
> - 강승숙(2003), 《행복한 교실》, 22~23쪽

전 아이들하고 점심 나들이를 하는데, 하고 나서 소감을 물으면 속이 다 후련하다고 해요. 내가 물어보는 게 처음에는 "아빠는

어떤 분이야?", "엄마는 어떤 분이야?", "4학년과 5학년 생활의
달라진 점이 있다면 뭘까?" 이런 거예요. 이런 질문도 하죠. "동
물에 비유한다면, 아빠는 어때?" "넌 뭘 좋아해?" "누구랑 모둠
하고 싶어?" "가장 도와주고 싶은 친구는 누구야?" "좋아하는 친
구는 누구야?" 이렇게 일문일답, 선생님과 묻고 답하기를 15분
정도 하는데 아이들이 자신에 대해 이런 대화를 한 적이 없어서
그런지, 아이들이 나들이를 하고 난 뒤에는 스트레스가 풀리고
너무 좋다고 해요. 때때로 아침에 일찍 온 아이들과 묻고 답하면
서 짬짬이 대화를 나누기도 하죠. 그렇게 아이들에게 묻고 알아
가면서 수업을 하면 이전과 달라요.

학급 운영은 수업의 마중물

꽤 오랫동안 '수업 개선'이라는 용어가 공립학교를 지배했던 적이 있
었다. 이제는 '수업 혁신'이라는 용어가 이 자리를 대신하여 자리를 차지
하고 있다. '수업 개선'이든 '수업 혁신'이든 기존의 수업을 바꾸어 좀 더
아이들을 수업의 중심에 두려는 것이다. 다만 교사의 수업의 대상이었던
아이들이 교사가 던져 준 수업 내용을 어떻게 효과적으로 습득하게 할
것이냐가 '수업 개선'의 핵심이었다면, '수업 혁신'은 조금 다른 결을 가
진 듯하다. 수업에서 아이들이 '배움'의 가치를 깨닫고 자발적으로 학습
의 중심에 서게 하는 것이 핵심이다. 이 과정에서 통합 교과 수업과 프로
젝트 수업이 전면에 등장하고 기존의 수업 지도안 양식과 틀이 파괴되기
시작했다. 일방적인 지식 전달이 아닌 활동 중심의 수업이 좀 더 가치를
인정받게 되면서 가만히 앉아 있던 학생들을 움직이게 하기 시작했다.

즉 교사가 무엇을 어떻게 가르치느냐에 대한 관심에서 학생들이 무엇을 배우고 있느냐로 시선을 옮기기 시작한 것이다. 많은 교사들은 이것을 '수업 혁신'의 한 양태로 받아들이고 있다.

아이들이 가족과 함께 지내는 시간은 짧고 교실에서 보내는 시간이 많잖아요. 지금도 저는 교실에 들어가는 순간, 아이들이 내가 하는 행동 모든 것을 배운다고 생각해요. 한 인간이 세상을 살아가는 방식을, 한 인간이 즐기는 방식을 배우는 거죠. 그래서 저는 공간을 꾸미는 것을 중시하고 무언가를 예쁘게 꾸미면서 일상을 보내는 것을 보여 주려 해요. 그런 것을 의식하면서 자연스럽게 저도 변하는 거죠. 아이들과 점심 나들이를 하는 이유도 밥을 먹고 산책을 하는 것도 좋구나 하는 걸 깨닫게 해 주고 싶었던 거예요. 이런 것들은 일상을 어떻게 보내야 하는지 배우게 하는 것이죠.

하지만 '수업 혁신'을 이야기하면서 잘 드러나지 않는 지점이 하나 있다. 그것은 바로 '학급 운영'이다. 공립초등학교에서 교사는 많은 교과를 혼자서 해결해야 하는 큰 부담을 가지고 있다. 교과 전담이 오래전부터 들어와 있지만, 이 두세 과목을 빼고도 여전히 많은 교과를 아이들과 수업해야 하는 교사들의 고충이 말이 아니다. 많은 부분을 국가 교육과정과 교과서, 교사용 지도서에 의지할 수밖에 없는 것이 현실이다. 그렇다 보니 어느새 온라인 업체의 도움을 얻어 수업을 진행하는 풍경이 일상화됐다. 아이들은 모니터를 바라보고 교사는 마우스를 클릭하며 진도 빼기 수업에 빠져든다. '수업 혁신'이라는 말이 무색하게 전국의 많은 교

강승숙

실은 아직도 이런 굴레에서 벗어나지 못하고 있다. 그럼에도 이런 딜레마와 모순을 극복하는 교사들에게는 공통적인 특징이 있다. 어려운 환경과 여건 속에서도 아이들을 위한 수업은 달라야 한다는 소신을 지니고 있다는 것이다. 이런 소신의 출발은 바로 관계와 수업의 바탕이 되는 학급 운영에서 시작한다.

> 내가 아이들을 가르칠 때 중요하게 생각하는 것은 시, 음악, 문학, 미술, 연극처럼 마음을 어루만지는 예술 공부와 몸을 움직여서 하는 일, 자연을 가까이하고, 함께 사는 친구를 아낄 줄 아는 공동체 공부들이다. 나는 이런 공부를 아주 값지게 생각한다. 요즘 아이들은 참는 마음도 모자라고 욕을 하거나 폭력을 쓰는 일을 아무렇지도 않게 여기는 경우가 많다. 하지만 아이들을 탓할 수는 없다. 갖가지 교과 공부에 치이면서 학교 공부를 겨우 마치고 난 아이들 앞에는 학원과 학습지가 버티고 있다. 그 사이사이에 아이들은 컴퓨터 게임을 하거나 텔레비전을 본다. 이런 아이들이 어떻게 따뜻하고 풍부한 정서를 지닌 아이로 자랄 수 있을까? 그래도 이런 아이들 마음을 풍성하게 해 주는 것이 예술과 자연, 몸으로 하는 공부, 서로 어울려서 사는 공동체 공부라고 생각한다.
>
> - 강승숙(2003), 앞의 책, 5쪽

무엇을 어떻게 가르칠 것인가는 이미 국가 교육과정과 교과서, 교사용 지도서에 드러나 있다. 우리는 이것을 충실히 전달하는 것이 곧 수업을 잘하는 것이라 여겨 왔다. 그러나 아이들의 삶을 무시하고서 일방적인 교육과정을 전달하고서는 이른바 '배움'으로 아이들을 이끌어 낼 수 없다. 수업에 앞서 교사가 살펴야 할 것은 아이들의 삶이다. 아이들에게 배움의 즐거움과 자신의 삶에 대한 관심을 가지게 하기 위해서는 교사가 아이들 곁에서 함께 살아 주어야 한다. 그들의 삶을 이해하고 인정해 주고 때로는 안내하며 격려해 주어야 한다. 초등에서는 이 지점이 매우 중요하다. 학급 운영의 무관심은 밋밋한 수업, 공허한 수업만 만들어 낸다.

> 아침에 시를 읽으면 괜히 즐겁고 편안해진다. 첫 시간부터 교과서를 펴고 공부를 시작하면 아이들은 '아, 또 공부 시작이다!' 하며 지겨워할 때가 많다. 더구나 아침 자습이라고 해서 수학 문제를 풀고, 학습지를 하다가 공부를 시작하면 더 재미가 없다. 그래서 나는 늘 국어를 첫 시간에 놓고 시를 서너 편 맛보면서 공부할 마음 준비가 되면 공부를 시작한다. 다 같이, 또는 나와 아이들이 한 행씩 나누어 가며 시를 외우다 보면 어쩐지 마음이 편안해진다. 시를 감상할 때면 아이들도 나도 즐겁다.
> - 강승숙(2003), 앞의 책, 29쪽

초등 교사에게 아이들과 교실에서 살아가는 일상의 교류와 소통은 너무도 중요하다. 학원처럼 학습만 진행되는 공간이 아닌, 아이들은 삶이 살아 있는 공간에 더 큰 관심과 호감을 갖는다. 교사와 아이들이 관계를 이어 가며 서로의 삶을 나누는 학급 운영은 일상 수업의 마중물이자 전제 조건이다. 이런 과정을 빼고 초등 교사의 수업을 관찰하고 논하는 것은 불균형할 수밖에 없다. 아이들 곁에서 교사가 함께 살아 주는 것이 곧 학급 운영이라는 강승숙의 생각은 그래서 매우 타당하다.

한번은 학교에 가는데 바람이 부드럽고 너무 좋은 거예요. 다른 수업을 하려다가 날씨가 너무 좋아서 "얘들아, 오늘은 밖에 나가서 시 공부하자" 했죠. 이런 걸 삶의 틈이라고 할까? 낭만성이라고 할까? '한 한기 한 권 읽기' 강의를 나가더라도 전 학급 운영 이야기를 해요. 전 선생님들이 낭만적이고 멋있어야 한다고 하죠. 그런 것들이 필요하다는 것을 말해요. 집에서 아빠 엄마가 갑자기 '여행을 떠나자!' 그런 것처럼 느껴지는 낭만. 학교 체육관 가다가 목련을 보고 나무에 대해서 이야기해 보자 하는 생각이 들어 그 수업을 하고, 탱자나무를 만나면 또 나무에 관한 책을 읽어 주고. 교사는 유년기 아이들에게 낭만적이어야 한다고 봐요. 교사의 경험을 들려주는 게 필요하죠. 일반적인 이야기 말고 유명한 사람의 이야기 말고 선생님인 나만의 이야기를 들려줄 수 있어야 해요.

동시로 아이들을 만나다

그의 교실을 들어서서 뒷자리에 앉자마자 한 학생이 교실 앞으로 나서는 모습이 보였다. 그 학생은 시를 소리 내어 낭송하기 시작했다. 그러자 자리에 앉아 있는 모든 학생들이 따라서 시를 낭송했다. 1학기 때부터 익숙하게 만나 왔던 모습이 고스란히 드러났다. 첫 시는 내게도 익숙한 박고경 시인의 〈첫봄〉이었다. "땅바닥을/ 텅!/ 내려디디면/ 물숙하니/ 들어가는/ 힘 나는/ 첫봄." 이 시는 강승숙이 동시 가운데 봄기운이 가장 잘 느껴지는 시라고 여겨 해마다 빠뜨리지 않고 읽는 시이기도 하다.

이를 이미 알고 있던 나는 아이들이 낭송할 때 따라 읊었다. 그랬더니 몇몇 아이들이 흠칫 나를 쳐다본다.

우리 아이들이 시나 좋은 문장을 많이 외우면 좋겠어요. 좋은 시나 문장을 경험하기 전에 서둘러 글쓰기를 하면 좋은 문장을 쓰기 어렵고 맞춤법도 많이 틀린다고 해요. 저는 개방적인 편이에요. 좋은 것이 있으면 도입해 보고 배우려고 하죠. 이런 게 옳고 저런 건 틀렸어, 뭐 이런 거에서부터 자유로워지려고 해요. 시 낭송을 시작할 즈음, 저는 외우는 공부를 조금 안 좋게 생각했어요. 하지만 시 낭송은 해 보고 싶었어요. 그래서 우선 아이들이 쉽게 외울 만한 시를 찾았어요. 〈첫봄〉이란 시도 그랬죠. 전 그 시가 너무 좋아요. 우리가 어릴 적에는 시멘트 땅이 아니라 맨땅이었잖아요. 겨울에 넘어지면 얼마나 아파요. 돌덩이잖아요. 그렇지만 봄날 녹은 땅을 밟을 때는 정말 말캉말캉하잖아요. 이 시에 '물숙하니'라는 표현이 들어가니 정말 좋더라고요. 이 시는 제 어릴 적 느낌을 잘 알게 해 주죠. 아이들에게도 그런 경험을 해 보게 하고 싶었어요. 시 교육을 하게 됐다는 게 실천 과정에서 제게도 의미 있는 큰 변화였죠.

그는 어릴 적 어머니를 떠올리며 30대부터 시와 그림책에 특히 관심을 가졌다. 시 교육은 그가 낡디낡은 책을 펴들며 소개한 《프랑스의 초등교육》에서부터 시작했다. 그는 이 책에 나오는, 초등학교 1학년 때부터 자기네 나라말이 가장 아름답게 잘 살아 있는 시를 골라서 아이들한테 읽고 외우게 한다는 대목에 주목했다. 그렇게 시를 공부하면서 자연스럽게 아이들은 아름다운 모국어와 민족 정서를 배운다는 것이다. 물론 우리나라에서도 어릴 적부터 시를 만나고 외우게 하지만, 그는 그 시들이 정말 아이들에게 적합한 시인지에 대해 의문을 품는다. 그저 아이들을 귀여운 대상으로만 여겨 말 재미나 교훈만을 앞세우는 시가 많았기 때문이었다. 시에서 재미있는 말을 찾는다며 개념화된 의성어나 의태어를 되풀이해서 가르치는 등 당시만 해도 저학년이나 고학년이나 그 내용엔 큰 차이가 없었다. 아이들 못지않게 교사들도 시를 만나면서 진정으로 재미있어하거나 마음을 열고 즐기지 못하고 있었다.

처음에는 그도 주입식 폐단으로 여겨지는 암기식 교육의 문제와 자신의 어릴 적 불편한 기억으로 시를 외우는 데 부정적이었다. 구구단과 국민교육헌장을 줄기차게 외워야 했다. 그렇지 않으면 혼이 나고 매를 맞았다. 그의 이런 기억은 교사가 되면서 외우는 공부를 터부시하도록 했다. 그러나 《프랑스의 초등교육》을 읽고 나서는 재미를 느껴 자꾸 읽다 절로 외워지는 시라면 아이들과 즐기고 싶다는 생각을 들었다. 이런 바람은 겨레아동문학연구회에서 엮은 〈겨레아동문학선집〉이 나오면서 이루어졌다. 10권 가운데 9권 《엄마야 누나야》와 10권 《귀뚜라미와 나와》가 동시집이었고 이 시집이면 충분히 아이들과 시를 외우며 즐길 수 있어 보였다. 2000년 인천주안남초등학교에서 4학년 아이들을 가르치며 그는 본격적으로 시 교육을 시작했다.

아침 시간에 '시 맛보기'라고 해서 동시 한 편을 칠판에 써 주었다. 아침 시간이 넉넉한 날은 내가 칠판에 시를 쓰면서 아이들도 같이 쓰게 했고 그렇지 않은 날은 전날 써 둔 시를 보고 쓰게 했다. 시를 쓰고 나서 늘 속으로 세 번 읽고, 떠오르는 생각이나 느낌을 공책에 쓰고 싶은 만큼 쓰게 했다. 느낌 쓰는 것을 귀찮

강소주

아하는 아이들도 있다. 그럴 때는 그냥 놔둔다. 하지만 가끔은 한두 줄이라도 꼭 쓰게 하고 하나하나 검사했다. 모두 시를 쓰고 느낌까지 쓰고 나면 같이 읽고 느낌을 나누었다.

- 강승숙(2003), 앞의 책, 29쪽

그는 어른 시는 너무 어렵고 아이들의 시로 공부가 가능하다는 생각을 한다. 그는 초등 국어 교육이 지나치게 기능화되어 시를 시답게 만나지 못하는 문제를 비판적으로 인식해 대안을 찾아 적용하고 있다. 현 초등 국어 교육은 성취 기준과 학습 목표 중심으로 언어 기능을 익히는 데 중점을 두고 있다. 그렇다 보니 텍스트에 대한 전체적인 맥락을 생략하고 간단한 전략으로 정답을 찾아가는 방식을 택하는 것이 일반적이다. 국어 교과에 대한 안목이나 전문성이 부족하게 되면 교사들은 이런 방식을 그대로 수용할 수밖에 없다. 시를 시답게 만나지 못하는 것이다. 기능을 익히기에 적합한 시이다 보니 재미가 없거나 맥락 없이 등장하는 경우가 잦아지면서 아이들이나 교사도 시 수업에 흥미를 잃어버리기가 쉽다. 그는 이런 점을 극복하고 시를 시답게 만나게 하기 위해, 시어가 주는 가치를 깨닫게 해 주기 위해 시를 낭송하게 하고 외우게 하는 일을 일상에서 수업으로 이어 갔다. 시 교육과 관련해 그는 교실에서 목격했던 놀라웠던 한 장면이 잊히지 않는다고 했다. 한 해 전 가르쳤던 아이들이 다른 친구들에게 자신의 시 수업을 자연스럽게 전파하고 있었던 것이다. 그는 새삼 깨달았다. 시를 단순히 읽고 분석하는 게 중요한 게 아니라는 것을. 일상에서 시를 만나고 시를 낭송하는 과정에서 시가 아이들 삶의 일부가 될 수 있다는 것을. 그런 점에서 시 수업은 의미가 더 컸다. 하나의 수업이 아이들의 삶을 파고들어 하나의 문화가 되어 가는 경험. 유년기의 이런 경험은 아이들에게 큰 의미가 될 수 있다.

❝

지난해 강원도 주문진에서 같이 근무하던 한 선생님이 메시지를 보내왔어요. 과학 시간에 금붕어를 어항에 넣으면서 관찰하는 수업이었는데, 제가 가르쳤던 아이들이 금붕어 시를 함께 낭송하더라는 거예요. 그 모습에 선생님이 감동을 해서 메시지를 보내신 거죠. 어떤 상황에서 어떤 시를 떠올릴 수 있다는 거, 시를 아이들이 자연스럽게 떠올릴 수 있다는 거, '이게 정말 멋진 일이구나' 하는 생각이 들었죠. 우리 반 아이가 한번은 '나도 선생님처럼 선생님이 되어서 책을 읽어 주고 싶다'고 하는 이야기를 하는데 너무 좋더라고요. 유년기 때는 무엇을 배워서 하고 싶어 하는 마음이 들게 하는 게 매우 중요하다 싶어요.

❞

삶과 문학으로 수업 만들기

그가 그림책을 벗하며 지내온 지도 20년 남짓이 되었다. 그의 두 번째 책 《선생님, 우리 그림책 읽어요》는 10년 전, 마음에 끌리던 책을 아이들에게 읽어 주기 시작하면서 교사인 자신도 성장한 이야기를 담고 있다. 2000년 초만 해도 우리나라에서 그림책은 쉽게 만나기 어려웠다. 그는 우연히 그림책을 소개하는 책 한 권을 읽게 된다. 마쓰이 다다시가 쓴 《어린이 그림책의 세계》였다. 그는 이 책에서 본 《100만 번 산 고양이》라는 그림책을 여러 날 만에 어렵게 찾고 설레던 그날의 기억을 지금도 잊을 수 없다. 너무도 기쁜 나머지 뒤표지 안쪽에 달린 색종이로 주인공 고양이를 접어 책상에 고이 얹어 놓기까지 했다. 그는 다음 날 바로 아이들에게 그 그림책을 읽어 주게 된다. 가슴 두근거리며 재미있게 본 그림책을 아이들에게 읽어 주었을 때의 반응은 기대 이상이었다.

> 어린이도서연구회에 활동을 하는 친구한테 《수호의 하얀말》,
> 《두루미 아내》를 처음 소개받고 너무 좋았어요. 그즈음에 마
> 쓰이 다다시 책을 보다가 《100만 번 산 고양이》에 꽂혀서 찾아
> 다녔는데 한국에 출판돼 있다는 데도 찾기 힘들더라고요. 근데
> 그게 어느 서점 색종이 코너에 있는 거예요. 절실하게 찾은 터
> 라 너무 기뻐서 빨리 아이들에게 읽어 주어야겠다 싶었죠. "선
> 생님, 너무 짱이에요." 이런 소리를 듣는데, 그때 아이들이 주는
> 행복감은 대단했어요.

강승숙

　그가 그림책을 선정하는 기준은 단 하나다. 그것은 바로 자신의 감
정을 얼마나 흔들어 놓느냐 하는 것이다. 그래서 그는 다른 이의 서평보
다 자신의 기준으로 목록을 만들어 놓는다. 그리곤 아이들에게 들려주
고 보여 주는 과정을 즐긴다. 주말만 되면 서점에 가서 종일 그림책을 보
던 시절, 그는 외로웠다. 하지만 그때가 그에게는 자신을 변화시킬 수 있
는 시절이기도 했다. 교사 전문성을 이야기할 때, 다분히 수업 기술적인
측면만을 강조하고 다루었던 적이 있었다. 지금도 크게 다르지 않지만,
기술적인 측면만으로 교사의 능력을 판단할 수는 없다. 교육 내용의 선
택에 대한 안목이 수업을 기획하는 선결 조건이기도 하기 때문이다. 그
런 뜻에서 그가 그림책의 선정 기준을 자신의 안목으로 정하고 자신만
의 그림책 목록을 만들어 가는 것은 매우 주목할 만하다. 교사가 교육과
정을 비판적으로 해석하고 자신의 교육과정을 만들고 수업을 기획하는
일은 어쩌면 자연스럽고 당연한 일이지만 쉬운 일도 아니다.

❝

어떨 땐 '강승숙이 책을 소개했는데 별로더라'는 말을 듣기도 해요. 그런데 그건 당연해요. 누구나 자신이 좋아하는 색깔, 스토리가 있기 때문이죠. 내가 가진 느낌이 무엇인가를 아는 게 중요한데, 사실 그것도 완벽하진 않죠. 어쨌든 나만의 책 목록을 갖는 건 중요하다고 생각해요. 그래서 교사 자신만의 방식으로 단원을 구성하는 것이 필요하죠. 처음 시작은 그야말로 마음이 움직이는 대로 그렇게 해 왔어요.

❞

최근 국어 교육과정에서는 적지 않은 변화가 있었다. 초·중·고 전 국어 교육과정에 '한 학기 한 권 읽기'라는 이름의 독서 단원이 들어왔기 때문이다. '한 학기 한 권 읽기'가 다분히 중등의 상황을 고려한 것이라 초등에는 어울리지 않는다는 비판을 받고 있기도 하다. 하지만 맥락이 잘려 나간 작품으로 기능적 언어 학습을 하던 국어 수업에 변화가 시작된 것은 분명하다. 현장 교사들은 지난 2년간 무수한 사례들을 쏟아 내기 시작했다. 주로 어떤 작품을 어떻게 읽고 어떻게 실천했다는 내용들이 많다. 시와 그림책, 동화책을 국어 수업의 가장 큰 재료로 삼고 있는 그에게도 이런 변화는 긍정적이다. 그러나 우려도 있다. 활동 위주의 국어 수업이 자칫 문학을 깊이 있게 만나는 경험을 아이들에게서 뺏을 수 있다는 생각 때문이다. 책을 읽는다는 것은 타인의 삶을 이해하고 공감하는 데 가장 큰 목적을 두어야 한다는 것이 그의 생각이다.

❝

《리본》이란 그림책을 볼 때였죠. 표지를 가리키면서 아이들에게 "뭐가 떠오르냐? 뭐 같냐?"며 생각을 나눴어요. 그리곤 첫 쪽에 나오는 풍선이라는 낱말과 함께 나온 그림을 보면서 "이 사람이 풍선을 왜 넣었을까?" 하고 물어봤어요. 아이들은 '소망' 이런 거 얘기하다가 떠오르는 낱말도 말하도록 했더니 곡예사가 줄 타기하는 장면에서 '균형'이라는 말도 하는 거예요. 그랬더니 한 아이가 이 사람은 균형을 잡지 못하면 떨어지는데, 자신은 동생 과 균형이 필요하다는 생각이 났다는 거예요. '아, 아이들과 그 림책을 함께 읽어 보면서 이런 얘기도 나눌 수 있구나' 하는 생 각을 했죠. 처음에는 그림에 대해 단순한 생각이 떠올랐겠지만, 묻고 답하는 대화를 통해서 생각을 더 하게 돼요. 발표가 아니 라 대화가 중요하다고 생각해요. 나중에는 탈출이라는 낱말과 그림에서 "무엇으로부터 탈출이지?" 하고 물었죠. 그러자 아이 들은 "학원으로부터 탈출이죠" 하는 거예요. 이렇게 생각을 이 어 갔죠. 마지막에는 "작가가 풍선으로 시작해서 여행을 마지막 단어로 선택했는데 왜 그랬을까?" 하는 질문도 던졌죠. 책 한 권으로 계속해서 질문하고 이야기를 나눌 수 있었어요. 이게 전 더 중요하다고 봐요.

요즘 그가 즐겨 아이들에게 책을 읽어 주는 방식은 아이들이 책을 읽으면서 자유롭게 글과 그림으로 표현하게 하는 것이다. 그의 교실을 찾았을 때, 시 수업 이후에 펼쳐진 장면은 교사의 책 읽어 주기였다. 그 가 읽어 주는 책을 아이들은 들으면서 공책에 낙서하듯, 머릿속을 떠도 는 책 이야기의 잔상들을 글과 그림으로 나타내고 있었다. 한쪽 가득 구 획을 지어 떠오르는 생각이나 책의 내용을 요약해 글과 그림으로 표현 하는 과정은 처음 보는 나로서는 낯설고 이해가 잘 되지 않았다. 그러나 아이들은 오랫동안 해 온 탓인지 매우 익숙했고 교사가 앞서 나가며 읽을 때는 잠시 중단해 달라는 요청을 하기도 했다. 그러면 그는 잠시 멈춰 아이들이 읽은 것을 정리하도록 시간을 주었다. 이렇게 읽고 나서 아이들이 표현한 공책의 내용을 바탕으로 이야기를 나누기 시작했다. 그의 깊이 있는 책 읽기는 아이들에게 책을 읽어 주는 데서부터 시작이 된다. 한 차시 분량의 책을 읽고 곧바로 다양한 활동으로 이어 가는 방식이 그에게는 그저 불편하고 마땅치 않아 보였다.

문학 작품의 핵심은 감동, 즉 아이들이 정말 깊이 있게 느끼는가가 중요한데, 정작 거기에 다다르지 않고 다른 활동을 해 버린다면 진짜 문제라는 거죠. 아이들에게 책을 읽어 주면서 느낀 게, 많이 읽는 게 중요한 게 아니라, 잘 읽는 게 중요하구나 하는 거였어요. 요즘 혼자서 책을 읽게 하면 15분도 채 지나지 않아서 다 읽었다는 아이들이 많아요. 그래서 더욱더 읽어 주고 쓰게 하는 활동을 강조하는 것이 아이들에게 좀 더 의미 있지 않을까 하는 생각이 들어요.

그가 그림책으로 아이들을 만나는 모습은 비단 한 교실의 아이들에게만 국한되지 않았다. 때로는 그림책으로 다른 반 아이들을 만나며 관계를 맺기도 했다. 일상에서 시와 책을 읽어 주며 수업을 확장시켜 나간 그의 실천은 2004년으로 거슬러 올라간다. 그는 우연히 알게 된 이웃 반의 아이에게 그림책을 만나게 했다. 옆 반 '은미(가명)'는 아이들 사이에 '전따'로 통하던 아이였다. 6학년이나 된 다 큰 아이에 대한 연민을 감출 수 없었던 그는 그 아이와 덜컥 점심 때 도서관에서 잠깐 만나자는 약속을 해 버린다. 바쁜 일로 조금 늦게 찾아간 도서관에서 두리번거리며 애타게 자신을 찾는 은미가 보였다. 그는 책장에서 보이는 대로 집은 그림책 한 권을 읽어 주었다. 하지만 은미는 다 읽어 줄 때까지 아무런 감정을 보이지 않았다. 그는 또 하나의 약속을 한다. 졸업할 때까지 월요일마다 그림책을 함께 보자는 약속을. 옆 반 담임에게는 은미에게 도움을 주고 싶다는 뜻을 전했다. 그리곤 그는 꾸준히 은미와 책을 읽었다.

이후, 그는 진정한 공부는 우리 앞에 놓인 문제를 풀어 가는 거라는 말을 건네며 담담하게 은미와 약속한 사정을 반 아이들에게 알렸다. 그러자 조금씩 아이들이 달라져 갔다. 은미도 함께 달라져 갔다. 그와 은미는 책 읽는 시간을 졸업할 때까지 단 한 번도 어기지 않았다. 은미는 스스럼없이 그에게 그림책에 대한 소감을 짧게나마 말로 표현할 수 있었고 책이 재미있다며 좀 더 나아질 관계를 허락했다. 수업은 이렇게 아이들에게 삶으로 다가가야 하지 않을까? 이것이 곧 수업이지 않을까? 그는 수업이라는 것이 아이들과 함께하는 모든 시간에 걸쳐 이뤄진다는 것을 너무도 잘 보여 주었다. 이 모든 것이 그림책의 힘이었다고는 하지만, 그림책으로 어려운 처지에 있는 아이들에게 연민을 가지고 돕고자 하는 교사의 노력과 관심이 없었다면 결코 이루어 낼 수 없는 풍경이었다.

수업에서 예술이 갖는 힘

강승숙은 예술에 관심이 많다. 유년기에 노래와 춤, 연극을 사랑했던 어머니의 영향이 큰 것은 분명하다. 5학년 때까지만 해도 교탁에 올라 춤을 출 정도였다고 하니 그의 예술에 대한 감성과 관심이 교사가 되어서 수업으로 이어지는 것은 어쩌면 당연한 것인지도 모른다. 흔히 수업은 그 자체로 하나의 예술이라고 한다. 하지만, 수업에 예술을 들여오는 것, 교육과정과 수업에 예술을 담아내는 일은 전혀 다른 차원이다. 학고에서 음악, 미술, 연극과 같은 예술 과목은 주요 교과로 일컬어지는 국어, 수학, 사회, 과학, 영어를 보완하는 역할에 그친다. 예술이 무엇을 하는 과목인지 정확하게 짚어 내지도, 읽어 내지도 못하고 있는 것이 현실이다. 이와 관련해 제시카 호프만 데이비스는《왜 학교는 예술이 필요한가》에서 교육에 예술을 포함해야 한다는 주장을 편다. 그것은 예술이 다른 종류의 학습에 기여하기 때문이 아니라, 다른 과목들에서 배울 수 없는 것을 배울 수 있는 기회를 제공하기 때문이라는 것이다. 강승숙은 이런 지점을 놓치지 않았다.

> 춤을 배우다 보니 자연스레 수업에 춤이 들어가기 시작했다. 내가 좋아하다 보니 교육과정에 나오지 않더라도 스트레칭이나 몸풀기로 우리 춤사위를 가르치곤 했다. 그러니 교육과정에 춤이나 리듬, 몸짓이 학습 주제로 나올 때는 놓칠 리 없다. (……) 아이들을 가르치면서 교육에 대한 공부도 하고 동화도 많이 읽고 글도 꽤 썼다. 그런데 가만히 생각하면 내가 정말 좋아하는 일은 공부나 글을 쓰는 것보다는 몸짓 쪽이 아닐까 생각한다. 그만큼 몸짓을 하면 즐겁고 행복하다. (……) 앞으로는 아이들을 만나면 우리 춤을 더 가까이 느끼게끔 잘 가르치고 싶다. 색색의 천이나 한지를 가지고 움직임을 표현해 보고 싶기도 하다. 말이나 글로 충분하지 않은 아이들에게 몸짓으로 자신을 드러낼 시간을 만들어 주고 싶은 마음도 있다.
> - 강승숙, 〈춤을 배우다, 몸짓놀이를 즐기다〉, 《어린이와 함께 여는 국어교육》, 2013년 봄호, 138~147쪽

제시카 호프만 데이비스는 교육 내 예술arts in education의 사례를 예술기반교육, 예술통합교육, 예술주입교육, 예술포함교육, 예술확장교육, 예술전문교육, 교과 외 예술교육, 미적교육, 아츠쿨투라arts cultura 이렇게 9가지로 나누어 놓고 있다. 이 가운데 강승숙의 시도는 예술통합교육arts integrated education에 가깝다. 때때로 아츠쿨투라 요소도 발견이 되는데, 이 용어는 제시카 호프만 데이비스가 만들어 낸 말이다. 교사들이 학생들에게 문화에 대한 다양한 해석을 소개하고 타인과 자신의 관계와 차이를 발견하고 표현해 볼 기회를 주고자 예술을 활용하는 것을 뜻한다. 여기서 예술통합교육은 어려움에 처한 학교의 개혁과 개선 과정에서 예술 교육을 존중하는, 근래에 가장 유망한 교육과정 운영 수단으로 언급된다. 예술통합교육에서 예술은 다른 비예술 과목들과 연합하여 동등한 역할을 함으로써 조화를 이루는 것이다.

연극단에서 시를 가지고 예술가와 아이들과 선생님이 직접 참여해서 몸과 이미지로 즐기는 활동을 해 보았어요. 이것을 수업으로 가져오게 된 것은 예술 쪽의 다양한 사람을 만났던 것이 계기가 된 것 같아요. 교사 연수도 이렇게 기획해 보면 좋겠다 싶었고요. 교사들이 예술가를 만나는 것이 신선한 자극이 되겠다는 생각도 했어요. 저도 다큐멘터리, 콜라주 같은 것에 관계하는 작가들을 만나 경험하면서 아이들과 책 읽기 수업에서 이것을 어떻게 자연스럽게 버무려 낼 수 있을까 고민을 했거든요. 한번은 동화책《여우의 전화 박스》를 읽었는데, 그다음이 음악 시간이었어요. 문득 저는 엄마 여우가 너무 안타까워서 '엄마 여우'를 위한 음악회를 하자고 제안했죠. 5분 또는 10분 안에 가엾은 엄마 여우를 위로할 음악을 고르고 연주회를 준비하는 거예

요. 〈할아버지의 시계〉에 의미를 부여해서 연주를 하는 모둠이
있었는데 참 인상 깊었어요. 다른 모둠도 저마다 감동을 줄 만한
선곡을 하고 그럴듯한 설명을 덧붙였어요. 쉬는 시간이 되면 아
이들이 "선생님 그런 거 할 생각 어떻게 했어요?", "미술하고 춤
하고 어떻게 연결할 수 있었어요?" 하고 묻기도 해요. 저는 이런
과정이 시라고 생각해요. 아이들이 생각하지 못한 것들을 연결
시키고 다르게 보고 다르게 생각하는 것이 시잖아요. 음악으로
인물을 위로할 수도 있구나, 한 인간을 위로하는 방식이 참으로
다양하구나 하는 걸 아이들이 느낄 수 있다는 게 전 좋아요.

●●

그가 수업에 예술을 끌어들일 수 있었던 것은 그만큼 관심을 갖고
공부를 하기에 가능한 일이다. 그는 10여 년 전부터 지금까지 꾸준히 춤
을 배우고 있다. 주변에 연극을 공부한 선배가 있는 덕에 연극 공부도 할
수 있었다. 학습연구년을 할 때는 오카리나나 냅킨 아트를 배우기도 하
고 재봉 기술을 배워 자신의 몸에 맞는 바지를 만들어 입기도 했다. 춤,
연극, 미술은 그가 예술을 교육과 수업으로 끌어들이는 힘이 돼 주었다.
최근에는 온작품 읽기 관련 연수를 하는데, 예술가들과 접목을 해서 연
수를 직접 기획하고 강의를 하기도 한다. 단순히 읽기 사례를 발표하는
강의가 아니라, 문학과 예술의 만남을 통해 좀 더 풍성한 경험을 교사들
에게 전해 주려 한다. 이런 노력은 그대로 자신의 수업으로 이어지며 깊
어졌다.

어린이들은 움직이는 걸 좋아해서 체육이나 연극을 아주 좋아
하잖아요. 어린이들이 노래할 때 보면 몸짓이 절로 나올 때가
많아요. 교육과정에 연극이 들어와서 참 다행스러워요. 어렸을
때 라디오에서 음악이 나오면 엄마와 아빠가 함께 춤을 추고 그
러셨어요. 그런 모습을 보면서 우리 집은 행복하구나 느꼈던 거
같아요. 어쩌면 그런 기억 때문에 춤을 좋아하고 배우는지도 몰
라요. 그동안 태평무와 부채춤을 배웠고 이제 살풀이를 시작하
고 있어요. 우리 전통 문화를 배우고 싶은 것도 있고 건강에도
좋을 것 같아 하고 있어요. 초등 교사는 우리 문화와 관련해서
음악이든 춤이든 한 가지쯤 배우면 좋겠다는 생각을 해요.

강승숙

　　그는 《어린이와 함께 여는 국어교육》 2013년 가을호에서 이제는 국
어과가 아닌 교과 통합으로 하는 예술 수업에 더 깊은 관심이 있다는 언
급을 한다. 그림책 만들기와 전시회, 시 낭송 수업과 리듬 표현 수업을 하
는 과정에서 예술적 요소를 더욱 풍부하게 결합하는 방식에 더 관심을
가지고 고민을 하게 됐다는 것이다. 이 밖에도 그는 그림자극과 연극, 춤
을 비롯한 다양한 공연을 아이들과 함께 만들면서 아이들이 예술을 사
랑하고 찾아가는 마음을 갖기를 기대하고 있다. 이와 같은 기대는 그의
교실에서도 그대로 구현되고 있다. 아이들이 5학년 국어 교과서에 실린
시 〈벽〉을 암송하면서 모둠별로 시 내용을 자유롭게 해석해 몸짓으로
표현하며 시를 낭송하게 하는 모습이 바로 그러했다. 거리낌 없이 몸짓
을 하며 시를 암송하는 아이들의 모습은 무척이나 자연스럽고 즐거워 보
였다.

"

책을 읽고 감상 활동을 할 때, 미술과 음악, 춤을 연결하기 위해 많은 고민을 했어요. 옷에 관심이 많기도 하지만 제가 옷 가게를 늘 유심히 보는 이유는 낯설지만 괜찮은 조합을 가진 옷을 보고 싶어서예요. 한번은 청바지에 진주와 고급 레이스가 달린 것을 보았어요. 어울리지 않는 조합이고 조금은 이질적인 부자재가 만났는데도 괜찮아 보였어요. 교육에서 아이들에게 이렇게 다른 조합을 전달하는 것은 어떨까요. 시를 감상하면서 아이들에게 어떤 부분만 바디 퍼커션Body Percussion으로 표현하라고 주문을 할 때가 있어요. 그 밖의 것은 아이들이 스스로 표현하게 하지요. 이렇게 하면 교사도 아이들도 재밌어요. 아이들이 이번 음악 시간에는 어떤 거 할 거냐고 묻기도 해요. 우리는 고등학교 때까지 많은 것을 배우는데 그런 것들을 쓸 수 있는 방법을 제대로 배우지 못했어요. 연극 놀이를 배우면 사회나 국어, 음악 시간에 써야 한다고 아이들에게 말해 주죠. 배운 것은 써먹자고 해요.

"

그는 예술을 교육과 수업에 접목시키기 위해서는 교사가 먼저 마음을 열고 세상과 만나야 된다고 생각한다. 교사들끼리만 소통하고 이야기하는 공부는 그 세계에만 머물게 해 진정한 통합 교과 수업을 할 수 없게 한다고 여긴다. 그가 어린 시절 생계가 어려워 어머니를 따라 과자 공장에서 일을 했던 것, 어머니랑 옷 장사를 했던 것, 야학을 하며 다른 세상을 사는 사람들과 살았던 것, 등록금을 벌기 위해 공장에서 일하며 단순노동에 대한 의미 있는 체험을 했던 것. 이 모든 것이 그에게는 세상을 좀 더 깊이 만날 수 있었던 큰 경험이었다. 이후, 책을 펴내고 기획하면서 출판사 사람들을 만나고 문화재단과 일을 하면서 예술가를 만나는 경험은 교육과 수업에 예술을 접목하는 데 큰 영향을 미쳤다. 그의 수업에서 예술이라는 영역이 힘을 발휘하고 감동적인 역할을 수행하는 데는 이 같은 경험과 만남이 있었다. 그가 아이들에게 한 말처럼 그는 수업에서 예술을 바로 써먹고 있었다.

즉흥과 변주가 가득한 낭만 수업

이번에는 엄마를 기다리느라 고생을 한 우리 아가를 위해 몸짓이나 선물을 하는 시간을 갖겠습니다. 지난번 《종이 봉지 공주》의 주인공 '엘리자베스'에게 선물을 주었듯 우리 아가를 위해 선물을 준비하기 바랍니다. 모둠별로 친구 하나는 아가가 되고 나머지 친구들은 선물을 주는 역할을 하면 됩니다. 5분 뒤 발표를 시작하겠습니다.

- 강승숙, 〈『엄마 마중』, 춤 워크숍에서 수업까지〉, 《어린이와 함께 여는 국어교육》, 2015년 겨울호, 59쪽

그림책 《엄마 마중》으로 수업을 하는 과정에 강승숙은 아가 역할을 맡은 아이를 의자에 앉힌다. 그리고는 다른 친구들에게 한 명씩 나와 몸짓으로 선물을 주도록 안내한다. 교사가 먼저 선물을 건네는 시늉을 한다. 목도리를 푸는 흉내를 낸 뒤 아가 목에 천천히 둘러 주고는 잘 매만져 주는 것이다. 배경 음악으로는 이원수의 시에 백창우가 곡을 붙인 〈어디만큼 오시나〉가 흘러나온다. 아이들도 하나씩 나와 장갑이나 외투를

선물하고 때로는 바나나 껍질을 벗겨 선물을 건네는 등 웃음을 자아내는 아이디어도 등장한다. 때로는 따끈한 군고구마, 코코아를 선물로 건네기도 해 기대 이상으로 신선하고 정겨운 풍경이 연출된다. 그중에서 가장 감동적인 장면은 아가를 맡은 아이의 손을 잡고 마침 이 수업을 참관하러 온 어머니에게 조심스럽게 데려가는 모습이었다.

그 장면에서 모든 이들이 탄복한다. 그렇게 선물을 다 받고 난 아가는 친구들에게 고마운 마음을 전하며 마무리하는 수업으로 이어진다. 수업이 끝날 즈음에는 아이들 모두가 리코더를 들고 참관하러 오신 어머님들을 향해 둥글게 서 〈어머님 은혜〉를 연주한다. 작은 공연 같은 수업은 즉흥과 변주가 가득했다. 그의 수업은 철저하게 계산된 것이라기보다 오랫동안 익숙해져 있는 아이들의 생각과 몸짓에 믿고 맡기는 형식을 취한다. 한 해 동안 아이들에게 기대한 모습을 이끌어 내려 한다.

그는 아이들이 글을 읽고 생각한 것을 다른 친구들과 말로 나누고 글로 쓰고 몸짓으로 표현하길 바란다. 특히 그림과 노래, 연주, 연극으로 드러내도록 끊임없이 안내하고 지도를 한다. 교사의 발문과 안내는 어느새 자연스럽게 아이들 몸속으로 들어와 바깥으로 흘러 나간다. 말과 글, 몸짓으로 드러나는 순간, 수업은 그 자체로 예술이 된다. 그에게 수업에서 예술은 이런 것이다. 아이들 삶이 예술을 만나고 삶 자체에서 예술이 온몸으로 드러나게 하는 것. 유년기의 이런 경험을 통해 아이들이 어른이 됐을 때 좀 더 윤택하고 풍요롭기를 바라는 것. 유년기의 경험이 행복을 찾아가는 데 작은 도움이라도 되길 바라는 것. 그는 교사의 전문성이 단순히 교과 지도에만 머물 수는 없다고 생각한다.

교사에게 수업 기술 못지않게 중요한 게 어린이의 정서를 이해하는 거라고 생각해요. 어린이들에게 무언가를 좋아하게끔 안

강응숙

내하고 격려하고 자극하는 것이 교사의 중요한 일인 거지요. 노래를 좋아하고 책을 좋아하고 글쓰기를 좋아하는, 그러니까 좋아하는 데 방점이 있는 거예요. 기운을 주고 격려하는 수업이 아이들에게 정말 필요해요. 사회가 어렵지만 한번 해 보자, 어색하지만 힘내서 연극으로 표현해 보자, 이렇게 하는 거지요. 이게 바로 기능이나 지식이 아닌 정서로 어린이를 만나는 거라고 생각해요.

그의 첫 공개 수업은 1984년, 첫 발령지였던 인천 학익동초등학교로 거슬러 올라간다. 미술 수업을 앞두고 지도안 결재를 받으러 교감을 찾아갔던 날. 그는 지도안 결재를 거부당한다. 학교에서 정해 준 틀과 형식을 따르지 않았다는 이유 때문이었다. 다시 쓰라는 교감의 지시를 그는 쉽게 받아들일 수 없었다. 그는 교감을 쫓아가 지도안을 다르게 짠 까닭을 설명하며 연구 수업은 새로운 시도를 하는 거라는 생각으로 지도안 형식도 수업에 맞게 바꿀 수 있는 거라는 주장을 내세웠다. 그러나 "고치라면 고치지 무슨 말이 많아!"라는 교감의 큰소리에 놀라 어쩔 수 없이 수업안을 고쳐 수업을 해야만 했다. 하지만 여전히 그의 수업안은 일정한 틀이나 형식에 얽매이지 않았다.

그 까닭은, 언제 어디서든 수업의 흐름을 바꾸며 즉흥과 변주에서 빚어지는 감동을 맛보고 싶기 때문이다. 그러나 이러한 즉흥과 변주는 수업의 재료가 되는 내용에 대한 교사 나름의 분석과 이해, 안목이 선결 조건이다. 무작정 즉흥적으로 수업을 한다고 아름다운 변주가 이어지는 않는다. 2002년에 했던 공개 수업에서 스스로도 만족했던 수업은 현덕의 동화 《너하고 안 놀아》에 대한 그의 이해와 안목이 있었기 때문이었다. 그는 이 동화책을 교과서 밖 문학 작품 텍스트로 정했다. 이

책에 등장하는 인물들이 다양한 상황에서 입체적으로 자신을 드러내면
서 아이들에게 감동을 주고 있기 때문이었다. 그가 보기에 수업 제재로
제격이었다. 이 수업을 위해 그는 공개 한 달 전부터 책 속에 담긴 작품
37편 가운데 33편을 아이들에게 읽어 주었다. 그리곤 수업 당일 남은 네
편 가운데 한 편을 읽어 주려 했다. 수업 전날, 그는 칠판에 색분필로 커
다랗게 주인공 노마를 그려 놓고는 하얀 종이로 가려 놓는다.

이야기를 다 읽고 방금 읽은 '실수'에 노마의 어떤 면이 나타났
는지 이야기를 나누었다. 그리고 노마를 탐구하기 위해 모둠이
남긴 이야기 세 편을 연극으로 꾸며 이야기를 더 나누었다. 그리
고 마지막 단계로 칠판에 붙인 종이를 떼고 커다랗게 그려 놓은
노마를 보여 주었다. "와!" 하는 탄성이 터져 나왔다. 그림이 제
법 그럴듯했던 것이다. (……) 아이들은 그동안 읽었던 이야기를
떠올리며 노마의 갖가지 면을 찾아내고 발표했다. 어느새 노마
그림 옆에는 말풍선이 가득했고 우리는 노마의 다양한, 입체적
인 모습을 확인하고 정리할 수 있었다. 이 수업은 의도하지 않았
는데 뜻밖에 좋은 결과를 얻게 된 수업이다.

- 강승숙, 〈수업, 퇴임하는 그날까지〉, 《어린이와 함께 여는 국어교육》,
2013년 가을호, 163~164쪽

기능적인 교과 수업을 넘어 수업의 내용을 어떻게 재구성하여 아이
들과 만날 것인가에 대한 고민이 한창인 시절이 있었다. 그러다 '혁신'이
라는 용어가 등장하고 '혁신학교'가 정책적으로 추진되면서 다양한 형
태와 형식의 수업들이 만들어져 갔다. 이제는 평가까지 생각해야 한다고

하고 교사들에게 교육과정 문해력을 이야기하고 있다. 성취 기준에 따른 교육과정 재구성에 이어 평가와 기록까지 일체화시켜야 한다며 그것이 곧 '수업 혁신'이자 '교육 혁신'인 것인 양, 학교와 교사들은 바쁘게 움직이고 있다. 그 사이에 교육 내용에 대한 고민은 저만치 사라지고 형식과 틀이 다시 자리를 차지하며 교사들과 아이들을 옭아매는 형국이 보이고 있다. 아이들을 중심에 둔다고 하는, 아이들을 생각한다는 교육이 오히려 아이들을 수업에서 멀어지게 하고 교사들로부터 멀어지게 하는 풍경이 다시 연출되고 있는 것이다. 강승숙은 이런 상황에서도 아랑곳하지 않는다. 그에게 수업은 낭만이 있어야 하고 교사는 수업에서 낭만을 아이들에게 보여 주어야 한다고 생각한다. 교육과정과 교과를 보는 안목과 아이들 전반을 꿰뚫고 수업을 주도하는 그에게 낭만적 요소는 매우 중요하다. 아이들에게 배움에 대한 가치와 관심을 높일 수 있는 바탕에는 수업의 낭만적 요소가 큰 자리를 차지한다는 것이 그의 오래된 믿음이다.

지금도 기억나는 게, 다섯 살 때 산에서 파 와서 심은 진달래가 담장에 필 때 얼마나 이뻤던지 몰라요. 한번은 집에 가서 어머니한테 "엄마 애들하고 수업하게 진달래 좀 꺾어 줘" 했는데, 글쎄 어머니가 제대로 못 꺾고 있는 거예요. 이것도 이쁘고 저것도 이쁘다면서 말이죠. 그렇게 예쁜 진달래를 꺾어서 아이들에게 이만큼 가져가면 책상 가운데에 진달래를 놓아요. 제 의도는 진달래라는 시에 대한 감흥이 없는 아이들한테 진달래를 보여 주면서 의미를 부여하고 싶다는 거였죠. 그러면 남다르게 진달래를 좋아할 수도 있는? 교사가 의미 있다고 생각하는 것을 아이들에게 어떻게 전달할 것인지 저는 늘 교사가 고민해야 한다고 봐요.

수업, 퇴임하는 그날까지

이 공간이 이제 나한테는 얼마 남지 않은 공간이에요. 요즘 신시아 라일런트의 《살아 있는 모든 것들》을 읽고 더 애틋해졌어요. 그 책 내용 중에 '은퇴'라는 꼭지가 있어요. 퇴직한 여교사가 있는데 사는 게 참 심드렁해요. 그 교사는 늘 개를 데리고 산책을 하는데 하루는 어떤 학교 근처까지 가요. 노교사는 담장 너머로 학교를 들여다보다가 개를 보고 다가오는 아이들과 이야기를 나누어요. 노교사는 날마다 학교 담장에서 아이들을 만나요. 이야기는 할로윈데이에 노교사가 어린이들에게 사탕을 나눠 주면서 끝이 나죠. 그걸 읽으면서 마음이 쓸쓸해지더라고요. 퇴직하면 나의 아름다운 교실이 사라지는 거예요. 아침마다 지나던 텅 빈 운동장, 이들은 내게 시적인 공간이에요. 5년 뒤 일인데 벌써부터 코끝이 시큰해지곤 해요.

강승숙도 이제 퇴임이 멀지 않았다. 수업을 살아온 그에게 교사로 살아온 삶은 아이들과 함께하는 시간 그 자체였다. 초임 시절 그는 학교에서 보내는 시간이 하루의 대부분이라면, 이곳에서 살아야 한다면, 이곳이 나에게 어떤 공간이어야 하는지를 생각했다. 그리곤 아이들과 함께하는 시간이 곧 내 삶이라 여기자고 마음을 먹었다. 그러자 개인적인 삶과 학교에서 아이들과 사는 삶을 구분 짓지 않게 되었다. 아이들과 보내는 시간이 즐거운 시간이어야 한다고 생각하는 순간 모든 게 자연스러워졌다. 아이들을 위해서라기보다 내가 좋아서 살다 보니 더 자연스러워졌던 것이다.

66

요즘은 주말 신문을 발간해 금요일에 아이들에게 나눠 주는데 월요일에 학부모님 글을 받는 게 좋아요. 이게 곧 나의 삶이잖아요. 그래서 숙제도 같이 하려고 했던 것 같아요. 주말에 부모님과 산책하기를 숙제로 내 줬다면, 저도 주말에 공지천(춘천)을 산책하고 그 일을 월요일에 들려주는 거지요. 아이들의 글이 좋고 아이들의 반응이 궁금해서 주말 신문을 만들게 되죠. 그게 결국 제 삶이 아닌가. 아이들과 함께 이야기를 나누기 위해 저도 함께하고, 처음에 아이들에게 보여 주기 위해서 쓰던 그림일기가 결국 제가 좋아하는 것이 되고. 그게 제 삶인 것이죠. 퇴근 이후가 내 생활, 삶이 아니라 아이들과 함께 있는 그곳이 제 삶이었어요.

99

얼마 남지 않은 교직 생활에서 그는 오늘처럼 학교에 일찍 가서 아이들이 오는 교실 공간을 좀 더 준비하고 그 공간을 스스로 즐기고 싶어 했다. 예전에는 감성적인 것, 따뜻한 것을 많이 생각했다면, 이제는 아이들에게 어떤 사태와 상황을 지적으로 생각하는 계기를 수업 속에서 만들어 주고 싶어 했다. 그렇게 아이들과 깊은 대화를 자주 나누고 싶어 했다. 주말 신문을 만들어 부모와 깊이 공감하고 소통하고 그것이 어떤 의미가 있는지를 연구하고 살고 싶어 했다. 무엇보다 한 인생을 살아가는 인간으로서, 자신이 얼마나 삶을 진지하게 애정을 가지고 살아가는지 학생들에게 보여 주고 느끼도록 하는 선생님이 되고 싶어 했다. 책이든, 음악이든, 연극이든, 춤이든 그것은 하나의 매개일 뿐이다. 그는 꽃잎 하나를 가지고도 대상을 어떻게 바라보고 깊이 느낄 수 있는지 안내하고 이끌어 주고 싶었다.

❝

1년 동안 교실이라는 공간에서 아이들이 어떻게 친구를 사귀고 관계를 풀어 가는지 많이 고민하는데…… 사실 아이들이 친구 문제로 가장 많이 고민하잖아요. 끊임없이 짝을 바꿔 달라는 아이들이 있어요. 그런 아이들에게 짝을 바꾸지만 말고 나를 바꾸자고 이야기를 해 줘요. 친구들과 좋은 관계를 맺는 방법, 그런 이야기를 많이 나누려고 해요. 이번 꽃씨신문(주말 신문) '선생님 이야기' 꼭지에 우리 반 자폐 어린이 이야기를 썼어요. 부모님 동의를 얻어서 실었죠. 우리 반에서 그 친구와 하루씩 놀아주는 놀이 짝을 정하는 일이 왜 필요하고 중요한지 썼어요. 아이들에게 ○○이가 세상을 살아갈 수 있는 힘을 기를 수 있도록 우리가 도와주자고 했어요. 우리 교실에서 일어나는 문제를 해결하는 것이 잘 살아가는 거잖아요. 결국 엔딩은 우리들의 좋은 이야기를 만들어 나가는 거죠.

❞

그에게 학급 운영과 수업은 구분돼 있지 않다. 그 자체로 삶이고 이야기이다. 그 과정에서 그는 책임 의식을 말한다. 아이들이 교사를 신뢰하지 않고, 부모도 교사를 함부로 대하는 시대에 어떻게 교사와 아이들이, 학부모가 서로에 대해 깊은 믿음과 존경심을 갖고 살아갈 수 있을지에 대한 교사로서 책임 의식. 퇴임을 앞둔 그는 교직을 마무리하면서 기록하고 모색하며 살아가는 데 관심을 두고 있다. 오랫동안 교육운동에 관여하면서 실천을 해 온 지난 과정에 대한 안타까움과 설움, 때로는 분노가 아직 그에게 남아 있지만, 자신이 이상으로 여기고 있던 세상과 삶을 지키며 살고 싶어 한다.

리듬 표현을 주제로 학년을 대표해서 했던 수업을 마치고 평가회 자리에서 그는 이렇게 말했다. "저는 수업을 준비하면서 얻은 게 아주 많습니다. 퇴임하는 그해까지 수업을 할 생각입니다"라고. 이 말은 교사 강승숙 자신에게 하는 다짐이기도 했다. 교사로 살아가면서 도움받은 많은 것들이 있지만, 그에게 수업은 빼놓을 수 없는 삶이었다. 수업은 그에게 때로는 감동이었고, 깨달음이었다. 당시 그는 수업에 관해 이렇게 언급했다. "수업은 교과를 연구하는 의미 있는 기회였고 아이들의 표현과 소통, 성장에 대한 관심과 고민을 갖게 한 시간이었다. 또한 내가 연구해 온 과정과 결과를 교사들과 나누는 자리였다." 그는 이제 아이들과 지내는 일과 함께 교사로 쓰게 될 마지막 책을 꿈꾸고 있다.

가브리엘 루아의 《내 생애의 아이들》과 같은 책을 쓰고 싶어요. 거칠고 가난한 아이들을 만나면서 성장하는 교사 이야기인데 참 아름다운 책이에요. 35년 가까이 아이들을 가르쳐 온 제게도 《행복한 교실》이 있고 《선생님, 우리 그림책 읽어요》가 있어요. 이제 교단 생활을 마무리하는 책을 쓰고 싶어요. 저의 마지막 목소리를 담을 이야기는 무겁거나 어려운 것보다 그저 제 삶의 에세이를 쓰고 싶어요. 솔직한 제 삶의 이야기, 혹은 교육에 대한 것일 수도 있고 아닐 수도 있고, 어떤 지혜를 가지고 쓸 수 있었으면 좋겠다 생각해요. 그림책, 엄마의 옷 이야기라든지, 그동안 밝히지 않은 삶의 여백 같은 이야기를.

얼마 전 그는 어떤 일로 조금 불편했던, 학교 출근 1등을 늘 양보해야 했던 정년 퇴임을 할 교사에게 《속눈썹 위에 올라앉은 행복》이라는 그림책을 선물했다. 아홉 살 소녀 클레망스가 속눈썹 위에 올라앉은 행

197

복했던 순간을 한 면은 문장으로 다른 면은 그림으로 채운 이 책은 그들을 화해하도록 했다. 그는 이제 맨 처음 학교의 불을 밝히는 교사가 됐다. 강원도로 이주해 와 주문진에 있는 학교에 다닐 적부터 그의 출근 시각은 아침 7시가 됐다. 때로는 차갑고 때로는 살가운 바람을 맞으며 들어선 교실. 그가 제일 먼저 하는 일은 창문을 열어 바깥 공기를 교실로 들여놓는 일이다. 그리곤 아이들이 오기만을 기다린다. 이제 그에게 그 아침은 세상에서 가장 소중한 시간이 됐다.

　〈여행은 혼자 떠나라〉라는 박노해의 시가 있다. 여행을 떠날 때는 혼자 떠나라는 그의 시구 마지막 행은 '그러나 돌아올 땐 둘이 손잡고 오라/ 낯선 길에서 기다려 온 또 다른 나를 만나/ 돌아올 땐 손잡고 오라'고 끝을 맺는다. 아이들 곁에 살며, 수업을 살고 세상 먼 길을 혼자 떠났던 강승숙. 그에게도 먼 여행을 떠나 이제 젊은 날의 그와 달라진 자신의 손을 붙잡고 돌아올 시절이 머지않았다. 그도 곧 신시아 라일런트의《살아 있는 모든 것들》의 이야기처럼 그가 살아왔던 학교를 기웃거리며 지난 시절을 떠올리며 살게 될 것이다. 그는 그렇게 오랫동안 수업으로 살아온 지난 삶을 돌아보며 아마도 무척이나 애틋해할 것이다. 온몸을 다해 아이들과 수업을 살아온 그에게는 너무도 아픈 이별이겠지만, 결코 슬픈 이별은 아닐 것이다. 마지막 순간까지 낭만과 예술이 함께할 그의 수업에는 아이들이 함께할 것이기 때문이다. 아마도 그 수업은 분명 아름다운 이별의 한 장면일 것이다.

강승숙
입니다

박 선생님, 바이러스로 인해 하루하루가 조심스러운 날, 건강하게 잘 지내시는지요. 저는 서울에 나갈 일을 모두 취소하고 방학 내내 집에서 운동하거나 책을 읽으며 살림을 합니다. 난데없는 칩거 생활을 하고 있는 거지요. 개학까지 연기되어 이런 생활이 당분간 이어질 듯합니다. 개학이 미루어지니 새로 만날 어린이들이 더 궁금해집니다.

선생님, 다시 어린이들을 만나게 되었다고 들었습니다. 축하드립니다. 2년간의 파견 근무를 마치고 교단으로 돌아간다니 설렐 듯합니다. 어린이들에게 읽어 줄 동시와 동화를 고르는 선생님 모습이 보이는 듯합니다. 4년 반 학교를 떠났다 돌아온 경험이 있어서 선생님 마음이 잘 그려집니다. 선생님은 무얼 해도 착실하게 잘하시겠지만 어린이들하고 사는 일이 제일 잘 맞는 분입니다. 모두 힘들다고 하는 1학년 어린이들하고도 재미있게 지내셨잖아요. 올해 선생님이 준비한 학급살이 계획이 은근 궁금해집니다.

선생님, 〈낭만과 예술을 꿈꾸며 살아가는 행복한 코숙이〉(《오늘의 교육》, 2019년 11·12월호), 제 인터뷰 글 잘 보았습니다. 1983년부터 지금까지 교사로서 살아온 날을 다큐멘터리 영화로 보는 기분이었습니다. 책에 써 놓고도 아득하게 잊고 있었던 사연 몇 구절을 선생님은 조각하듯 골라 보여 주셨습니다. 그 구절들을 읽으면서 지나간 시간, 젊은 날이 떠올라 뭉클했습니다. 새삼 마음을 가다듬기도 했습니다.

이번 책에 실리면서는 제목이 바뀌었지만, 처음 글에서 무엇보다도 글 제목에 '코숙이'를 붙여 주셔서 기뻤습니다. 실은 코 때문에 청소년기에 무척 힘들었습니다. 아버지 코가 크기는 하지만 우리 식구 가운데 유독 제 코만 컸습니다. 눈이 커야지 왜 엉뚱하게 코가 큰가 하며 속상해하곤 했는데 그만 일이 생겼습니다. 중학교 시절 하루는 동네 아주머니가 집에 들렀습니다. 그 아주머니는 제 코를 보더니 피노키오 코라도 본 듯 깜짝 놀라며 코가 왜 이리 크냐고, 병원에 가 보라고 했습니다. 자기 딸도 코가 자꾸 커져서 병원에 갔다가 코에서 뭐를 발견했다고 했습니다. 그날 이후 한동안 코가 커지는 상상을 하며 두려움에 떨곤 했습니다.

그런데 반전이 생겼습니다. 교사가 되어 두 번째 학교에 발령을 받았을 때였습니다. 교감 선생님이 제 코를 보더니 환하게 반기며 "와, 강 선생님 코 보기 드문 복코예요" 하셨습니다. 인사차 하는 말이라고 생각하면서도 얼마나 위로가 되었는지 모릅니다. 그 교감 선생님은 《엄마 마중》에 나오는 세 번째 차장 같은 분이었습니다. 그 뒤로 제 코에 조금씩 자부심을 갖게 되었습니다. 이제는 코숙이

별칭을 사랑합니다.

선생님, 금산을 떠났다고 하셨지요. 금산 집에 가 보고 싶었는데 아쉽습니다. 금산 생활은 선생님께 많은 것을 남겼겠지요. 아름다운 추억도 애환도 있었을 거라 짐작해 봅니다. 그곳에서 얻고 깨달은 것이 다시 어린이를 만나는 데 새로운 힘이 될 거라고 생각합니다.

저는 지금도 주문진초등학교, 주문진 항구가 눈에 선합니다. 날마다 산꼭대기 마을에서 바다를 바라보며 출근하던 시간을 잊을 수가 없습니다. 그곳에서 저는 교사로서 큰 변화를 겪었습니다. 인천이 아닌 주문진에서 어린이를 만난 것은 인생의 선물과도 같은 시간이었습니다. 파도처럼 거친 듯하면서도 순수한 어린이들은 책과 친해지기 어려운 환경에 있었습니다. 부모 대부분이 장사를 하는 처지이다 보니 그럴 수밖에 없습니다. 과감하게 국어책을 접었습니다. 동화책을 읽어 주고 글을 쓰고 연극을 했습니다. 어린이들이 '국어 시간이 좋아요!' 하고 말하기를 꿈꾸면서 말입니다. 체계적이지 않고 즉흥적인 제 약점이 주문진에서 장점으로 만발하게 된 것이지요. 국어과 목표는 어린이들이 국어를 좋아하는 데 두었습니다. 제 마음대로 학습 목표를 수정했습니다. 제가 지닌 낭만성의 함정에 풍덩 빠진 거지요.

선생님, 이제 제게는 어린이를 가르칠 시간이 5년 남짓합니다. 초임 시절 기억이 생생한데 머리 희끗한 교사가 되었습니다. 다행히 철없는 선생이라 어린이들이 늙은이 취급을 하지는 않는 거 같습니다. 어린이들과 살면서 맨날 동화책 읽고 시 읽고 어린이들이 쓴 글을 읽다 보니 더디게 늙는 게 분명합니다.

그래도 5년 뒤 어느 날 더 이상 학교에 나가지 않겠지요. 사랑하는 어린이와 소중히 여기는 교실 공간도 볼 수 없을 테고 어린이가 떠난 교실을 빙 둘러보며 연필이나 지우개를 줍는 일도 없을 거예요. 물리적인 시간의 한계가 다가온다는 사실에 조금 슬퍼집니다. 그래서 늘어난 방학 동안 어린이들과 어떻게 시간을 보낼지 궁리하고 생각합니다.

선생님, 저는 어린이들에게 반전을 주는 선생이 되고 싶습니다. 다른 차장은 그냥 지나가는데 어린이 곁에 다가와 힘을 준 세 번째 차장 같은 선생님, 제 코가 복코라고 했던 교감 선생님처럼 상처받은 어린이에게 반전을 주는 선생님이고 싶습니다. 한 어린이의 가장 약하고 힘든 무언가를 찾아내어 힘을 주는 선생님이 되는 거지요. 그렇게 하려면 어린이들 사이를 더 서성거려야겠지요. 쉬는 시간이면 다음 시간 수업 준비에 바빴습니다. 수업 준비를 조금 부지런히 해 놓고 쉬는 시간에도 어린이들 목소리를 많이 들으려고 합니다. 조금이라도 어린이를 더 가까이 만나고 싶습니다.

주말 신문도 빼놓지 않고 내려 합니다. 날마다 30분에서 한 시간은 준비해야 주말에 4쪽짜리 신문을 낼 수 있습니다. 버거울 때도 있지만 즐거워서 합니다. 무엇보다 어린이 글 수집가가 되어 어린이들 마음을 들여다볼 수 있어 좋습니다. 다행히 힘들 때 쓰는 방법이 있습니다. 저는 내 맘대로 편집장이라서 시간이 없거나 힘들면 2쪽, 기운이 나면 6쪽 신문을 냅니다. 이렇게 모은 주말 신문은 퇴임해서 두고두고 읽을 생각입니다. 그간 만난 어린이 글을 읽으면 참 행복할 듯합니다. 1983년부터 한 해도 거르지 않고 문집을 냈으니 그 어린이들 글을 잘 갈무리하여 책으로 내고 싶은 소망도 있습니다.

선생님, 이제 낭만과 예술을 꿈꾸며 퇴임을 준비하는 코숙이의 여정을 시작하려고 합니다. 선생님이 귀한 시간을 내어 그간 제가 쓴 글을 읽고 저를 만나기 위해 두 차례나 먼 춘천까지 발걸음을 해 주시었습니다. 덕분에 남은 퇴임기를 어떻게 보낼지 깊이 생각할 계기를 얻었습니다. 초임 시절, 첫 마음을 다시 생각하며 더 따듯하게 지혜롭게 어린이를 만나도록 하겠습니다. 선생님도 천안에서 새로운 마음으로 어린이들과 행복한 삶을 시작하기 바랍니다. 선생님의 실천이 다시 한 번 묵직하게 열매를 맺기 바랍니다. 늘 건강하시길요.

05

교사 이경원

아이들 세상으로 들어가는
티켓을 손에 들고

담임 교사로 혹은 교과 전담 교사로 수업을 살아온 지도 30년이 돼 간다. 그동안 표준화된 수업 지도안에 대해 꾸준히 문제 제기가 있었다. 그럼에도 학습 목표로부터 시작해 40분 단위의 도입-전개-결말과 활동 1, 2, 3으로 이어지는 틀은 그야말로 요지부동이다. 대표 수업이라 일컬어지며 장학사 혹은 외부 관찰자에게 보이던 특정 교사의 공개 수업은 동료나 학부모 공개로 양상만 달라졌을 뿐 누군가에게 보이려는 수업 풍경도 크게 달라지지 않았다.

물론 수업을 관찰하는 시선에 변화가 시작되기는 했다. '수업 비평' 과 '아이의 눈으로 수업 보기', '배움의 공동체'식 수업 관찰과 분석이 학교와 교사, 수업을 바꿀 대안으로 10여 년 전부터 교사들에게 파고들었기 때문이다. 혁신학교운동은 이른바 수업 혁신을 가속화시켰다. 그러나 혁신학교가 아닌 대다수 학교는 여전히 이러한 변화를 적극적으로 받아들이지 못하고 있는 형편이다.

이런 가운데서도 심심치 않게 거론되는 수업이 있다. 바로 주제 중심 수업과 프로젝트 수업이다. 40분 단위라는 시간 제한을 깨고 수업을 전개하며 긴 호흡으로 학생들의 성장을 평가하며 도울 수 있는 방식이라는 것이다. 주제 중심 수업과 프로젝트 수업이 그렇다고 새로운 수업 형식은 아니다. 그저 꽤 오랫동안 주목받지 못하던 수업 방식이 시대의 변화와 함께 부각이 되고 있을 뿐이다.

이런 흐름을 타고 등장한 한 교사가 있다. 그는 경기도의 한 혁신학교에서 우연히 혹은 우여곡절 끝에 만들었던 주제 중심 교육과정과 수업으로 전국의 혁신학교 교육과정에 큰 영향을 미쳤다. 한편으로는 많은 학교와 교사들에게 주제 중심 교육과정에 대한 오해를 심어 주기도 했다. 나는 교사 이경원을 만나 표준화된 수업을 거부하며 새롭게 도전하고 실험했던 이야기를 들어 보고 싶었다.

수업이 아닌 것에서 탈출하기

"응답하라, 지구별은 이제 끝내겠습니다. 이제 새로운 걸 할 테니까 기대해 보세요."

"오늘의 주제를 발표하기 위해서 이렇게 자리(아치 형태)를 만든 이유는 이번 주 제주도 여행을 준비하기 위해서예요."

"(아이들이 자리를 바꾸자고 요구하며 불만을 표한다.) 그러면 회의가 필요한데, 모둠별 회의가 아니기 때문에 자리는 나중에 바꾸도록 하겠습니다."

"그러면 이제 새로운 주제를 준비하기 위한 회의를 해 보겠습니다."

"이번 주제의 제목은 인간입니다." (화이트보드에 한자로 인간을 쓴다.)

"선생님은 여러분을 처음 만났을 때, 선생님이 정의한 인간에 대해 설명해 준 적이 있었는데, 난 기억한다, 손들어 봐."

"선생님의 인간의 정의는 인간이란 다른 존재를 의도적으로 사랑할 수 있는 유일한 존재라고 했지? 선생님이 개인적으로 생각하는 것이라 맞다 틀리다 할 수는 없지만 선생님은 그렇게 생각한다고 얘기했어요."

"그래서 이번 주제는 인간에 대해서 여러분이 인간은 각자 이런 존재인 것 같다고 말해 주었으면 좋겠어요."

"이번 인간 주제에서는 어떤 마음을 가지고 할 수 있을지 알아보겠습니다. 지난 주제에서 마음은 '평화'였죠? 이번 인간 주제에서는 '균형'입니다."

"균형이라고 하는 것은 평생 가지고 가야 하는 걸 것 같아. 이번에 제주 여행을 가 보면 알 것 같아. 누가 균형을 깨뜨리며 사는지, 유지하며 사는지."

"균형을 생각하는 마음속에는 이런 게 있다고 생각해." (균형에 이어 존중이라는 낱말을 칠판에 쓴다.)

"왜냐면 균형을 맞춘다는 건 나만 생각하는 게 아니라는 거. 여러분도 알고 있죠? 다른 사람도 나랑 똑같은 존재라는 걸 인정해야 해. 그게 바로 존중이잖아. 이번에 3박 4일 동안 알게 될 거야. 누가 더 다른 사람을 존중하는지. 3박 4일 동안 고민해 봅시다. 고민해 본 것을 가지고 한번 학교에 돌아와서 살아 봅시다."

그와 6학년 아이들은 지난 3월부터 '우리들 세상', '모두가 주인공', 'Blue-Tech', '흐림 없는 눈으로 세상 보기', '우리나라 역사 여행', '응답하라, 지구별'이라는 6가지 주제 중심 교육과정에 따른 수업을 했다. 10월 29일, 3~4교시에 풀어놓은 그의 수업 주제는 '인간'이었다. 그는 하나의 주제를 '마음, 지식, 경험, 예술, 신체'라는 카테고리로 풀어낸다. 마인드맵을 이용하지만 확장만 시켜 가는 방식이 아니라, 그 중간에 이런 다섯 가지 카테고리를 넣어 교사의 수업 의도가 아이들에게 잘 전달될 수 있도록 한다. 그리고는 아이들에게 질문을 던지고 반응과 대답을 이어 가며 아이들이 따라 적고 그리도록 한다.

그는 이런 기본적인 틀에서 아이들이 자신만의 생각과 아이디어로 수업을 확장하거나 깊이 있게 들어가도록 안내를 한다. 그의 수업이 처음부터 이런 모습을 갖추었던 건 아니다. 10년 전에만 해도 흥미를 중심으로 어떻게 하면 동기 유발을 잘 시켜 낼 수 있을지만 생각했다. 디지털 교과 자료 제공 서비스 업체가 만들어졌을 때는 엄청 큰 환호도 질렀다. 그러나 시간이 지날수록 그런 수업에서 공허함을 느끼기 시작했다. 지금껏 해 왔던 수업을 다시 생각해야 했다.

수업에 대해 오해를 했던 것 같아요. 수업이라고 하는 것이, 수업이라는 단어에만 존재했던 거죠. 근데 그렇게 돼 버리면 수업에서 무엇도 만날 수 없다는 걸 늦게 깨달은 거예요. 수업이라는 그 틀을 벗어나야지 세상과 만날 수 있고, 세상과 만나야지 다른 사람의 삶도 연결 지을 수 있는데, '그냥 수업은 수업이야!' 이렇게 틀을 정해 놓고 만났던 것 같아요. 제 잘못일 수도 있지만, 교대 잘못도 크고. (하하) 그동안 우리 사회가 수업이라는 것을 바라보는 시선이 딱 거기에만 머물러 있는 것도 여전하고. 지금도 수업은 그렇게 바라보는 게 있어서. 제가 초창기 때 수업을 '정해진 내용을 아이들에게 잘 설명하면 되는 거야!' 하는 관점으로 바라봤기 때문에 그렇게 하기 위해 몸부림쳤죠. 그래서 '더 재미있는 자료가 없나?', '더 흥미를 끌 만한 게 없나?' 그런 데 더 관심을 가졌던 것 같아요. 그게 초창기 수업이었고 그러다가 디지털 교과 자료 사이트에 환호를 했던 것도 이게 흥미를 끌 것 같으니까, 아이들이 좋아할 것 같아서였죠. 하지만 결국에는 이걸 9년 가까이 하면서 내가 수업을 하고 있는 건지, 그냥 주어진 것을 전달하는 것인지를 모르겠다는 생각이 들기 시작했던 거예요. 그걸 이제 내려놓지 않으면 아무것도 못 하겠다는 생각을 하게 된 거죠.

"

때마침 그는 자신과는 다른 시선과 관점으로 실천하고 도전하는 이들을 만나게 된다. '배움의 공동체', '이오덕의 글쓰기', '발도르프 교육'을 만나면서 그는 교육을 혹은 수업을 이렇게 바라보고 이해할 수 있겠다는 생각을 하게 된다. 그러나 그는 이런 학문과 실천에 깊이 들어가지는 않았다. 이런 교육 실천과 관점을 그의 수업을 만들어 가는 하나의 문으로 여겼다. 흔히 새로운 교육을 만나게 되면 교사들은 대개 쑥 빨려 들어간다. 하지만 그는 이런 이론과 실천은 자신이 생각하는 교육과정과 수업을 만들어 갈 수 있는 계기이고 그저 도움을 받을 뿐이라고만 여겼다. 어쩌면 그가 자신만의 교육과정과 수업 이야기를 만들어 낼 수 있었던 것은 이런 태도와 자세 때문이었을지 모른다.

마술처럼 신기한 것을 '펑' 하고 보여 주며 시작하는 수업, 무엇인가 화려한 컴퓨터 영상으로 시작하고 진행하는 수업, 흥미 있는 소재와 율동으로 시작하고 진행하는 수업 등을 좋은 수업이라고 말할 수 있을까요? 왜냐하면 우리가 하는 수업은 일회성이 아닌 365일 계속 진행하는 일상이니까요. 우리가 매일 먹는 흰밥처럼 말이지요. 만약 강한 인상을 주는 수업이 정말 재미있는 수업이고 바람직한 수업이라면, 지금 당장 저부터도 개인기를 연마해야 할 것 같았습니다. 하지만 저는 그런 것이 재미있는 수업의 본질은 아니지 않을까 생각합니다.

- 이경원(2014), 《교육과정 콘서트》, 93~94쪽

　　그는 어떤 티브이 프로그램에서 교사 개인의 능력과 준비에 아이들이 마치 관객처럼 호응하는 수업을 보고는 씁쓸했다. 그렇다면 아이들과 교사에게 정말 재미있는 수업은 어떤 걸까. 그는 '관점'이라는 수업 주제로 아이들과 진지하게 고민하고 이야기한 다음 아이들이 자신의 생각을 글로 써내 친구들과 나누었던 활동을 떠올렸다. 반 아이들 모두가 함께 공감하며 즐겼던 시간이었다. 진지함 속에서 배움의 즐거움이 피어나던 순간. 그에게 재미있는 수업은 바로 이런 것이었다. 화려한 언변과 놀이로 교사의 능력을 판단하고 그것에 재미와 흥미를 느끼는 아이들을 지켜보며 재미있는 수업이라고 여기는 풍조는 이제는 사라져야 할 문화일 뿐이다. 이런 낡은 수업 문화에서 탈출하지 않고서는 좋은 수업에 결코 다가갈 수 없다는 것을 그는 교사가 된 지 10년이 지난 뒤에야 겨우 깨달을 수 있었다.

관계의 질이 수업의 질을 보장한다

교사로 살아간다는 것, 그것은 아이들 세상 속으로 가는 티켓을 손에 들고 있는 존재로 살아간다는 의미이다. 하지만 그 티켓을 매표소에 제출하고 들어가는 것은 오로지 교사의 의지와 삶의 태도에 달려 있다. 그 속에서 자신의 길을, 그리고 아이들의 길을 함께 찾아가길 바란다.

- 이경원(2018), 《교사의 탄생》, 188쪽

그의 교실은 언제나 열려 있다. 거의 매주 전국에서 많은 교사들이 그의 수업을 보고 싶어 찾아온다. 그러나 조건이 있다. 단시간 수업을 보는 일은 거절한다. 늘 그의 수업과 학급 운영을 곁에서 지켜보는, 같은 학교 교사들도 아닌 이들이 그의 수업을 단 몇 시간만 보고 판단하는 일은 옳지 않다는 것이다. 그래서 그를 만나려면 아침 8시 30분부터 함께해야 한다. 그 시각에 아이들과 나들이를 시작하기 때문이다. '아침 나들이'라고 일컫는 이 활동은 그가 지금까지 10년 넘게 꾸준히 해 오는 학급 활동이기도 하다. 아침 나들이는 학교 마당에서 아이들과 만나면서부터 시작된다. 날마다 아침 나들이를 하면서 그도 아이들도 계절의 변화와 주변 생명들에게 자연스럽게 관심을 가질 수 있었다. 그는 이런 아침 나들이가 그와 아이들에게 하루를 시작하는 평화로운 마음을 준다는 점

이경원

개일 아이들과 '아침 나들이'를 하면서 평화로운 마음을 나눈다.

과 이를 날마다 하고 있다는 데 큰 뜻을 두고 있다.

> 아침햇살이라는 학급 행사도 했죠. 한 달에 한 번씩 7시쯤 만나
> 서 산에 가서 아침밥을 먹고 내려오는 것이죠. 이전 학교에서도
> 했고 혁신학교였던 서정초에 가서도 계속했죠. 아침햇살을 아침
> 에만 하다 보니까 저녁에도 하고 싶어서 저녁노을을 하게 됐어
> 요. 그래서 아이들에게 "저녁에 우리 같이 놀래?", "이왕이면 부
> 모님과 함께 놀자" 했죠. 그리곤 부모님을 모아 놓고 우리가 어
> 떤 수업을 하는지를 설명하고자 했어요.

'아침햇살'과 '저녁노을' 이 두 가지는 모두 자신에게나 아이들에게
나 풍부한 감성과 생태적인 삶에 대해 생각해 볼 수 있는 시간이다. 가끔
은 마을 저편으로 넘어가는 붉은 저녁노을을 아이들과 함께 보고 싶어
만들어 낸 저녁노을은 자연스럽게 교사, 학생, 학부모가 함께 운동하며
저녁을 즐기는 행사가 되었다.

예전에 저는 교과서는 교과서대로 가르치고, 학급 운영은 학급
운영대로 하고, 생활 지도도 따로 했었던 교사였습니다. 각 과
목을 각각의 교과서를 가지고 분절적으로 가르치던 교사였지
요. 하지만 이제는 새로운 배움의 모습을 찾아야 했습니다. 저
만의 교육을 위해 저만의 성찰과 마음을 담아야 했지요. 그래서
교과서와 학급 운영과 생활 지도가 다르지 않도록 해야 하겠다
생각했고, 결국 그렇게 하기 위해서는 교사 개개인이 스스로 교

육과정이 되어야 했습니다. 이렇게 모두 하나가 되었을 때만이 그것이 진정한 배움으로 우리 아이들의 마음에 변화를 줄 수 있었답니다. 어떤 프로그램을 잘 설명한다고 해서 아이들이 배우는 것이 아닌, 그저 지금 현재의 '나' 자체를 받아들인다는 것을 알게 된 것이죠. 결국 교사가 교육과정이었습니다.

- 이경원(2014), 앞의 책, 18쪽

자신이 교육과정이 되어야 하고 그 교육과정에 수업과 학급 운영, 생활 지도가 함께 가야 한다고 생각하게 된 바탕에는 어릴 적 그의 기억이 있다. 부산의 교육대학 부설초등학교에 다닐 때 갑작스럽게 급식비도 제때 내지 못할 정도로 가정 형편이 매우 어려워졌다. 잔뜩 주눅이 든 채 학교생활을 하던 4학년 이경원은 담임 선생님의 관심으로 변하기 시작했다. 70여 명이 한 교실에서 지내던 그때, 키가 커서 늘 뒷자리에 앉아 조용히 있던 어린 경원에게 담임이 다가와 말을 건넨 것이다. 커다랗고 두꺼운, 약간은 거친 손을 자신의 머리에 얹은 채 두껍고 진한 나무색의 뿔테 안경 너머 쌍꺼풀이 있는 눈으로 바라보던 선생님. 그는 그 모습을 지금도 선명하게 기억하고 있다. 뿐만 아니다. 초등학교에 들어온 뒤로 선생님이 난생처음 자신에게 건넨 첫 말씀도 잊지 못한다. "경원아, 넌 요즘 어떻게 지내고 있니?" 그에게는 너무도 큰 사건이었다.

4학년 선생님이 저를 변하게 했어요. 저를 특별하게 본다고 여기게 됐죠. 제가 지금도 기억하는 게 있어요. 첫 발표였던 것 같은데, 어떤 시간이었는지는 모르겠어요. 무슨 이야기를 하시면서 사람은 용기가 있어야 한다는 이야기를 하셨던 것 같아요.

그때 제가 손을 들고 해 보겠다고 나갔어요. 그리곤 "햇볕은 쨍
쨍 모래알은 반짝"이라는 노래를 불렀어요. 지금도 어렴풋이 기
억이 나요. 혼자 애들 앞에서 독창을 했죠. 그 이후로 전 수업
시간에 발표를 하기 시작했어요. 그때부터 저 스스로 공부를 잘
하는 아이구나 하는 느낌을 갖게 된 것 같아요. 시험 성적도 잘
나오기 시작했어요. 그래서 지금도 그때를 잊지 못해요.

"

아이들에게 더 가까이 다가가고자 하는 교사가 된 것은 초등학교 시
절의 담임이 자신을 대해 주었던 그 모습이 아직도 그의 가슴에 남아 있
기 때문이다. 이 특별한 선생님은 이후에 어린 이경원을 한 번 더 놀라
게 한다. 여름 방학 중 엽서를 보내셨던 것이다. 그곳엔 '경원아, 어려운데
도 열심히 지내 주어 고맙구나. 여름 방학 건강하렴! - 선생님이'라는 문
구가 쓰여 있었다. 그는 이 엽서를 중학교를 졸업할 때까지 가지고 다녔
다고 한다. 사춘기 시절 마음이 괴로울 때 선생님이 보내 준 엽서를 꺼내
읽으면서 마음을 다시 추스를 수 있었기 때문이었다. 그는 관계를 중요
시 여긴다. 아이들과 수업을 잘하기 위해서는 관계가 중요하고 그 관계는
아이들과 격의 없이 지내는 과정에서 얻을 수 있다고 믿고 있다. 그래서
학급 운영이라는 말보다는 학급살이라는 말을 더 좋아하고 생활 지도와
수업은 이런 관계 속에서 함께 완성되는 것이라 여기고 있다.

"

모든 것의 핵심은 관계라고 이야기하거든요. 아이들과 내가 맺
고 있는 관계의 질이 수업의 질이라고 생각하죠. 나를 직접 만나
서 이야기하는 것은 보이지 않는 의미들이 있고 그것을 관계라
고 한다면, 그래서 수업을 볼 때 그 관계 속에서 이뤄지는 수업

을 봐야지, 단순하게 한 차시 수업만을 보는 것은 우리 교사들에게는 큰 의미가 없다고 생각해요.

세상에서 가장 좋은 생태 교육

가정 형편이 더 어려워진 그는 할아버지가 계신 경남 고성의 한 시골로 가게 되었다. 5학년 2학기 무렵, 버스도 하루에 한두 대밖에 들어오지 않는 시골에서 일 년 가까이 지내고 이내 다시 읍내로 이사를 하게 됐다. 시골에서 잠시 살던 그에게 자연은 놀이터였고 모든 식물들은 놀이 도구가 돼 주었다. 그는 이 짧았던 경험을 지금도 잊지 못한다. 한동안 자연과 멀어졌던 그에게 우연히 다시 자연을 만날 기회가 찾아왔다. 2005년 경기 고양의 한 초등학교의 전교조 분회장으로 환경을생각하는교사모임(환생교. 현 환경과생명을지키는전국교사모임)과 함께하게 됐던 것이다. 그 시절만 해도 그는 생태에 대해서는 전혀 아는 바가 없었다. 고작 어린 시절 시골에서 잠시 자연을 만났던 것이 전부였다. 나무 이름, 풀 이름 하나 모르던 그였다.

지역에서 작은 학교 운동도 하시던 환생교 선생님들이 이번 한 번만이라도 꼭 가자고 하셔서 1박 2일 생태 기행을 가게 됐어요. 교직 경력 5년이 지나고 1정 연수 받고 심란한 때였는데, 그때 느낌이 아주 좋았던 것 같아요. 그리고 만난 선생님들이 뭔가 세상을 달관한 모습과 같아서도 좋았고요. 제가 그때 카메라에 관심이 많을 때여서 카메라 들고 사진을 찍으면 사람들이 잘

찍는다고 해 주었죠. 그래서 거의 주말마다 쫓아다녔는데, 그때 쓴 수첩이 지금도 있어요. 전 선생님들이 하는 말을 수첩에 모두 다 적고 후기를 남기고 그랬어요. 선생님들은 이경원이랑 같이 가면 사진도 찍어 주고 후기도 남기니까 좋다고 하셨죠. 저도 다른 데서는 듣지 못할 이야기들을 들을 수 있어서 좋았고요. 그러다 보니까 저도 지역에서 사시사철 자연학교라는 생태 프로그램을 진행하게 되었죠. 그때 처음으로 아이들과 다르게 지내는 법을 익힌 것 같아요.

그에게 학교 밖 생태학교는 전혀 다른 경험을 안겨다 주었다. 주말을 반납하며 다니는 것이 힘들었지만, 학교에서는 채워지지 않는 경험을 할 수 있었다. 그때까지만 해도 그는 교과서를 진도대로 가르치고 인터넷 수업 사이트를 사용하는 교사였다. 교사는 당연히 그렇게 사는 것이라 여겼다. 반면 생태학교는 아이들과 다르게 만나는 법을 그에게 가르쳐 주었다. 학교에서 채워지지 않는 자존감까지 얻는 느낌이었다. 그가 아침 나들이를 시작하게 된 것도 바로 이런 경험을 학교로 이어 가고 싶은 마음 때문이었다. 그는 아이들에게 좋은 경험과 감각을 익히게 하는 교육 활동으로 생태 교육만 한 것이 없다고 생각한다. 특히 감각을 중심에 둔 생태 교육에선 생명을 직접 만져 보고 냄새를 확인하고 맛을 보는 활동이 중요하다 여긴다. 자연 속으로 들어가 잠시 멈추곤 자연의 소리에 귀를 기울이는 활동에도 그는 관심이 많다. 이런 활동이 도시에서만 살아가는 아이들에게 감각에 대한 중요한 경험을 할 수 있게 해 주기 때문이다.

❝

시골에서 자연을 만나긴 했지만 그냥 자연에 있었을 뿐이지 자연을 즐기는 도구로만 봤어요. 지금은 자연이 나와 같은 존재, 친구라고 생각하죠. 물론 애들한테 설명하려고 잎을 따기도 하지만 마음으로 미안해하며 보여 주죠. 그런 생태 교육은 좀 다르다고 생각해요. 제가 교사기 때문에 아이들과 나누고 싶다고 생각해요. 지금은 학교 밖 생태학교에 나가지 않아요. 왜냐면 생태학교는 제가 있는 곳이 아니잖아요. 저는 제가 있는 우리 학교 아이들한테 이걸 경험하게 해 주고 싶었어요. 지금은 '모당 Nature'라고 이름 짓고 모당초에서 생태를 경험하게 해 주고 있죠. 서정초에서부터 지금까지 10년 정도 했어요. 때로는 40~50명이 올 때도 있죠. 코스를 보고 오곤 하는데, 주로 야간 산행을 할 때 많이 와요. 학부모님들도 같이 오게 하죠. 무덤까지도 가고 하니 애들이 그걸 즐기죠. 이런 자리에서 저는 아이들과 학부모들과 여러 가지 이야기를 자연스럽게 해요. 꾸준히 하고 있는 것 중 하나예요. 아이들이 그걸 중요하게 여겼으면 하는 생각으로 하죠. 전 교사들이 이런 느낌을 가지면 좋겠어요.

❞

그는 생태 교육이 학교 교육과정에서 소홀히 다뤄지는 것을 안타깝게 여긴다. 그의 생태 교육은 크게 세 가지로 나뉘어 진행된다. 생명에 대한 감각 익히기, 진짜와 접촉하기, 진짜 소리 듣기이다. 그가 만난 아이들은 여행 중 만난 작은 동물이나 특이한 식물에 더 관심을 보였다. 아이는 그 순간을 기억한다. 따라서 아이들은 생명을 만나야 하고 그것을 경험하는 것이 필요하다고 생각한다. 요즘 아이들은 '진짜'와, 아이들 주변을 넘어서 존재하는 것들과 만나는 것에 약할 수밖에 없기 때문이다. 생명을 만난다는 것은 '진짜'와 접촉한 아이들만 받을 수 있는 축복과 같을 수밖에 없다. 그는 아이들을 둘러싸고 있는 가짜 소리(기계가 만든, 기계로 듣는 소리)는 진짜 소리가 들려주는 감각에는 미치지 못한다고 여긴다. 잠시 쉬면서 아이들이 자연의 소리, 숲속의 소리를 듣는 것은 그 무엇보다 소중한 시간이며 삶에서 아주 중요한 가치를 지니고 있다고 생각한다.

교육에는 다양한 스펙트럼이 있다고 봐요. 그중에서도 생태 교육은 비중이 크다고 생각하는데, 학교교육보다 더 중요하다고 생각해요. 전 생태를 접하고 나서 외롭지 않다는 생각을 하게 됐어요. 심지어 외국에 가서도 그래요. 여기서 보는 식물이 거기에도 있고 동물도 거기에 있어요. 저는 이런 걸 아이들에게 얘기해 주고 싶어요. 이게 너희 친구라고 생각한다면 외롭게 살지 않을 수 있지 않을까? 너희도 그렇지 않을까? 아이들이 커도 없어지지는 않을 거니까요. 저는 자연에도 친구가 있다는 걸 알려 주고 싶었던 것 같아요. 학교교육에서 생태를 다루는 부분이 없지는 않지만, 저는 그걸 넘어서려고 하는 편이죠. 그래서 학교교육보다 생태 교육이 더 중요하다고 생각해요. 아침 나들이를 빠지지 않고 하려는 주요 이유가 그거예요. 자연스럽게 만나는 생태가 저한테는 중요했으니까요.

러시아의 교육 사상가이자 교육자였던 바실리 알렉산드로비치 수호믈린스키는 어린아이들에게 '자연으로 떠나는 소풍'을 강조했다. 실제로 이것은 그의 초등 교육 방법론의 필수 요소이기도 했다. 그는 야외 수업을 통해서 아이들이 자연 현상 간의 관계를 알아내고, 이것을 이해할 수 있도록 다양한 질문을 던졌다. 무려 300여 가지의 야외 수업을 개발했는데, 아이들은 이 시간을 통해 자연 세계의 끊임없는 성장과 쇠퇴, 순환과 생명의 근원이 되는 태양의 역할은 물론이고, 자연을 관찰하면서 생긴 수많은 주제들에 대해서도 깊이 생각해 보게 했다. 수호믈린스키는 지적 발달에서 관찰력이 핵심적인 부분을 차지한다고 보았다. 이경원의 생태 교육은 이런 점에서도 매우 의미 있는 시도라고 볼 수 있다. 수호믈린스키가 교장으로서 교사들에게 조언하는 다음과 같은 말은 그의 생각과 매우 맞닿아 있다.

나는 교사들에게 이렇게 조언한다. "만약 학생이 이해하지 못하는 부분이 생긴다면, 그리고 학생의 사고가 새장 속에 갇힌 새처럼 절망적인 날갯짓을 한다면 여러분 스스로를 신중하게 바라보세요. 아이의 의식샘이 말라붙었나요? 영원한 사고의 원천이자 생명을 주는 사고의 원천인 객체의 세계와 자연 현상으로부터 단절되었나요? 이 샘을 자연과 물체, 주변 세계라는 바다와 연결한다면 살아 있는 생각의 샘물이 어떻게 샘솟는지 보게 될 것입니다.

- 앨런 코커릴, 함영기 옮김(2019), 《바실리 수호믈린스키 아이들은 한 명 한 명 빛나야 한다》, 132쪽

이경원

새로운 수업과 통과 의례

이경원은 그저 아이들과 노는 게 좋은 교사였다. 흥밋거리들을 가져와 수업의 지루함을 덜고 국가 교육과정을 어떻게 하면 좀 더 효과적으로 잘 전달할 수 있는지에 관심을 두었다. 10년 전 그는 사진과 컴퓨터에 관심을 쏟아 교육 활동에 이를 적극적으로 끌어들이기도 했다. UCC 제작을 하면서 아이들과 각종 대회에 참가해 상을 받기도 했다. 학기 말 정도나 돼서, 그것도 아이들에게 영화를 보여 주기 싫어 단발로 프로젝트 수업을 하거나 학기 말 잔치를 벌이는 정도였다. 학교 밖 생태 교육 활동을 하면서 교육을 보는 눈과 아이들을 대하는 방법이 조금씩 바뀌고 있을 뿐이었다. 수업관은 크게 바뀐 게 없었다. 그러던 때, 혁신학교에 함께하자는 제안을 받게 된다. 그곳이 바로 그의 수업이 완전히 바뀌게 된 서정초등학교였다.

> 66
>
> 당시만 해도 저는 혁신학교가 뭔지도 몰랐고 뭔가 나서는 것 같
> 아 꺼려졌어요. 저는 집에서 혼자 있기를 좋아하고 조용히 있기
> 를 좋아하는 사람이라, '지금 있는 곳에서도 행복해' 하는 생각
> 이었거든요. 그냥 주변에 있는 선생님들이 '이경원이 와야 될 것
> 같아'라고 말했던 것 같아요. 그분들이 저를 원했던 건 아이들
> 과 잘 지내는 제 모습을 보고 그랬던 것 같아요. 원래 혁신학교
> 는 행복한 학교라는 이미지가 있잖아요. 거기에 제가 맞는다고
> 생각하고 저를 부른 거였죠. 사실 저는 그런 사람이 아닌데. (하
> 하) 그래서 간 거죠 뭐.
>
> 99

그가 찾아간 혹은 불려 간 서정초는 그에게 수업을 바꿀 결정적인
계기를 만들어 준 곳이었고 다양한 교육적 시도를 할 수 있도록 열어 준
곳이다. 그러나 그에게 가슴 아프고 속상하고 힘들었던 기억이 적지 않
은 곳이기도 했다. 아이들과 노는 게 더 좋은 성향과 조용히 혼자 있는
걸 좋아하는 성격은 동료 교사들로부터 많은 오해와 편견을 갖게 했다.
아직 혁신학교의 틀을 갖추지 못했던 당시 학교 상황에서 그가 동료 교
사들과 협업을 하지 못하는 교사, 자신의 교육 방식만 옳다고 여기는 교
사로 보이게 하는 사건과 사고들로 그는 더욱 힘들어져 갔다. 심지어 그
의 실천이 알려지고 방송을 비롯해 전국 각지에서 그를 찾는 일들이 많
아지면서 나서기 좋아하고 드러내기를 좋아하는 교사로까지 알려지기
시작했다. 이 모든 상황을 그는 한동안 이해하지 못하고 힘들어했다.

"혁신학교는 업무를 안 준다고 하는데 우리는 뭘 해야 할까요? 우리는 업무가 없으니까 우리가 방과 후 업무를 하든지 동아리를 하든지 뭐라도 합시다" 했더니 다른 선생님들이 그런 걸 왜 교사가 하느냐고 반대했어요. 좀 다른 생각을 했던 거죠. '교재 연구를 해야 한다고 하는데 교재 연구는 집에서도 할 수 있는 거 아닌가?' 생각했어요. 당시 저는 아이들과 학교에서 더 많은 시간을 보내야 한다고 여겼죠. 지금도 다르지는 않아요. 그런 것이 기본적으로 공유가 안 되고 맞지 않았죠. 그때 당시 저는 수업을 마치고도 아이들하고 뭔가를 하고 있고 그래서 이상하다고 생각했을 거예요. 그 부분도 공유가 되지 않은 것 같아요. 기본적으로 저를 이해하지 못했을 수도 있죠.

그러던 중 사건이 하나 발생하게 된다. 당시 서정초는 파격적으로 인터넷 카페를 만들어서 학부모, 교사 모두 자유롭게 글을 올리며 소통하려 했다. 그러다 한 학부모가 두 반밖에 없는 6학년에서 왜 서로 수업이 다르냐고 공개적으로 항의를 하게 된 것. 그는 옆 반 교사와 함께할 수 있는 것을 찾다가 기존 수업과 다르게 주제를 정해 마인드맵을 그려 가며 수업하는 방식을 생각해 내게 된다. 이것이 그가 수업을 모두 바꾸게 된 계기였다.

주제를 정해 수업하는 것은 어떻게 보면 모험이잖아요. 이걸 하면서 제일 신경을 썼던 건 아이들과 부모님이었어요. 아이들의 반응은 바로 알 수 있었죠. 수업에서 달라지는 모습을 볼 수 있었으니까요. 하지만 부모님이 문제였어요. (……) 그때 제가 학년 부장이어서 학년을 안정화시켜야 했는데, 그러기 위해서 학부모 들에게 우리의 수업을 이해시키고 믿게 만들어야만 했어요. 그 당시만 해도 혁신학교 초창기였기 때문이죠. 그래서 제가 동료 교사들에게 '학부모들이 우리 교사들을 믿게 하는 게 중요하 다, 그러기 위해서는 학부모에게 수업을 공개하자'고 했죠. 동료 교사들한테는 제가 하는 걸 허락받았어요. 그래서 저는 날마다 학부모님 4~5명씩 조를 짜서 오시게 하고 공책을 드리며 함께 수업 협의회를 했어요. 그때 그분들이 했던 말이 있어요. 그 부 모님들이 자신들은 그런 수업을 경험해 보지 못했지만 우리 아 이가 이런 수업을 듣고 있어서 좋고, 이런 수업이 왜 학력을 떨 어뜨린다고 하는지 모르겠다고. 그런 좋은 평이 저에게는 큰 힘 이 되었죠.

그러나 수업 공개는 또 하나의 사건으로 이어져 그를 곤경에 빠뜨렸 다. 한 학부모가 학부모 신문에 그의 공개 수업을 기사화했던 것이다. 학 교는 급히 전체 회의를 소집했다. 그가 수업을 공개해서 전체 교사들을 곤란하게 만들었다는 내용이었다. 그는 교사가 수업을 공개하는 것이 왜 지탄받을 일인지를 이해할 수 없었다. 그는 혁신학교에서도 남과 다른 활 동을 하는 일에 조심해야 한다는 사실을 인정할 수밖에 없었다. 6학년 아이들과 네 번이나 갔다는 당시 독도 여행이 만들어 준 오해도 적지 않 았다. 물론 아이들과 하는 활동이나 동료 교사들과 어울리는 면에서 그 가 늘 옳은 판단을 하지는 않았을 것이다. 혁신학교라지만 교사들이 가 진 사고와 풍토가 그의 성격이나 성향과 맞지 않았던 면도 분명히 있을 것이다. 이는 옳고 그름의 문제라기보다 현재 우리네 학교 사회에서는 이런 문제가 빚어질 수밖에 없는 상황이 있다는 것이다. 이를 서로 인정하지 않고서는 대화와 소통이 힘들 수밖에 없다. 이런 현실에서 그가 경험한 고통과 시련은 한국이라는 사회와 학교에서 새로운 수업에 도전하려는 교사들이 겪어야 할 통과 의례인지도 모른다.

수업을 바꾸자 모든 아이들이 보였다

이경원이 처음부터 주제 중심 교육과정에 이해와 실천이 깊었던 것은 아니었다. 옆 반 교사와 새롭게 수업을 기획하고 준비하면서도 그는 자신이 하는 수업이 어떤 유형인지는 알지 못했다. 심지어 같은 학교에서 근무했던 한 선배 교사에게 보여 주고서야 자신의 실천이 주제 중심 교육과정이라는 걸 뒤늦게 알게 되기도 했다. 처음에는 그저 서툴 수밖에 없었고 마인드맵을 그려 주제를 어떻게 펼쳐 나갈 것인가 고민을 하는 정도였다. 그는 자신의 수업을 돌아보면서 일반적으로 교과 수업을 해 나갈 때, 깨닫지 못했던 지점을 '왜'라는 질문을 통해서 확인할 수 있었다. 아이들이 허무함과 무기력함에서 벗어나려면 어떻게 해야 할지를 끊임없이 생각했다. '왜'라는 질문을 던지지 않고서는 '배움'을 바라보는 눈을 키울 수가 없었기 때문이었다. 교사 스스로 성찰하지 않고서는 답을 찾을 수도 없었다. 이를 제대로 실현해 내기 위해 그는 교육과정 재구성을 선택했고, 그렇게 시작한 것이 바로 뒤늦게 알게 된 '주제 중심 교육과정'이었다.

'잠깐만, 내가 아이들과 교육 활동을 할 때 가장 중심에 두는 것은 무엇이었더라? 아이들의 마음을 움직이는 것이 아니었나?

맞아. 아이들이 바르게 살아가길 바라고 인간답게 살아가길 바라며 이것저것 했었지. 결국 아이들의 마음을 교육하는 것. 이것이 내가 그동안 하고 싶었던 교육이었어. 그렇다면 무엇을 기준으로 삼아야 할까? 마음?' 이런 생각 끝에 처음 나온 주제가 '나라 사랑'이라는 주제였습니다. (……) 주제를 중심으로 각 교과 단원들을 연결하여 공부하는 것만으로도 교사나 아이들에게 우리가 지금 이 공부를 왜 하는지에 대한 답이 되었고, 그렇게 시작한 주제 중심 교육과정은 생각지도 못한 놀라운 결과를 보여 주었습니다. 단지 '왜'를 생각하며 구성한 교육과정의 힘은 대단했습니다.

- 이경원(2014), 앞의 책, 136~137쪽

2010년 여름이 그가 혼자 교육과정을 재구성할 때였다면, 2011년에는 동학년 교사들과 교육과정을 재구성하기 시작했다. 혼자서 할 때와 함께 구성하는 교육과정은 다를 수밖에 없었다. 그는 함께하는 일이 힘들었다. 혼자 재구성할 때는 자신이 좋아하는 것으로만 채울 수 있었지간, 함께 재구성하려 하니 서로의 생각이 달라 쉽지 않았다. 그렇지만 협력하고 타협하며 재구성한 교육과정이 혼자 했을 때보다 훨씬 풍부해졌다는 것을 느낄 수 있었다.

그렇게 만들어진 서정초 6학년 교육과정은 어떤 특정한 이론을 적용한 사례는 아니었다. 그는 늘 자신이 연구자라기보다는 현장 교사라는 생각을 했다. '난 현장 교사고 내 옆에는 항상 아이들이 함께하니까, 난 아이들과 생활하는 데 집중해야 할 것 같아' 그는 이런 생각으로 특정한 철학과 이론에 깊이 빠져들기보다는 길을 잃지 않을 정도의 나침반으로만 여기기로 했다.

교육과정을 재구성한다는 것은 교사에게 전체적인 맥락을 이해할 수 있는 눈을 가질 수 있도록 하는 것이었습니다. 과목별 세세한 내용을 생각하기 이전에 전체적인 성취 기준을 분석할 수 있다면 비슷해 보이는 성취 기준끼리 연결해 낼 수 있을 것입니다. 이때 그 중심에 들어가야 하는 것이 바로 '우리 아이들에게 어떤 마음을 주어야 할까?'였고 그 마음을 주제로 표현해 냈습니다. 주제를 정하는 세 가지 방법을 정리해 보자면 첫째, 아이들과 어떤 마음을 나누고 싶은지 생각한다. 둘째, 교육과정 성취 기준을 전체적으로 분석하고 확인한다. 셋째, 학교의 행사나 계절적인 요인들을 반영한다.

- 이경원(2014), 앞의 책, 173쪽

이경원

그렇게 주제를 정하고 마인드맵을 그려 가며 하고 싶은 것, 가고 싶은 곳, 보고 싶은 것들을 자유롭게 적어 나갔다. 그러나 이렇게 1년을 운영해 보고 나니 왠지 너무 어수선하고 정리되지 않은 듯한 느낌이 들었다. 학부모들은 교과 지식에 대해서도 관심이 많은데 이런 부분을 선명하게 보여 주지 못하고 있다는 생각도 하게 됐다. 실제로는 하고 있었지만 한눈에 들어오지 않아 늘 아쉽기만 했다. 그러던 어느 날, 그는 마인드맵을 그릴 때 영역을 나눠 보기로 했다. 가장 핵심인 마음 영역, 고학년이니 지식 영역, 현장 학습을 가야 하는 경우가 많으니 경험 영역, 미술 시간과 실과 시간에 만들고 그리는 것이 많으니 예술 영역, 체육 시간이 있으니 신체 영역으로 나눠 그려 보고 고민했다. 동학년 교사들에게 동의도 얻었다. 이경원만의 주제 중심 교육과정의 다섯 가지 카테고리는 이렇게 만들어졌다.

66

처음에는 카테고리 없이 주제에서 바로 연결해서 복잡하게 했었죠. 그럼에도 아이들은 잘 알아듣더라고요. 근데 뭔가 아쉬웠어요, 너무 복잡하기도 하고. 아까도 학교교육이라는 건 교육이라는 커다란 틀의 일부분일 뿐이라고 했잖아요. 교육이라는 큰 것을 보아야 하는데, 이것만 가지고 교육이 되는 건 아니잖아요. 확장되어야 한다고 생각했죠. '아이들이 이걸 실제로 짜 보는 경험도 중요해. 그런데 막 짜라고 하면 못 짤 건데? 그럼 내가 카테고리를 만들어 볼까? 내가 중요하게 생각하는 게 '마음', 6학년 아이들이니까 반드시 지식은 다뤄야 해, 그래서 '지식'. 지식으로만 하면 안 되지 '경험'이 필요해. 경험은 또 '예술'과 함께 하면 좋아, 몸도 다스려야하니까 '신체'도 넣으면 좋지 않을까?' 나름대로 체계적이죠? (하하하) 이렇게 만들어 했더니 아이들도 괜찮다고 하더라고요.

99

일반적으로 주제 중심 교육과정을 하게 되면 대표적인 첫 그림이 바로 주제망 짜기이다. 대개 한 가지 주제에서 여러 교과를 연결시키고 활동들을 만들어 성취 기준에 따라 배치한다. 이것을 다시 문서화해 교과별로 시간을 빼 와 배분하고 하나의 완성된 틀로 아이들과 학부모들에게 제시한다. 이는 다분히 기계적일 수밖에 없다. 그래서 교사들에게 교육과정 재구성 혹은 주제 중심 교육과정이 하나의 기법인 것처럼 받아들여질 수도 있다. 교육청과 학교에서도 주제망을 짜고 문서를 만드는 데 집중하여 교사들을 교육과정 재구성 연수라는 명목으로 훈련을 시키고 있다. 그러나 이 지점에 빠진 것이 있다. 그것은 바로 이경원이 들려준 '왜'와 '교사의 철학' 혹은 '교사의 마음'이다. 뭔가 아쉬운 생각에, 그리고 우연한 기회에 만들어진 것 같은 이경원의 다섯 가지 카테고리에는 그의 세계관과 교육관이 고스란히 담겨 있다.

이 다섯 가지 카테고리를 바탕으로 전 방학 과제를 내 줘요. 아이들에게는 "너희가 하고 싶은 주제를 정해. 주제는 뭘 정해도 상관없어. 다만 이 다섯 가지 영역에서 뭘 할 건지는 계획을 세워야 해" 이렇게 했더니 애들이 주제를 정하는 데 거리낌이 없었어요. 주제에 영역이 있다 보니까 노는 걸로만 할 수는 없는 거예요. 방콕 앤 방글라데시, 다이어트, '덕질' 이런 주제도 있었어요. "좋아, 해라!", "어떤 지식과 마음으로 어떤 경험을 할 건지, 어떤 예술 활동과 신체 활동을 할 건지를 정해라." 이걸 방학

전에 저랑 합의하고 그걸 해 오면 되는 거예요. 이렇게 하는 게
애들도 도움이 되었다고 하더라고요.

평소 '마음'을 중요시 여겼던 그에게 한 가지 주제에서 이 마음 교육
에 깊이 들어갈 수 있어야 한다는 삶의 철학이 이 카테고리에 그대로 담
겨 있다. 지식도 빼놓을 수 없다. 고학년일수록 지식의 습득이 아이들에
게 성취감을 줄 수 있다는 것을 그는 잘 알고 있었다. 특히 주제 중심 교
육과정에서 활동에만 집중하다 '지식'을 습득하게 하는 것을 놓칠 수 있
는데 그는 이러한 점도 놓치지 않았다. 수업에서 '경험'은 이제 새삼 강조
할 필요도 없다. 이 경험이 막연한 경험이 아니라 예술적 체험과 신체적
인 체험으로 확장되길 바라는 그의 교육관이 그대로 담겨 있다. 이러한
다섯 가지 카테고리를 매개로 여러 교과가 하나의 주제로 스며들게 하는
과정에서 아이들과 교사는 무엇을 배우고 가르칠지를 좀 더 뚜렷하게 만
들어 냈다. 이경원은 이 과정에서 가장 큰 깨달음을 얻었다. 기존의 교과
위주의 진도 빼기 수업에서는 늘 발표를 열심히 하거나 공부를 잘하는
아이들에게만 관심이 있었다면, 주제 중심 수업에서는 모든 아이들의 성
장 과정을 지켜볼 수 있었던 것. 수업을 바꾸자 비로소 모든 아이들이 보
였다.

결국에는 우리가 수업이라는 계획서 안에 우리를 집어넣고 아
이들을 가르치고 만나다 보니 아무런 확장성이 없어요. 문서 안
에 갇혀 있는 꼴밖에 되지 않잖아요. 그것을 벗어나는 데 필요
한 것이 철학이라 생각해요. 우리한테는 계획서가 아니라 철학
이 필요한데, 우리는 자꾸 계획서를 만들어 낸다는 말이에요.

물론 계획서도 필요하죠. 저 높은 사람들을 만나는 데는 계획서
가 필요할지 몰라요. 하지만 아이들을 만나는 우리한테는 계획
서가 아니라 철학이 필요해요. 우리가 가지고 있는 철학을 나눌
수 있고 그것을 실현할 수 있는 사람이 교사다, 이렇게 인식만
바꿔도 좋지 않을까요? 그 인식을 바꾸는 것도 쉽지 않은 것 같
지만요.

교육과정은 아이들과 함께 만드는 것

교사들은 '프로젝트 수업' 또는 '주제 중심 수업'을 통해 다양한 교
과를 통합하거나 연결해서 수업을 확장시키고 있다. 학교 현장에서는 프
로젝트 수업과 주제 중심 수업의 개념이 섞여 쓰인다. 이 지점을 이경원
은 한국교원대학교 정광순 교수의 말을 빌려 나름 뚜렷하게 구분 지었
다. 즉 프로젝트 수업이 국가 교육과정이 느슨하거나 큰 틀에서 제시되
는 나라에서 아이들 발달 단계에 맞게 이런저런 주제를 가져와 풀어내
는 것을 말한다면, 주제 중심 수업은 우리나라처럼 국가 교육과정이 세
밀하게 짜여 있는 상황에서 여러 교과를 통합시켜 하나의 주제로 소화시
켜 내는 것을 말한다는 것이다. 그렇지만 이러한 구분은 교사의 구분이
고 시선이지 정작 수업을 하는 아이들은 이 둘을 구분하지 못한다. 아이
들은 그저 수업을 살아갈 뿐이다.

수업에서 전 시간을 봤어요. 프로젝트는 기본적으로 그 행위를
하는 시간이 정해진 경우가 있죠. 수요일이나 방과 후에 한다든

가 하는, 시간과 기간이 정해져 있죠. 시간이라고 하는 게 계속 이어져 있는 게 아니라 프로젝트와 일반 수업이 나뉘어 있는 거죠. 그래서 오전에는 일반 수업, 오후에는 프로젝트 수업을 하는 거예요. 하지만 아이들한테는 프로젝트 수업이 앞뒤의 수업과 다른 수업이라고 느껴지지 않고 다만 변화하는 시간으로 분리되어 있는 것이 아닌가 하는 생각이 들더라고요. 그런데 주제 중심 교육에서는, 아이들은 쉬는 시간, 중간놀이 시간도 수업과 다 연결되어 있다고 생각할 거예요. 특별한 수업을 '그때 해요'가 아니라 학교에 오면 그냥 그걸 하는 것이고, 늘 하는 수업? 학교에서 온전히 하다 보면 집에 가서도 연결될 수도 있는. 그런 면에서 다르지 않을까? 저는 이렇게 표현하죠. 프로젝트는 특식, 똑같은 수업에서 별다른 수업. 그러나 주제 중심 수업은 매일 먹는 밥, 그런데 밥이 조금 다르지? 그런데 매일 그걸 먹는 거야. 이렇게 구분 짓고 있어서 저는 주제 중심 교육이 아이들과 살아가는 모습과 맞다고 생각했어요.

이경원

일상에서 아이들은 매우 능동적이고 어떤 사물과 대상에 대해 적극적인 행동을 보인다. 학교 수업을 수동적으로 수행하는 모습과는 무척 다르다. 이런 일상과 수업의 괴리가 아이들을 배움으로부터 도망치게 하거나 멀어지게 했다는 주장은 오래전부터 있었다. 이를 극복하고자 배움으로 향하는 아이들의 자발성을 어떻게 끌어낼 것인가가 최근 수업 혁신의 최대 화두인 것이다. 이런 기대를 가지고 바라본 그의 수업은 의문을 가질 수밖에 없었다. '인간'이라는 새로운 주제로 다섯 개의 카테고리에서 펼쳐 나가는 주제망들을 교사가 주도해 미리 준비해 오고 학생들은 그것을 자신의 스케치북에 그대로 따라 그리고 있었기 때문이었다. 물론 그 과정에서 학생들의 질문과 교사의 설명과 안내가 오고 갔지만, 처음부터 함께 학습 계획을 짜는 모습은 결코 아니었다. 그렇다면 그가 실천하는 주제 중심 교육과정은 결국 학생 중심이 아닌 교사 중심의 교육과정일까?

결론부터 말씀드리자면 절대 아닙니다. 계획은 교사가 중심이 되어 구성하지만 실천은 아이들 중심이기 때문입니다. 교사의 역할이 이때 중요하게 되는데, 교사는 아이들에게 전체적인 틀과 기준을 보여 주고 어느 수준 이상의 활동이 이루어질 수 있도록 도와주는 역할을 하는 것이죠. 저 같은 경우에는 6학년 수준에 어울리는 활동이 될 수 있도록 도와주는 역할을 하는 것이랍니다. 즉 활동을 할 때 가장 중심이 되는 것은 아이들이고, 아이들이 스스로 그 활동들을 채워 나가는 것이죠. 그리고 저는 옆에서 그 활동에 필요한 것을 제공하고, 다 채우지 못할 것 같거나 다른 것을 채울 것 같으면 그것을 안내해 주는 역할을 맡고 있습니다. (……) 배움이라는 것이 일방적으로 학생만의 문제도, 교사만의 문제도 아니라는 생각입니다. 결국 배움은 가르치는 자가 보여 주는 가르침의 다양한 모습과 배우는 자의 배움을 받아들이는 다양한 모습이 서로 계속해서 만나면서 이루어지며, 그것이 일정한 조화를 이루면서 배움이 일어난다고 생각하기 때문입니다.

- 이경원(2014), 앞의 책, 188~189쪽

그는 교육청에서 학생 주도형 수업을 하라는 것에 반감을 가지고 있다. 학생 주도형 수업은 학생이 주도성을 키우는 수업과 다르다는 생각 때문이다. 그는 수업은 학생이 주도하는 게 아니라, 교사와 학생이 관계를 맺는 가운데 학생이 주도적으로 참여하고 성취감을 느끼게 하는 것이라 여긴다. 어느 한쪽이 주도하게 돼서는 수업이 제대로 이뤄질 수 없다는 것이다. 따라서 주제 중심 수업은 학생과 교사가 서로 관계를 맺으면서 서로의 주도성을 살리며 존중할 때라야 장점을 제대로 살릴 수 있다고 본다. 이러한 바탕에는 그가 아이들을 바라보는 관점에서 출발한다. 그의 책 《교사의 탄생》의 한 꼭지에서 그는 '어린이와 어른'의 개념으르 수업을 개발했음을 밝히고 있다. 그는 요즘 아이들을 치열한 경쟁과 타쁜 부모들 사이에서 외로움을 느끼고 때때로 두려워 누구에게도 기댈 수 없는 존재로 보고 있다. 그는 이 아이들을 곁에서 돕고 싶어 했다. 자신과 살아가는 아이들은 언제든 어른에게 기대고 살아야 하는데 그 역할을 자신이 해 주겠다는 것이다. 그리고 그는 아이들에게는 스스로가 어린이라는 걸 인정하고 어린이답게 살라고 주문을 한다. 이런 생각이 고스란히 담긴 것이 이경원만의 철학이 담긴 주제 중심 교육과정이다.

66

제가 이런 주제 중심 수업을 한 기간과 하지 않은 기간이 각각 10년이거든요. 그 사이 뭐가 달라졌을까 돌아봤어요. 다른 점이 확실히 있어요. 그 전 10년에는 제가 관계하고 있는 아이들 40명 중 일부 몇 명은 저랑 관계도 좋고 굉장히 주도적이었어요. 나머지 아이들은 학교에 그냥 있다가 갔어요. 아이들이 어떻게 있다 간지 전 몰라요. 근데 주제 중심 교육과정을 한 10년 동안에는 달라졌어요. 우리 반 전체가 저랑 관계를 맺고 있고 아이들이 주도성을 가지게 되었어요. 이건 굉장히 큰 차이라고 생각했거든요. '어, 이거 뭐지? 왜 달라졌지?' 결국에는 아이들이 만들어 내는 주도성은 개인적인 성향도 있지만 문화에도 큰 영향을 받는다는 거예요. 이 교육과정은 철저하게 함께하고 협력하는 것을 기반으로 하기 때문이에요. 이 과정에서 주도성을 배운다는 거예요. 발현되기도 하고. 이 교육과정이 가지고 있는 가장 큰 장점은 교육이라는 커다란 측면에서는 학교교육이 차지하는 것이 미미하지만, 수업에서 주도성을 익히게 되면 이것이 교육 전반에 영향을 미친다는 거예요. 그래서 저는 이것을 굉장히 중요하게 다뤄야 한다고 보는 거죠.

복잡하고 난해한 주제 중심 교육과정과 수업

그의 주제 중심 수업은 하나의 주제를 정하고 다섯 개의 카테고리를 만들어 각 교과에서 필수적으로 다뤄야 할 것들을 펼쳐 나간다. 이것이 주제 중심 수업을 하기 위한 최소 기준이 된다. 그 이상 나아갈 때는 아이들과 얘기하면서 함께 푼다. 이 과정에서 국가에서 제시한 성취 기준을 다루면서 변화를 만들어 낸다. 그 변화는 예측할 수 없지만, 경험상 가능하다고 보았다. 이를테면, 수업 밑그림을 짜는 과정에서 바느질을 익히는 꼭지를 주제망에 표시하고 구상은 해 두지만, 바느질의 유래 혹은 다양한 방식과 적용 사례를 익혀 가는 과정은 아이들에게 열어 두는 과정을 거친다. 교과서에 제시된 내용과 사례를 넘어서는 접근은 일방적인 교사의 준비가 아닌 아이들과 의논을 하며 찾으며 만들어 가는 것이다. 그는 한 달이 넘는 동안 이 과정을 지켜보면서 함께한다. 한 주제 안에 다섯 개의 카테고리가 각각 따로 노는 것이 아니라 하나로 연결되어 있

234

어서 서로의 관계망에서 끌어와 할 수도 있고 변형을 시켜 이야기를 나누고 실행할 수도 있다. 이 과정에서 아이들과 교사는 많은 것을 느끼게 된다. 마치 작곡가가 한 곡의 흐름을 코드로 나타내는 것처럼 최소한의 주제망을 짜 주면 아이들은 그 틀에서 자유롭게 리듬과 박자를 만들어 내는 식인 것이다. 이렇게 조금씩 확장되는 주제망은 어떻게 보면 굉장히 복잡하고 난해해 보인다.

주제 중심 교육과정을 사람들은 너무 복잡하게 생각해요. 저는 너무 당연하다고 보는데요, 한번 보세요. 제가 오늘 아침부터 움직여서 버스를 타고 학교에 오기까지 굉장히 많은 이야기가 있을 거 아니에요. 그 이야기를 하려면 너무 길고 복잡하잖아요. 똑같아요. 제가 하는 수업이 제가 아이들과 사는 이야기란 말이죠. 그러니까 당연히 복잡하게 들릴 수밖에 없어요. 정해진 프로그램대로 운영하는 사람이 아니라, 그냥 애들하고 살고 있고 그 이야기를 들려주는 건데, 그걸 복잡하다고 생각한다는 거예요. 사는 이야기를 들었으니 당연히 복잡하죠. 그런데 사람들은 이렇게 사는 것을 수업으로 생각하는 게 아니라 "저 수업은 복잡해" 하면서 제 수업을 기존의 틀로만 보는 거예요.

교육과정과 수업의 모습이 본디 복잡할 수밖에 없다는 그의 얘기는 꽤나 설득력이 있다. 교과서를 읽고 따라 쓰고 몇 명이 발표하는 수업을 표준화된 수업 지도안에서 풀어내고 공개를 했던 이들에게 그의 수업은 복잡하고 필요 없는 문서까지 양산하는 이상한 수업으로 보일 수도 있었을 게다. 그러나 우리는 그간 복잡하고도 불필요하게 집행되고 진행되

이경원

는 교육과정과 문화에 대해서는 꽤나 관용적이지 않았나? 교육 기관과 교장의 권위적인 문화 풍토, 사업과 업무 중심의 학교는 참으로 많고도 불필요한 문서로 교사들의 수업을 방해해 왔다. 업무는 정교해지고 복잡해지는 반면, 수업은 오히려 점점 단순해지는 까닭을 교사 스스로 깨닫지 못했던 것은 아닐까? 기존의 복잡한 학교 문화에 지쳐 있는 교사들은 주제망에 따라 아이들과 교육과정을 확산해 가는 과정, 그 지점에서 배우고 익힐 내용을 정리해 가는 과정, 그것을 각각 직접 실행해 가는 과정을 복잡하고 난해하고 불필요한 문서를 만들어 내는 것이라 여겼던 것은 아니었을까.

경기도에서 수업 실기 대회가 사라지면서 배움 중심 수업이 강조될 때였어요. 당시 기획단이 연구회처럼 꾸려져서 참여했어요. 그곳에서 배움 중심 수업에 대한 이야기를 하는데 전 한마디도 하지 않고 가만히 앉아 있었어요. 왜 가만히 있었냐면 배움 중심 수업 양식과 계획표를 어떻게 만드는지에 대한 논의만 하고 있었기 때문이에요. 그때 저보고 가만히 있지 말고 말을 좀 하라고 하더라고요. 그래서 전 "배움 중심 수업에서 양식과 계획은 그다지 중요하지 않다고 생각합니다. 그냥 선생님들에게 왜 배움의 의미를 화두로 꺼냈는지, 수업을 어떻게 생각할지 시간을 좀 더 주었으면 좋겠습니다"라고 했죠. 그랬더니 뜻은 잘 알겠지만, 이 이야기는 해야 한다고 하더라고요. 그렇게 해서 나중에 배움 중심 수업 지도안이 돌아다녔죠. 그런데 지금은 그 양식을 아무도 기억하지 않아요.

　　그는 우리 학교와 교육이 불필요하게 가지고 있는 걸 내려놓는 것부터 시작해야 한다고 생각했다. 그도 처음에는 혁신학교에 가고 싶지 않았지만, 기존의 학교가 쓸데없이 가지고 있었던 것을 내려놓는 모습에 마음이 끌렸다고 한다. 그래서 그가 서정초에 가서 처음으로 제안한 것이 바로 학생회를 없애고 임원을 만들지 않고 학생에게 상장을 주지 않는 것이었다고 한다. 그는 우리가 하고자 하는 미래 교육도 마찬가지라 여긴다. 미래 교육을 말하기에 앞서 지금 우리가 해야 할 것은 정말 아이들에게 불필요하고 수업을 방해하는 것부터 없애자는 것이다. 점점 복잡해지고 난해해지는 학교 행정과 법령, 관행, 교장 중심의 권위적인 학교 문화가 엄연히 존재하는데, 이것을 버리지 않고 수업만 바꾸라며 교사들에게 창의적인 수업을 요구하는 것은 모순이라는 것이다.

　　그가 실천하는 주제 중심 교육과정에 따른 수업은 복잡할 수밖에 없는 또 하나의 이유가 있다. 그것은 수학 교과를 뺀 모든 교과를 통합하는 만큼 정교하게 다듬어 진행하지 않으면 이런 수업에서 소외받는 아이들이 생기거나 반드시 가르쳐야 할 내용을 빠뜨릴 수 있기 때문이다. 이와 관련해 이경원은 기본적으로 수업을 느리게 시작해서 빠르게 전개시킨다는 생각을 가지고 임하고 있다. 즉 주제망을 짜면서 시작하는 단계에서는 아이들에게 기초적인 교과의 내용과 기능을 천천히 소개하고 안내하면서 진행한다. 그는 이 과정을 충실하게 진행을 하면 전체적인 과정과 지식을 이해한 아이들은 속도감 있게 수업을 주도적으로 전개시킬 수 있다고 생각한다. 교사는 단지 어디서 멈춰야 하고 어디까지 가야 하는지를 조절하고 안내해 주기만 한다는 것이다. 이는 교사가 한 달이 넘는 교육과정의 전반을 꿰뚫고 세세하게 신경을 쓰지 않으면 할 수 없는 수업이다. 그래서 그에게 교육과정과 수업은 복잡할 수밖에 없다.

이경원

이경원

주제 중심 교육과정과 교사 전문성

　일반적으로 주제 중심 교육과정을 도식적으로 적용해서 주제망과 수업 계획을 짜고는 아이들의 학습 결과가 구체적으로 드러나기를 기대하며(혹은 결과가 나타나지 않을 것을 우려하며) 글쓰기(국어)와 만들기, 그리기(미술) 쪽으로 수업을 구성하기를 권유받는 교사 연수 과정으로는 이경원의 수업은 이해하기 어렵고 복잡하다. 그의 교실을 찾은 날, 나는 한 달간의 주제 수업을 마무리하고 새롭게 주제망을 짜는 그의 수업을 지켜보았다. 하얀 칠판 가운데에 '人間'이라는 주제를 쓰고 다섯 개의 카테고리를 적고 해당 영역에서 풀어 갈 각 교과의 주요 내용을 표기했다. 이때 그는 학생들의 생각을 들어 가며 안내를 하고 있었다. '경험' 영역에서 사회 교과의 주요 내용인 법원, 국회, 정부라는 삼권을 다루며 미국의 '라과디아 공항'에 대한 간단한 그림 표기와 언급을 하는 게 눈에 띄었다. 교과서에도 없는 저 내용을 그가 왜, 그토록 아이들에게 강조하려는지 궁금했다.

　아이들과 이 단원을 수업할 때 가장 많이 사용하는 수업 방법 중 하나는 아이들이 직접 헌법이나 법을 제정하고 그것을 바탕으로 자신들만의 미니 법정을 열어 재판을 해 보는 활동이다. 아이들은 재판을 좋아한다. 다른 사람의 잘못에 대해 비판하고 그것에 책임을 지도록 벌을 내리는 것을 좋아한다. 그래서 벌을 받지 않기 위해 법과 규칙을 잘 지켜야 함을 이야기할 수 있다. 하지만 그대로 수업을 끝내기엔 아쉬움이 컸다. 왜냐하면 법이라는 것도 결국은 사람을 위해 존재하는 것인데 이렇게만 끝내면 법이 모든 것의 판단 기준, 절대적인 기준이 되는 것처럼 보

일 수 있기 때문이다. 그래서 법과 제도를 넘어 우리 모두에게
생각할 기회를 줄 수 있다 생각한 라과디아 판사의 판결 이야기
를 가져와 수업을 했다. 아이들은 역할극 형태로 라과디아 판사
와 노인을 맡아서 연기했고, 다른 아이들은 방청객이 되어 지켜
보았다. 아이들의 반응은 어땠을까?

- 이경원(2018), 앞의 책, 155쪽

라과디아 공항이란 이름은 뉴욕의 전 시장이자 판사였던 피오렐로
라과디아의 이름을 딴 것인데, 그와 관련해서는 다음과 같은 일화가 전
해진다. 라과디아 판사는 어느 날, 사흘을 굶다 상점에서 빵 한 덩어리를
훔친 노인을 재판하게 된다. 판사는 법은 만인에게 평등하고 예외가 없
다는 말과 함께 10달러의 벌금형을 내린다. 그러나 판사는 이 노인이 살
기 위해 빵을 훔쳐야만 할 정도로 방치한 사회에도 책임이 있다며 자신
에게도 10달러의 벌금형을 내린다. 아울러 법정에 앉아 있던 시민들에게
도 50센트의 벌금형에 동참해 주길 권고한다. 그렇게 모인 57달러 50센
트는 노인에게 전해졌고 노인은 10달러를 벌금으로 내고 남은 돈을 손에
쥐고는 감격의 눈물을 글썽이며 법정을 나간다. 이 일화의 사실 여부는
확인되지 않았다. 그럼에도 그가 이 일화를 수업으로 끌어온 데에는 이
유가 있다. 그것은 바로 자신의 아이들이 법과 제도로만 세상을 보지 않
기를 바라는 마음 때문이었다. 교육과정과 성취 기준은 행정 기관과 삼
권 분립, 법원의 기능을 이해하는 데 목표를 두고 있지만, 그는 아이들이
주어진 것 이상의 지식을 갖길 원했던 것이다.

재판이 가진 한계를 이야기하고 싶었던 거예요. 재판으로 모든 게 해결되지 않는다. 법과 제도가 우리에게 필요하지만, 법과 제도를 깨야 한다, 결국에는. 그렇지 않으면 인간이 살기 힘들다. 법과 제도는 인간이 살기 위한 최소한의 것이지 전부가 아니라는 걸 말하고 싶었던 거죠. 아이들은 재판을 정말 좋아해요. 누군가를 심판하고 법으로 단죄하고 벌을 주는 걸 되게 좋아하거든요. 저는 그렇게 하는 걸로 세상이 돌아갈까 하는 질문을 던지고 싶은 거죠.

주제 중심 교육과정이 지식을 효과적으로 전달하는 데만 목적을 둔 국가 교육과정의 표준화된 수업을 대신할 수 있다는 견해가 있다. 그러나 지식을 어떻게 볼 것인가에 대한 논의와 합의가 없다면, 학생들이 받아들이는 수준은 크게 달라지지 않는다. 단지 지식을 받아들이는 방법을 다르게 느낄 뿐이다. 《생각에 관한 생각》의 대니얼 카너먼은 전문성은 단일한 능력이 아니라 여러 능력의 집합이며, 전문가라고 하더라도 조금 다른 영역에서는 초보적인 수준에 머물 수 있다고 했다. 흔히 전문가라고 하는 이들이 어느 특정 영역의 지식만 가지고 스스로를 전문가라고 칭한다고 할 때 지식의 편향성이 곧 그 사람의 세계관을 결정지을 수도 있는 것이다.

지식을 효과적으로 전달해 이해도를 높이는 것이 곧 교사의 전문성이라고 한다면, 주제 중심 교육과정을 가져와 수업 방식을 바꾼다고 해도 여전히 아이들은 배움의 가치를 깨닫지 못할 가능성이 높다. 이러한 점에서 이경원은 아이들이 지식을 그저 지식으로만 받아들이지 않고, 지식 너머에 있는 지식으로 자신의 세계관을 확장시키길 원했다. 오욱환은

241

《교사 전문성》에서 교사는 단순히 지식을 전달하는 데 있지 않아야 한다고 했다. 오히려 교사는 학생들에게 더 높은 것을 기대하고 이를 달성할 수 있도록 전략적으로 고무하며 인내심을 가지고 기다려야 한다고 했다. 그것이 전문성을 가진 교사의 자세라고 했다. 이경원은 주제 중심 교육과정을 단순히 지식을 전달하는 다른 방식으로 받아들이지 않았다. 한 가지 주제가 모든 교과를 관통하길 바라면서도 개별 교과에서 다루는 지식에서는 그 지식을 뛰어넘는 이야기가 만들어질 수 있도록 안내했다. 그리고 교사인 자신과 아이들이 같은 곳을 바라보길 바랐다.

생각하는 아이로 키운다는 것

그는 아이들이 자신의 수업을 통해서 생각하는 힘을 기르기를 바란다. 그는 그 힘을 '주체적으로 생각하는 힘'으로 정리한다. 이것은 앞에서 언급했던 주도성과 매우 깊은 관련이 있다. 아이들이 어떤 상황에 닥쳤을 때, 그저 남의 일처럼 바라보며 방관자로 남아 있기보다 달려들어 문제를 해결하려는 의지를 보이길 바란다. 때때로 그는 아이들의 행동 때문에 화가 났을 때, 순간 말을 안 하거나 일부러 이 상황에서는 수업을 할 수 없다고 가만히 앉아 있곤 한다. 누군가 말을 할 때까지 기다리는 것이다. 그러다 어떤 한 아이가 나서서 자신들이 얘기할 시간을 달라고 할 때, 슬그머니 나가서 아이들 스스로 문제를 해결하길 기다린다. 어떤 상황에 직면했을 때, 늘 교사가 도와주기만 하면 아이들은 결코 주도성을 발휘할 수 없다는 것이 그의 생각이다. 주도성을 발휘하는 것은 수업과 연결되어 있는데, 그는 수업을 통해서 이러한 주도성이 효과적으로 발휘될 수 있도록 생각하는 힘을 키워 주려 한다.

주제 중심 수업에서 생각하는 힘을 기르는 마지막 과정은 '평가'이다. 대개 프로젝트 수업이나 주제 중심 수업을 다루는 교사들이 쉽게 언급하지 못하고 다루지 않는 부분이 '평가'라고 볼 때, 그는 이와 달리 평가에 대한 언급을 빼놓지 않고 있다. 오히려 평가를 강조하고 있다. 아울러 일반적으로 선다형 위주로 진행되어 온 일제 고사의 폐해 때문에 과정에 중심을 둔 평가가 강조되면서 평가 횟수가 줄어드는 최근의 경향과 사뭇 다르게 평가 횟수도 적지 않다. 그는 교육과정 재구성의 핵심에 평가를 두어야 한다고 생각한다. 평가를 어떻게 하느냐가 교육과정을 운영하는 데 큰 영향을 미치고 있기 때문이다. 그는 주제가 끝날 때마다 서술 혹은 논술형 형태의 주제 평가를 치르고 있다. 혼합된 형태로 수업을 진행하다 보니 평가 문항도 과목들 구분이 애매한 형태의 문항들로 출제되는 것은 어쩌면 당연해 보인다.

이를테면, "다음의 날짜별 일기도를 참고하여 우리가 다녀온 울릉도 독도 기행문을 여정 견문 감상이 드러나도록 작성해 보시오"처럼 과학과 국어가 혼합된 형태의 문제들이 등장하는 것이다. 그가 평가를 할 때, 가장 먼저 고려하는 것은 융합된 형태이다. 다음으로는 자기 생각 쓰기이다. 지금까지 평가 형태가 사실이나 단편적인 지식들을 얼마나 알고 있는지 묻는 형태였다면, 주제 중심 수업을 마친 아이들은 이미 배운 사실과 단편적인 지식들을 평가 문항에 제시해 주고 그것들을 이용해 자신만의 생각을 글에 담는 평가지를 작성해야 한다. 그의 이런 평가에 아이들은 적지 않은 호응을 해 왔다. 아이들은 배운 과정을 이용해 자기 생각을 담아 글을 쓰는 것뿐만 아니라 때때로 평가가 이렇게 재미있었는지 몰랐다는 말을 그에게 건네곤 했다. 그의 수업을 만나러 갔던 날, 1, 2교시는 우연히도 주제 수업을 모두 마치고 평가를 하는 날이었다. 이따금 고민을 하며 힘들게 답을 써 나가는 아이들 모습이 사뭇 진지해 보였다.

우리 사회는 평가가 공정해야 한다고 생각해요. 하지만 저는 세상에 공정한 평가가 있을까 싶어요. 저는 물음이 잘못됐다고 봐요. 아이들 여건이 다 다른데 어떻게 공정하다고 할 수 있을까요? 어떤 친구는 학원에 다니면서 공부하는데, 학원을 안 다니는 아이와 똑같이 시험을 치면 그것을 공정하다고 할 수 있나요? 공정함에 치우치기보다 저는 타당한가에 초점이 맞춰져야 한다고 봐요. 아이들이 교육과정을 바탕으로 교사가 준비한 내용을 제대로 익혔는지를 알아보는 평가로서 타당한가를 먼저 봐야 한다는 거죠. 평가는 그렇게 만들어 가야 하지 않을까요? 교사가 만든 수업 내용을 가지고 평가해야 하지 않을까요? 그래서 저는 아이들과 이렇게 평가를 하고 있죠. 아이들은 평가가 재미있다고 해요. 자신이 공부한 내용을 다시 떠올리고 돌아봐야 하는 과정이어서 의미 있다고 생각하는 거죠.

이날의 평가는 6학년이 같은 시간에 친 일제식 총괄 평가의 성격을 띠고 있었다. 주제 중심 수업의 끝자락에 이어진 총괄 평가에 대해 의문을 품는 내게 그는 오히려 되물었다. 일제 고사형 지필 평가를 잘못 운영해 온 지난 역사 때문에 꼭 필요한 평가를 하지 못하는 것은 옳지 않다는 것이다. 그는 평가를 준비하면서 동학년 교사들과 지난 한 달 동안 같은 색깔이지만 일정 부분 조금은 다르게 진행해 온 사항을 먼저 점검한다. 주제를 잡아 처음에 목표를 잡은 지점을 아이들이 얼마나 알고 있는지 알아보기 위한 평가를 함께 고민하면서 충분하지 못했던 지식을 문항에 담아 평가 과정에서도 배울 수 있도록 안내하는 것이다. 평가를 끝낸 뒤에도 그는 그대로 마치는 게 아니라, 미처 익히지 못한 부분이 무엇인지를 확인해 피드백을 빼놓지 않는다. 이런 과정이 주제 중심 교육과정이 추구하는 목표에 도달해 가는 길이라는 것이 한결같은 그의 생각이다.

시험을 치른 다음에는 아이들과 같이 다시 함께 보는 시간을 가지죠. 서술형이다 보니 아이가 어떻게 이해했는지 파악이 가능해서 좋아요. 평가의 내용을 쓰지 못한 것이 알지 못해서인지, 풀어내는 기본 사고력에 문제가 있어서인지 파악할 수 있죠. 그건 제가 수업 시간에 아이들의 모습을 계속 관찰하고 있기 때문에 가능해요. 아이의 평가 결과에 따라 알맞은 피드백을 제안해요. 단순한 복습이 아니라, 아이를 전체적으로 보고 피드백해요. 그러려면 아이가 하는 행동에 대해 제가 잘 알고 있어야 하죠. 기본적으로 이 수업에서는 어떤 반응을 보였고 어떤 과정을 밟았는지 계속 지켜보면서 기록을 해 두죠.

이처럼 그가 아이들의 생각을 키우는 수업을 하기 위해서는 많은 준비와 노력이 필요하다. 그 많은 준비 과정에서 꼭 빼놓지 않은 부분이 글쓰기 교육과 그림 그리기 교육이다. 그는 수업 시간에 반드시 공책을 쓴다. 아이들에게 알게 된 사실, 느낌, 생각을 구분지어 쓰는 것을 알려 주고 수업 시간에 연습을 시킨다. 다음으로는 글 쓴 것을 친구들과 나눠 보도록 하는 시간을 지속적으로 갖는다. 서로의 글을 보게 하고 따라 쓰는 것도 허용하면서 편차를 줄이려는 노력을 기울이는 것이다. 실제로 주제 중심 교육과정을 실천하는 꽤 많은 교사들이 글쓰기와 그림을 그리는 아이들의 능력 편차에 대한 고민이 크다. 아이들은 수업 과정에 활발하게 참여했지만, 충분히 사전 학습이 되지 않은 상태에서는 학습 결과가 매우 미약할 수밖에 없다. 더구나 서술형, 논술형의 문제를 해결하기 위해서라도 글쓰기 능력을 일정 수준으로 끌어올려야 한다. 주제 중심 교육과정에 교과 교육의 탄탄한 바탕이 요구되는 까닭도 바로 이러한 지점 때문이기도 하다.

　　교사의 교과에 대한 전문성이 부족한 상태에서 다분히 기계적으로 짜 맞춘 주제 중심 교육과정 운영은 교과를 엉성하게 결합하여 성취 기준을 재배열하는 수준의 통합일 수밖에 없다. 따라서 주제 중심 교육과정을 어설프게 다루게 되면 오히려 아이들의 학력을 떨어뜨릴 수 있다는 우려가 생길 수밖에 없다. 이경원은 이러한 문제 제기에 적극 동의를 했다. 자신은 이를 보완하기 위해 처음부터 모든 과목을 주제로 담아내는 시도를 하기보다 두 개의 교과를 통합하여 이어 보는 과정을 충분히 거쳤다고도 했다. 덧붙여 많은 교사들이 주제 중심 교육과정을 만나기에 앞서 교과에 대한 이해, 통합에 대한 충분한 연습과 훈련이 필요하다는 점도 강조했다. 자신도 주제 중심 교육과정을 하기 전 10년의 과정에서 교과에 대한 지식을 어느 정도 익혀 왔던 것이 큰 도움을 주었다는 것이다.

　　주제 중심 교육과정을 준비하는 사람들에게 교과에 대한 전문성과 지식이 부족하다고 이야기해요. 동의해요. 전 그걸 메꾸기 위해서 노력을 했죠. 제가 처음부터 바로 (주제 중심 교육과정을) 한 게 아니잖아요. 각 교과의 지식에 대한 기본적인 성취 기준을 알고 있고 여러 경험을 갖추었어요. 그래서 부족한 부분이 메워질 수 있었다고 생각해요. 그러다 보니까 크게 구멍은 생기지 않는다고 생각하거든요. 이 두 개가 따로따로 갈 수 없어요. 다만, 초창기 때엔 여러 교과가 가지고 있는 것을 깊이 들여다보고 연결해 보는 경험이 필요하다고 보죠. 저는 사회가 특히 어렵더라고요. 처음에는 사회만 분석하고 따로 정리하고 필요한 것을 연결해서 수업하기도 했죠. 지금은 익숙해져서 그렇게까지 안 해도 핵심적인 것을 잘 찾아내고 있어요.

교과 전문성에 관한 그의 언급은 다소 아쉽기도 했다. 교과에 대한 지식이 국가 교육과정의 성취 기준 내용을 꿰고 있거나 경험 수준에서 머물 수는 없기 때문이다. 물론 초등 교사가 모든 교과에 전문성을 갖기는 힘들다. 그럼에도 교과의 본질과 안목, 지식, 최근의 흐름에 대해서는 지속적으로 파악하고 약한 전문성을 채워 낼 필요가 있다. 이런 면에서 그는 수학에 좀 더 관심을 보이고 있었다. 그의 경험과 판단으로는 주제 중심 교육과정에 수학 교과를 소화시키기 어렵다고 보았다. 그래서 수학은 따로 빼서 수업을 진행하고 있었다. 물론 기존의 교과 내용을 그대로 가르치기보다는 '왜'라는 질문과 함께 수학에 관한 이야기와 역사를 곁들여 아이들의 관심과 흥미를 이끌어 내려 했다. 아이들의 생각을 키우는 길을 주제 중심 교육과정과 수학 교육과정의 두 갈래로 나눠 실천하고 있는 것이다.

주제 중심 수업을 오래한 아이들의 특징은 허용적이고 밝고 활동적이라는 거예요. 확산적인 사고와 생활에 도움이 되죠. 저는 이 교육과정의 가장 큰 수혜자는 똑똑한 아이들이라고 봐요. 아이들이 지적으로 즐거움을 느끼죠. 그런데 때론 모아서 하나로 응축하는 힘도 필요하죠. 저는 이걸 창의성이라고 보거든요. 확산적인 사고와 수렴적인 사고를 함께 할 수 있어야 한다고 보는 거예요. 주제 중심 교육과정은 확산적인 사고에는 특화되어 있

이경원

는데 수렴적인 활동에 약점이 있어요. 그래서 부족한 수렴적 활동에 수학 교과가 적당하다고 봤어요. 수학을 공부하면서 수렴하는 과정에서 활동의 과정을 생각해 보게 하고 아이들과 생각을 모으는 작업을 하도록 하게 했죠. 이런 활동이 아이들이 하는 수업 활동을 점점 더 단단하게 만들어 주는 것 같아요.

아이들의 세계로 들어가기를

대학 시절 그는 등록금이 싸다는 이유로 교육대학에 들어갔고 교사가 되겠다는 생각은 하지 않았다. 대학에서 공부를 열심히 한 까닭도 장학금 때문이었다. 당장 생계가 급하고 어려운 가정 형편이 걱정이었던 그는 졸업을 한 뒤에 돈을 많이, 빨리 벌 생각으로 가득했다. 그러던 그를 교직으로 안내했던 것은 4학년 때 경험한 교육 실습이었다. 그는 처음으로 자신이 아이들을 좋아한다는 사실을 발견했다. 그리고 교사로 지내는 것도 꽤 매력적이라는 생각을 하게 된다. 그는 아이들과 놀기를 좋아한다. 비단 수업 시간을 떠나 아침과 점심, 방과 후, 심지어 저녁까지 아이들과 지내기를 좋아한다. 이 과정에서 동료 교사들로부터 오해 아닌 오해를 받기도 했다. 물론 이런 모습 때문에 함께 학교를 만들어 보자는 제안도 많이 받았지만, 그는 그저 아이들과 지내길 좋아하는 교사였을 뿐이었다. 그 과정에서 그는 수업을 다시 보게 됐고 주제 중심 교육과정이라는 테마도 만들어 내게 되었다.

수업을 통해서 아이들 세계로 들어갈 수는 있겠지만 그건 매우 힘들어요. 다른 루트를 찾아 일단 아이들의 세계로 들어가서 수업을 하면 아이들이 그걸 받아들이는 부분이 더 커진다고 해야 하나? 그러기 위해서는 어른이지만 어른의 껍질을 벗고 아이들 옆에 서는 연습을 하는 게 중요하죠. 아이들의 이야기를 듣고 아이들의 말을 찾아보고 말을 섞는 거죠. 이야기를 나누는 사이에 아이들의 '우리'라는 말에 제가 들어가게 되는 거죠. 그러면 애들은 제 말을, 저를, 자기들 세상에 존재하는 낯선 존재이긴 하지만, '그래도 우리랑 함께할 수 있는 사람이야', '그 사람이 하는 말을 들어 볼 필요가 있을 것 같아' 그렇게 되죠. 그 아이들 세계라는 게 매년 다르거든요. 어떨 때는 아이들이 너무나 외로움을 느끼기도 하고, 또 어떨 때는 너무 거칠기도 하고, 어떨 때는 너무 행복해하기도 하고, 그 안에서 그런 것들을 해결하기 위한 이야기를 함께 하고 계속 그러면서 사는 것이 아닌가 싶어요.

그의 수업을 보고 그의 책을 읽고 그와 이야기를 나누면서 들었던 생각은 그의 교육 실천이 매우 광범위하다는 것이었다. 그는 아이들과의 관계, 교사의 마음, 생각을 중요하게 여긴다. 교육 내용으로도 생태 교육을 가장 중요하게 여기고 공교육에서 평가의 중요성을 특히 강조한다. 단순히 그를 주제 중심 교육과정에 특화된 교사라는 선입견을 가지고 본다면 그를 제대로 알지 못하는 것일 수 있다. 그는 주제 중심 교육과정에 관한 연수가 방법이나 기능 위주로 흐르는 것에 대해서도 결코 동의하지 않았다. 따라서 그가 찾아가는 연수에서도 워크숍은 거의 하지 않는다.

249

오히려 교사의 철학과 왜 주제 중심 교육과정을 하게 됐는지를 이야기한다. 그는 교사들이 자신의 수업을 돌아볼 시간이 필요하다고 한다. 자신이 어떻게 살아왔는지를 고민해 볼 시간도 필요하다고 한다. 단지 워크숍으로 방법만을 익히는 과정은 오히려 교사들을 무시하는 연수라고 여긴다.

내가 어떻게 아이들과 만날 것인가는 일단 나의 선택이라고 생각해요. 누구나 다 그렇겠죠? 그분이 하는 것이 그분이 선택해서 하는 것처럼 내가 하는 것도 존중해 주길 바라죠. 존경을 바라지는 않아요. 이 속에는 교사라는 직업이 가지고 있는 나만이 특별하다고 생각하는 것이 있어요. 모든 존재는 저는 평범하다고 생각해요. 근데 일부분이 특별함을 가지고 있죠. 모든 존재는 특별한데, 일부분이 평범함을 가지고도 있죠. 모든 존재는 이 둘 모두를 가지고 있는 거라고 생각해요. 단지 어떤 부분을 드러내고 사느냐에 따라 달리 보일 것이라는 거죠. 결국 자기 선택인 것이죠. 지금은 교사 이경원이기 때문에 특별함을 더 드러내고 사는 것이고 퇴직하고는 평범한 이경원을 드러내고 살 거예요. 그 사람이 어떻게 살든 그저 인정해 주었으면 해요. '어떤 사람은 특별해'라고 말하지 않았으면 좋겠어요. 각자 다른 삶을 드러내고 있을 뿐이죠.

노동자들이 자발적으로 스스로를 착취하며 과잉 노동이 정당화되는 현실을 한병철은 피로 사회라 명명했다. 교직에서도 책을 내고 강의를 많이 다니는 교사들을 비판하며 과잉 노동의 결과가 곧 권력화가 되고 있지는 않은지 우려와 성찰을 요구하는 목소리가 적지 않다. 그는 다른 생각을 내놓았다. 그건 자신의 선택이고 그 선택을 존중받고 싶다는 것이다. 그는 의도적으로 주제 중심 교육과정을 만들어 낸 것이 아니라, 수업을 다시 생각하게 된 까닭에 깊이 빠져든 것이고 그저 아이들이 좋아온종일 아이들과 보낼 뿐이라는 것이다.

　그의 유일한 별명은 '한장만'이다. 학교 밖 생태학교 시절 경험이 부족해 한 모둠을 책임지지 못했던 그가 했던 일은 사진 찍기였다. 모둠별로 한 장만 사진을 찍어 원망을 사기도 했다지만 지금도 그는 그의 교실에서 날마다 한 장씩 사진을 찍는다고 한다. 하루를 소중히 기억하고 역사의 한 자리로 남기려는 그의 별명은 그래서 여전히 한장만이 제격이다. 가끔 그는 더 이상 아이들이 자신들의 세계로 초대장을 보내지 않을 때를 생각한다고 한다. 아이들에게 믿음을 주고 싶었고 아이들이 자신에게 기대어 성장하기를 바랐던 교사 한장만은, 그래서 오늘도 내일도 아이들이 보내 준 초대장을 들고 아이들과 함께할 아침맞이를 위해 신나게 출근을 준비하며 살아가고 있다.

이경인

이경원
입니다

"한장만."

이 별명을 가졌을 때 참 많이 지쳐 있었던 것 같아요. 교사로 살아가며 학교와 학급 안에서 나를 찾지 못하고 학교 밖으로 돌며 나를 찾던 시기였으니까요. 하지만 전 정말 운이 좋았죠. 그때 생명·생태 교육을 만났으니 말입니다.

예전의 저는 주변의 생명들에 대한 인식이 넓지 못했어요. 그냥 우리 주변에 있는 큰 덩치의 새는 까치, 까마귀 아니면 비둘기, 작은 덩치의 새는 참새라는 인식을 가진 사람이 저였죠. 하지만 주변의 고마운 분들의 권유로 인해 생명·생태 교육이라는 것과 인연을 맺었어요. 그리고 그 순간 알게 되었죠. 이 세상의 모든 생명들은 나름의 이유가 있어 살아가고 있고 작은 풀꽃 하나도 나와 다르지 않음을 말이지요. 세상을 전혀 다르게 인식하는 순간이 저를 찾아왔고 무엇에 홀린 듯 생명·생태 교육에 빠져들었던 것 같아요. 그래서 그 전에도 한창 관심을 가지고 다루던 사진 찍기의 대상이 생태가 되었고 카메라를 목에 걸고 세상의 다른 이면을 보러 다녔던 시기가 저에겐 '한장만'의 시기였죠. 저에게 생명·생태 교육은 그래서 제 삶을 구해 준 교육과 같아요. 거대한 자연 속 인간의 나약함을 느끼며 겸허함을 배운 시기이니까요.

하지만 학교 밖을 맴돌던 제 생활은 그리 오래가지 못했어요. 생명을 다루는 생명·생태 교육을 할수록 이 세상 가장 찬란한 생명력을 가진 존재가 더 부각되어 저에게 다가왔으니까요. 그 전까진 아이들에게서 그런 빛을 보지 못했던 것 같아요. 그저 예쁘고 귀엽고 착한 아이들일 뿐이라 생각했으니까요. 하지만 생명·생태 교육은 저에게 끊임없이 이야기하고 있었던 것 같아요. 제가 만나는 아이들이 가장 찬란한 생명들이라는 것을 말이죠. 마침 이때 혁신학교라는 곳과 인연을 맺게 되었죠. 그리고 전 물 만난 물고기처럼 아이들 속을 헤엄칠 기쁨에 온몸이 떨렸고요.

혁신학교엔 사실 관심이 없었어요. 제 관심은 그때나 지금이나 아이들과 좋은 관계를 맺으며 함께 살아가는 것이거든요. 그런데 함께 생활하며 교육을 노래하던 분들이 혁신학교라는 곳에서 함께 꿈꾸자는 이야기를 했고 그 꿈을 함께 꾸는 것을 해 보려 혁신학교로 찾아간 것이 저에겐 힘든 교사 생활의 시작이 되었어요. 아이들만 바라보자는 제 생각이 다른 분들이 생각하는 지점과는 잘 맞지 않았던 것 같아요. 학교에서 보내는 모든 시간을 아이들과 함께하며 지내고 싶다는 제 생각이 혁신학교에서 자연스럽게 받아들여질 줄 알았는데 그렇지 않았어요. 학교는 학교 나름의 질서를 가져

야 했고 그 질서가 오히려 아이들과의 시간을 허락하지 않았거든
요. 정제되지 못한 혁신에 대한 이야기들이 온 사방을 어지럽혀 놓
기도 했고 그 파편이 제 마음과 다른 사람의 마음을 아프게 했으
니까요. 이런 상황에서 혁신학교가 도대체 무엇을 해야 하는 곳인
지 헷갈려한 것은 당연한 일이었다 생각해요. 하지만 그대로 넘어
져 있을 순 없었어요.

아이들과의 시간을 더 많이 확보하며 더 깊이 아이들 세계로 들어
가기 위해 결국 학급에서의 생활만으론 안 된다는 것을 알게 되었
죠. 그리고 함께하는 대상이 아이들뿐만이 아니라 동료 교사도 있
음을 알게 되었죠. 제가 지금도 진행하고 있고 앞으로도 진행하려
노력하는 주제 중심 교육과정은 이런 마음이 담겨서 시작된 것이
지요. 그래서 저에게 교육과정은 함께하는 속에서 나온 보물이에
요. 혼자 하려고, 혼자만의 욕심으로 만들어진 교육과정이 아니라
함께하기 위해 만들어진 교육과정이죠. 하지만 함께하는 것이 새
삼 얼마나 힘든 일인지 알게 되었어요. 그리고 제가 가진 심플함이
오히려 다른 사람에겐 무뚝뚝함이나 정 없는 모습으로 비칠 수 있
고, 제가 양보한 것이 저만을 위한 욕심처럼 보일 수 있음을 알게
되었죠.

처음엔 무척 속상했어요. "이경원이 그 학교에서 왕따라면서요?"
라는 말을 들었을 땐 말이죠. 정말 억울했고 말하지 못할 배신감
도 느꼈어요. 이런 느낌이 없었다고 말한다면 거짓말일 테지요. 저
도 인간인 걸요. 그러다 보니 오히려 아이들과 시간을 더 많이 보
냈던 것 같아요. 아이들은 제가 가진 무뚝뚝함을 그냥 그 자체로
보아 주었거든요. 제가 양보하는 것에 어떤 의도를 가지고 바라보

지 않았거든요. 그냥 저 자신을 보아 주는 존재가 아이들이었으니까요. 그래서 아이들에게 더 깊이 다가섰던 것 같아요. 그런데 신기하게도 아이들 속에 있으면 저에게도 아이들과 같은 마음이 스며듦을 느낄 수 있었어요. 있는 그대로 동료들을 바라보는 마음을 말이지요.

가장 가까운 사람이 등을 돌리게 되면 그 사람에게 내 마음이 전달되기 위해 가장 먼 거리를 돌아가야 한다는 평범한 사실을 받아들이게 되었어요. 그저 아이들처럼 언젠간 내 마음을 알 거라는 믿음으로 그 사람에 대한 원망과 미움을 거둬들일 수 있었어요. 그리고 그 사람의 입장이 되어 다시 생각해 볼 수 있는 사람으로 나를 세워 주었어요. 아이들의 삶의 향기가 말이죠.

전 연수를 진행하며 주제 중심 교육과정을 반드시 해야 좋다고 이야기하지 않아요. 이 또한 저의 선택일 뿐이고 당신은 당신의 선택을 하면 된다고 이야기해요. 이런 마음으로 연수를 진행하기에 연수에서 자유로워요. 어떤 특정한 생각을 누군가에게 전해야 한다고 생각하지 않으니 저 스스로 자유로울 수 있고 그래서 마음이 편하거든요. 그래서인지 몰라도 제 연수를 많은 사람들이 듣고 절 만나길 원해요. 전 이런 제 마음이 다른 사람들에게도 전달되어 그 사람이 자신의 마음을 좀 더 가까이 만나길 바라고 있어요. 제가 한 방법이 아니라 제가 제 마음을 찾아서 가까이하듯이 다른 분들도 그렇게 되기를 바랄 뿐이지요. 주제 중심 교육과정도 마찬가지예요. 아이들과 수업을 하며 수업의 내용뿐만이 아니라 그 수업을 통해 아이들 각자의 마음이 풍성해지기를 바라는 거죠. 자신의 삶에 대해 진지해지길 바라는 것이죠. 바란다는 것은 그렇게 되리라

예상하는 것과는 다르다고 생각하거든요. 그저 바라는 것이지요.

많은 분들이 걱정함을 저도 알고 있어요. 사실 모든 교과가 가진 특징을 깊이 있게 파악하고 수업을 하는 것은 굉장히 중요한 일이에요. 단지 교사에겐 말이죠. 하지만 아이들에겐 그것만 중요하다 생각하지 않아요. 아이들은 아직 삶에 대해, 생명에 대해 더 많이 궁금해하는 존재라고 생각하니까요. 자신이 가장 순수하고 찬란한 생명임을 아직 스스론 깨닫지 못한 존재들이니까요. 전 그래서 수업이라는 것을 통해 교과의 깊이 있는 내용을 전달하는 것도 중요하지만 그 내용을 받아들일 아이들이 어떤지도 중요하다 생각하고 있어요. 그리고 이런 제 마음이 아이들의 마음을 움직인다 생각해요. 아이들은 자신의 마음을 움직여 교사가 도달하지 못한 교과별 깊이를 스스로 찾아내기도 하니까요.

전 항상 말해요. 머리를 먼저 채우기 전에 마음을 먼저 채우자고요. 마음을 채우면 자연스럽게 머리를 채울 수 있다고 말이지요. 제 삶을 의미 있게 살고자 노력하는 제 모습이 다른 동료들과 다르지 않다 생각해요. 모두가 자신만의 방법과 생각으로 자신의 삶을 의미 있게 가꾸고 있겠지요. 하지만 중요한 것은 결국 내 마음이 채워질 때 나에게 의미 있는 삶이 펼쳐진다는 것이지요. 전 그래서 앞으로도 제 마음을 제대로 바라보고 채우기 위해 노력하며 살 거랍니다. 최선을 다해서 말이죠. 그리고 함께하는 동료가 자신의 삶을 채우기 위해 노력한다면 함께 응원하며 살아갈 겁니다. 그 사람의 채움에 대해, 저의 채움에 대해 존중하는 마음을 가지고 말이죠.

선생님과의 인터뷰는 6시간 정도를 진지하게 했던 것 같아요. 단

한순간도 의미 없게 보내지 않았던 것 같아요. 그만큼 서로에게 풀어내고 싶은, 풀어내야 할 부분들이 많았기에 그랬다고 생각해요. 제 이야기 중 어려움을 직접 물어본 분도 진환 샘이 유일하시고 제 속 이야기를 솔직하게 털어놓은 것도 진환 샘이 처음인 것 같아요. 그래서 후련했어요. 그냥 제 이야길 다 할 수 있어서. 그리고 제 이야길 누군가 진지하게 들어 줘서 고마웠어요. 누군가 그랬던 것 같아요. 글 똥을 누면 마음을 다독일 수 있다고. 그래서인지 몰라도 전 지금도 책을 쓰고 글을 써요. 하지만 이렇게 누군가와의 진솔한 대화를 통해서도 제 마음을 다독일 수 있음을 새삼 느꼈어요. 그리고 이 이야기를 이젠 놓아 주고 갈 수 있겠다는 생각을 하게 되었어요. 이미 제 마음속의 아픔은 먼 옛날의 이야기가 된 것처럼 말이죠. 그리고 앞으로도 지금처럼 아이들 속에서 함께 살아가기 위해 노력하며 살 거랍니다. 최선을 다해서 말이지요. 이런 절 만나게 해 주신 진환 샘께 고마운 마음 전하고 싶어요. 정말 고맙습니다.

06

교사 김강수

내 꿈은 세상을 바꾸는 수업,
그리고 삶

경기도 양평 서종면. 북한강을 바라보며 한적하게 서 있는 서종초등학교 5학년 교실. 흔히 볼 수 있는 교실이다. 다만 반 이름이 독특하다. 척추측만반이라니. 까닭인즉, 담임 교사가 아이들 자세가 바르지 않아 그러다 척추측만증에 걸린다고 하도 잔소리를 하는 통에 아이들이 붙인 이름이란다. 칠판을 바라보고 오른쪽 벽에는 카포를 끼운 기타가 줄지어 거치대에 걸려 있다. 덩치 큰 5학년 아이들은 바깥 활동을 하고 들어와 3교시 온작품 읽기 수업을 준비하고 있다. 교사는 아이들을 바라보며 톤이 높은 경상도 사투리로 말을 건넸다. 신기하게도 아이들은 전혀 다른 세상에서 온 듯한 교사의 심한 사투리를 모두 알아듣고 있다. 이미 익숙해진 듯 교사가 던지는 질문에 더 관심을 보였다. 친절하지도 상냥하지도 않은, 때로는 윽박지르듯 목소리에 힘이 들어가는데도 아이들은 웃으며 교사의 말 한마디 한마디에 주목했다.

"야들아, 책 다 읽었재? 이번에 책 읽을 때, 이게 재밌드나? 전태일이 재밌드나?"

"이거 이거." (책을 손에 들고 흔들며)

"전태일."

"전에 읽은 게 뭐고?"

"시간 가게요."

"받은 편지함이 제일 낫다 생각하는 사람 손들어 봐라.

전태일이 낫다. 하나, 둘……

나는 이 책(시간 가게)이 낫다. 하나, 둘……

시간 가게, 이 책은 약간 상상, 판타지가 들어간 동화인데, 문제는 이게 여러 가지 문제를 제기했는데도 마무리가 그리 시원하지 않아. 마무리까지 다 읽어 본 사람은 알겠지만, 왜 이게 시원하지 않은지 이야기를 나눌 기다. 여기 처음에는 의욕적으로, 작가가 이 책으로 상도 받고 그랬는데, 아무래도 이 작가는 이 책을 처음으로 쓰지 않았나 싶어. 의도는 굉장히 많고 많은 것을 담고 싶어 한 것 같은데, 나중에 점점 끄트머리로 갈수록 결말은 약간 희미하게 된 게 있어. 오늘은 이 작가가 그 결말을 어떻게 내었어야 했는지에 대해서 이야기 좀 나눌 거야."

거침없이 수업을 이끌며 아이들에게 질문을 던지는 교사의 이름은 김강수이다. 그는 전국초등국어교과모임의 성장을 이끌었던 사람이다. 그를 만난 건, 2005년 대전의 어느 호텔이었다. 그날은 중등의 전국국어교사모임과 초등국어교과모임이 연대를 해 새로운 교육운동을 도모하고자 했던 날이기도 했다. 당시 사무국장이었던 그는 이후, 초등 대안 국어 교과서 사업을 펼친 뒤 경기 남양주 수동초 송천분교라는 작은 학교를 거쳐 이오덕김수업교육연구소를 만드는 일에 함께했다. 그리곤 온작품 읽기와 온배움씨 철학을 널리 알려 내었다. 이제 양평의 한 작은 학교에서 아이들의 배움씨를 찾아 온몸으로 수업을 살아가는 교사 김강수의 삶과 실천을 좀 더 깊이 만나 보려 한다.

함께 살아가려면 서로 돌봐야 한다

함께 살아가려면 서로 돌봐 줘야 합니다. 자기 앞가림을 잘 못하는 아이건 어른이건 부족하고 모자란 곳이 보이면 서로 돌봐 줘야 하지요. 그래야 함께 살아갈 수 있습니다. 아이들과 함께 영화 만든다고 여기저기 자랑이나 하면서 저는 부풀어 가는 승아 가방을 열어 보지 못했습니다. 뻥 하고 터져야 돌아봐 주었 겠지요. 그러고도 함께 살아가는 것이 먼저라고 입으로만 떠듭

다이들에게 읽은 책 내용에 대해서 질문을 하고 토론을 자주 한다.

니다. 기가 막힙니다. 우리 반에는 보살펴야 할 아이들이 있습니다. 부모님이 어디론가 떠났거나 바쁘거나 자주 만날 수 없는 아이들입니다. 그 아이들에게는 가르치는 것 말고 살펴야 할 것이 있습니다.

\- 김강수(2018), 《아이들 삶에서 꽃이 핍니다》, 132쪽

함께 살아가려면 돌봐 주어야 한다는 김강수는 어린 시절 교실 속 승아만큼이나 돌봄을 받지 못했던 아이였다. 어머니가 일찍 돌아가시고 이내 새어머니가 들어온 상황을 어린 김강수는 받아들이기 힘들었다. 더구나 새어머니의 학대와 멸시로 형과 누나가 집을 떠나야 했고 그도 결국에는 부산에 계신 조부모에게 가야 했다. 전학을 간 부산에서 만난 아이들에게서도 상대적인 박탈감을 느꼈다. 잘사는 동네와 못사는 동네가 있다는 게 그는 싫었다. 그는 적지 않은 피해 의식을 느꼈다. 어머니 없는 자식, 공부도 못하고 싸움도 못하는 그런 아이로 취급받는 것이 너무도 힘들었다. 그는 공부 잘하는 형들과 비교당하는 게 싫어 무작정 공부를 시작했다. 웅변대회에 나가서 1등도 하고 성적도 좋아지면서 주변 사람들에게 인정도 받았다. 하지만 어린 시절 가슴 깊이 박혔던 외로움과 박탈감, 피해 의식은 그를 반항적인 눈빛을 보내고 욕도 서슴지 않는 아이로 만들었다. 그래서였을까. 그는 교실에서 어릴 적 자신의 처지와 비슷한, 제대로 돌봄을 받지 못하는 아이들에게 좀 더 마음이 갔다.

명절 때 집에 갔는데 아버지가 지나가는 말로 그러시더라고요. 신문 보실 때였나, "야, 엄마 없고 가난한 아~들 불쌍한 아~들 잘해 주라" 그러시는 거예요. 그래서 제가 "왜요?" 하고 물었더

니, "니도 그랬는데 잘해 주라" 그래서 "예" 했죠. 뭐 아버지 아들 대화가 그렇잖아요. 우리 반에도 ○○라는, 어렸을 때 아파 가지고 친구들하고 잘 어울리지도 못하는 애가 있었어요. 그래서 좀 챙겼는데 한번은 애들이 저한테 '선생님, 누구누구한테 편애한다'고 그러는 거예요. 그래서 제가 그랬죠. "야야, 내가 편애하면 안 되나. 너그는 걔한테 편애 좀 해 봤나. 인간이 왜 그 모양이냐. 6학년이면 알 거 아니가. 말 잘하고 잘사는 애들만 편들어 줄 기가" 그랬더니 가만히 있더라고요. 저는 3학년짜리한테도 그러고 1학년짜리한테도 그럽니다. 나중에 저그도 크면 알지 않겠나 그런 생각을 합니다.

99

부모의 돌봄을 제대로 받지 못했지만 작가를 선망하며 글을 썼던 아버지의 영향이었던지 그는 어릴 때부터 책을 읽고 글을 쓰는 것에 관심이 많았다. 그러나 학교 공부에는 흥미가 없었다. 고등학교 때는 문예브에 들어가 지내다 자연스럽게 국어국문학과로 진로를 결정하게 된다. 그러나 아버지는 자신처럼 공무원을 하면서 글을 쓰는 것이 안정적이라며 그를 설득했다. 그렇게 해서 그가 결정한 길이 교육대학이었다. 그는 대학 수업을 잘 듣지 않았다. 방황을 했다. 1학년 때만 학사 경고를 두 번이나 받았다. 군대를 다녀와 복학한 뒤에는 글을 쓰는 동아리에 들어가던서 학생운동을 하게 되었다. 시민단체와 노동자단체에도 들어가 활동을 했다. 자신이 생각하는 운동 방식과 달리하는 친구들을 보며 실망도 하고 자신을 따르던 후배들이 국가보안법으로 징역을 살아야 하는 상황을 지켜보며 한없이 미안하고 부끄러워했다. 교사가 되기 위한 교대에 들어갔지만, 그는 정식으로 임용이 될 때까지 교사의 길과는 멀리 떨어져 살고 있었다.

교도소에 갔던 후배의 결혼식에 다녀왔습니다. 그 후배는 그때 교도소에 갔다가 나와서 다른 대학에 갔는데, 거기서도 국보법으로 교도소에 갔다는 소식을 들었습니다. 졸업도 못 하고 서울 근처에서 컴퓨터 일을 하다 고향에서 농사를 짓기도 하고, 기술 대학에 가서 페인트칠을 배우기도 했다고 들었습니다. 그러다가 몇 년 전에 부산교대에서 다시 학생으로 받아 준다고 해서 지난 해 졸업을 하고 올해 발령을 받았습니다. 친구들보다 15년 늦게 발령을 받았지요. 지난겨울, 졸업을 한다면서 내가 사는 곳에 다니러 와서 술을 마시며 이야기를 나누었습니다. 어디에 가서 선생님이 되더라도 뜻있는 곳에서 다시 만나 함께하자고 했습니다. 그때 선배 잘못 만나서 질러갈 길을 돌고 돌아 간 것이 아닌가 싶었습니다. 내내 빚을 진 것 같고 안타까운 마음이 들었습니다.

- 김강수(2018), 앞의 책, 153쪽

김강수

그는 교육 실습을 하면서도 자신이 교사가 될 것이라는 생각을 하지 못했다. 아이들은 좋았고 수업도 나름 잘한다는 평을 들었지만 학교가 마음에 들지 않았다. 명령을 받는 교사가 싫었고 답답해 보였다. 아이들과 온종일 지내야 할 교사가 양복을 입고 출근하는 모습도 이해할 수 없었다. 부산에서 임용 시험을 치기에는 뽑는 교사들의 수가 적었다. 그는 경기도를 택했다. 그렇게 교사가 되었다. 교사로 살다 보면 또 다른 길이 있으려니 생각했다. 김강수의 어린 시절과 청년 시절은 자신을 괴롭혔던 가정 환경과 외로움을 이겨 나가기 위한 삶들로 가득했다. 조부모의 돌봄에 의지해야 했고 집 밖에서는 이해되지 않는 학교와 세상과 싸워야 했다. 그를 위로하고 돌봐 주었던 것은 책과 글, 그리고 늘 낮은 삶을 살고 있었던 사람들이었다. '함께 살아가려면 서로 돌봐야 한다'는 그의 교육관과 세계관은 이렇게 만들어져 갔다.

교사로 내디딘 첫발과 운명 같은 만남

임용 대기 1년 동안 기간제 교사를 하다 발령을 받은 곳이 남양주시에 있는 학교였다. 그가 처음 만난 학교는 아무런 준비도 안 된 그에게 덜컥 4학년 담임을 맡겼다. 수업을 어떻게 해야 할지도 모를 그가 전해 받은 자료는 교총에서 펴내는 교육 자료집이었다. 당시 초등 교사들 상당수는 이 자료집과 지도서에 의지해서 수업을 했다. 그저 교과서대로 진도를 따라가기에 급급했다. 그러던 중 그는 전교조 구리남양주지회를 찾게 된다.

지회 모임을 갔는데, 둥글게 앉아서 빙글빙글 돌아가면서 이야기를 하는 거예요. 어떻게 했냐면 이랬어요. 처음에는 살아온 이야기를 했습니다. 지금하고 똑같습니다. 그다음에는 한 명이 자기가 잘하는 걸 갖고 와서 이야기를 하는 거예요. 학급 신문 만든 이야기 하고 학급 이야기 하는데, 살면서 그런 이야기를 처음 들은 거예요. 학교에 대한 불평불만도 이야기하고 자기 반 이야기도 하는 거예요. 학교에서는 자기 반 이야기와 애들 이야기 하자고 동학년 샘들에게 말을 해도 잘 안 하는데 여기서 그런 이야기를 처음 들은 거예요. 되게 새로운 경험이었고 굉장히 좋았습니다. 처음에 어떤 선생님이 학급 신문 만든 걸 이야기 듣고는 저는 집에 가서 잠을 잘 수 없었습니다. 그걸 하고 싶어서. 그

다음 날 학교에 가서 아이들한테 이거 하자고, 좋은 거라고 이야기했어요. 모둠 일기 쓰기, 두레 글쓰기 이런 게 당시 많았는데, 매주 지회 가서 듣고 와서 교실에서 따라 했어요.

지금도 신규 교사에게 학급 운영과 수업에 관해 선배 교사들이 경험을 전하는 문화는 거의 존재하지 않는다. 신규 교사 스스로 해결해야 하는 것이 현실이다. 《교육 자료》나 《새 교실》 같은 표준화된 수업 사례 방식이 사라진 자리를 지금은 온라인 교수-학습 자료가 차지하고 있다. 상당수의 교사들이 온라인 교수-학습 자료 사이트를 찾아 자신의 수업을 해결하곤 한다. 오욱환은 《교사 전문성》에서 이 같은 상황은 표준화된 국가 교육과정에 따른 표준화된 수업에서 빚어지는 탈전문성을 여실히 보여 주고 있다고 주장한다. 표준화된 교육과정과 수업에서는 굳이 교사들이 서로에게 묻고 질문할 필요가 없다는 것이다.

수업에 대한 전문성이 사라진 시대, 교육과정 재구성조차 비슷하게 따라 하는 시대에서 자신만의 수업 이야기를 만든다는 것은 어쩌면 불필요한 시간 낭비일지도 모른다. 이런 상황에서 자신의 수업과 학급 운영 사례를 나누는 교사들에 김강수는 남다른 감동을 느꼈다. 그는 교사의 전문성이 기계적이고도 표준화된 수업에서 만들어질 수 없다는 것을 학교 밖 동료 교사들에게 배우고 익혔다. 그렇게 선배 교사들의 실천을 지회 모임에서 배울 수 있어 너무 신나고 좋았다. 늘 《교육 자료》나 《새 교실》에 담긴 도식화된 수업 사례만 따라 하던 그가 조금은 일찍 전혀 다른 수업의 세계를 만나게 된 것이다. 지회에서 나누는 이야기를 듣고 따라 하는 재미에 흠뻑 빠져들기 시작했다. 그 시절 그는 '나는 남들이 하지 않는 걸 한다'는 뿌듯한 기분으로 신이 나 있었다.

새내기 교사였던 김강수는 그렇게 기존과 다른 수업과 학급 운영을 하는 데 익숙해져 갔다. 그러나 달라진 수업과 학급 운영을 어렵게 하는 지점에 학교가 있었다. 관료적인 데다 거리낌 없이 촌지 수수가 이뤄지는 학교 문화에 대한 거부감으로 선배 교사들의 모습이 점차 보기 싫어졌다. 그는 선배 교사들에게 항의를 했다. 한번은 업무 중심의 학교를 비판하는 전교조 신문의 그림 삽화를 교장, 교감과 교사들에게 나눠 주고는 미운털이 단단히 박히기도 했다. 그는 그렇게 동료 교사로부터 따돌림을 받기 시작했다. 심지어 소풍을 가는 날도 전달을 받지 못할 정도였다. 그럼에도 반 아이들과 학부모들은 언제나 그를 지지했다. 신출내기 교사라는 걸 아이들도 학부모들도 알았지만, 그의 진정성이 받아들여지면서 발령 첫해를 힘들지만 겨우 버텨 나갈 수 있었다.

당시 전 교사가 되었다는 실감도, 생각도 잘 못 했던 시절이었어요. 근데 그런 생각은 있었던 것 같아요. 친구 같은 선생님이 되자. 교사는 잠깐 하는 일이라고 생각했지 평생 한다고도 생각을 안 했어요. 전교조가 노동운동의 하나라고 생각하면서 간 거죠. 내 삶이 어떻게 될지도 모르고 열려 있는 상태였죠. 그런데 조금씩 시간이 지나면서, 아이들을 만나면서 느껴지는 기쁨 같은 게 있는 거예요. 그냥 아이들한테 잘해 주는 선생님이 되고 싶고 친구 같은 선생님이 되고 싶었어요. 제가 우리 반 아이들을 집에 데려가서 막 재우잖습니까. 그게 초임 때부터 한 거예요. 아이들이 그 시절에는 제가 총각이기도 하고 그래서 그런지 제 집에 놀러 오고 싶다고도 하고 그래서 아이들과 조를 짜서 집에 데리고 가서 재우기도 하고 그랬죠. 그때는 시간도 많고 아이들과 지내는 것이 참 좋았습니다.

낯선 학교에서 흥미를 느끼지 못했던 교사 김강수는 지회 모임을 하면서 의욕을 얻고 아이들에게서는 학교에서 당당하게 사는 힘을 얻게 된다. 또 한 가지. 그에게는 김영주 교사와의 만남이 있었다. 김강수는 고민하는 모든 것들을 그에게 묻고 답을 듣고 격려와 자극을 받게 되면서 조금씩 성장하게 된다. 김영주는 당시 구리남양주 학급운영모임의 리더이기도 했다. 한동안 학급운영모임을 하면서 답답했던 김영주는 지회 모임 교사들에게 수업에 대한 고민을 좀 더 해 보자는 제안을 하게 된다. 결국 모든 교과를 다룰 수 없었던 형편이었던 당시, 모임에 참여하는 사람들이 가장 많이 관심을 보인 국어 교과를 연구 교과로 삼게 된다. 그렇게 시작한 모임은 국어 교과서를 분석하게 되고 허점을 깨닫게 되면서 국어 수업을 바꾸어야 한다는 생각에 이른다. 발령 첫해부터 강렬한 만남과 경험을 한 김강수가 지금의 모습을 보이게 된 데에는 이런 운명 같은 만남이 있었다.

작은 모임에서 교사로 성장하다

진보적인 교육감이 들어서면서 학교 혁신 정책이 수립되고 확산되었다. 이는 처음에는 교육청의 정책은 아니었다. 폐교되는 학교를 살리려는 학부모, 교사, 지역 주민, 시민단체의 노력과 헌신에서부터 비롯한 것이었다. 이에서 빚어진 결과를 교육청들이 적극 받아들여 핵심 정책으로 삼고 교육 현장에 적용했던 것이다. 특히 교사들의 자발성은 가장 큰 힘이었다. 밑바닥에서부터 교사로 성장하고 아이들을 배움의 길로 안내하려는 교사들의 실천이 있었기에 가능했다. 관료적인 업무 중심의 학교 문화, 개별화된 교사들의 패배감에서 희망을 찾지 못했던 교사들이 학교 밖에서 모여 연구하고 실천하며 조금씩 힘을 키워 나갔던 것이다. 이는 작은 모임에서 출발한 교사들의 성장이 자신과 동료 교사의 교실을 바꾸고 급기야 학교를 바꿔 내어 교육의 패러다임의 전환을 이끌어 낼 계기를 마련했다는 점에서 매우 의미 있는 실천이었다.

저도 신기한 게 (당시만 해도) 교과 모임이라는 게 초등에는 거의 없었습니다. 학급 운영 모임 아님 글쓰기 모임이나 놀이 모임이었는데, 저희는 국어 교과로 모임을 하면서 지회에서 지원을 받아 그림동화 자료집을 냈죠. 그때는 2~3년 동안 지회 활동도 열심히 했어요. 학교 방문하고 데모한다고 엄청 바쁘고 그랬는데, 어쨌든 국어 교과 모임을 하면서 자료집을 내고 나니까 여러 곳에서 연수를 해 달라고 하는 거예요. 지역에서 한 번 하고 그리고 발령 두 해째 여름인가 우리교육에서 연수가 있었는데 저보고 발표하라고 하는 거예요. 그래서 막 걱정을 하고 그러니까 그때 김영주 샘이 "너가 했던 걸 하면 되지, 뭐가 걱정이냐"고 하는 거예요. 그래서 발표를 한 거예요. 덜덜덜 떨면서 발표를 했죠. 왜 그러냐면 거기에는 많이 공부한 선생님들도 온다고 얘기를 들었고 듣는 사람들이 다 나보다 나이가 많아 보이더라고요. 날 어떻게 볼까 걱정이 됐죠. 마이크를 가까이 대면 떨리는 목소리가 들릴까 봐 진짜 어정쩡하게 갖다 대고 자신이 없어서 외워서 발표한 기억이 납니다. 그때 이후로 연수 요청도 들어오고 자료집도 여기저기서 달라고 하는 거예요. 그때, 사람들이 이렇게 모여서 연구도 하고 연수도 하면 좋겠구나 하는 생각이 처음 들었죠. '이런 게 교사들에게 필요한가 보다' 하고요. 모임이 정말 필요하다는 생각도 그때 하게 됐습니다.

학교 혁신 정책이 보급되면서 학교 안팎에서 교사학습공동체라는 이름으로 전국의 교육청들이 예산까지 지원하며 교사들에게 모임을 권장하고 교육의 변화를 이끌어 내길 기대하고 있다. 그러나 교사 스스로 필요성을 느끼지 못할 때는 궁극적인 변화를 일으키지 못한다. 그래서 자발성은 매우 중요할 수밖에 없다. 김강수가 참여한 초등국어교과모임은 구리·남양주 교사들의 작은 공동체로 시작해 교육 기관이 하지 못하고 엄두도 내지 못하는 큰일을 벌이게 된다. 이어 중등 전국국어교사모임의 연대와 지원으로 국어 교과에 관심 있는 전국의 작은 모임을 모아 초등의 전국모임을 만들어 낸다. 이 두 전국 조직은 이후 대안 국어 교육과정과 교과서를 만드는 일에 온 힘을 쏟기 시작한다. 현장 교사들이 벌이는 일종의 교육과정 투쟁이었다. 교육부의 정책과 교과서에 대한 비판을 넘어 직접 교육과정과 교과서를 만들어 대안을 제시하고자 했던 것이다.

66

중등 국어교사모임에서 초등국어교과모임이 있다는 걸 알아서 자리를 열어 줬어요. 그 자리를 갖기 1년 전 겨울 잠실연수 때 국어과 분과가 있었는데 그때 지역에서 활동하시는 분들을 몇 명 보게 되었죠. 전교조 교사들이 독립해 교과 모임을 꾸리는 것에 대해 우려도 있어 한동안 답보 상태에 있기도 했지만 김영주 선생님이 이러면 안 될 것 같다고 해서 준비위원장을 맡고, 저는 사무국장을 맡아 이렇게 두 명이 준비위원회를 구성했죠. 저는 매달 모임 소식지를 만들어 보내기도 했어요. 한 2년 정도 한 것 같아요. 2005년인가 2006년인가 교육과정 개편 즈음, 교과서를 새로 만든다는 소문이 있었는데, 그때 중등에서 만든 대안 국어 교과서《우리말 우리글》을 보고 자극을 받았죠. 그래서 우리도 교과서를 만들자, 그런 꿈을 처음 꾸게 되었죠. 그때 들었던 생각이 일하려면 사람이 많아야 된다는 거였고, 그래서 처음으로 대전에서 전국 여덟 개의 모임이 만나게 된 거죠.

❞❞

이 과정에서 김강수는 교육과정과 교과서를 보는 눈을 키우게 된다. 이미 오래전부터 현장 교사들은 국가 교육과정에 대한 비판적인 논의를 꾸준히 이어 왔다. 그는 이러한 안목과 실천으로 교사 스스로가 교재를 만드는 지점까지 가야 한다고 생각했다. 따라서 아이들 삶과 맞닿지도, 아이들 발달 단계에 부합하지도 않는 국가 교육과정과 교과서를 해석해서 재구성하는 수준으로는 아이들을 제대로 돕지 못할 것이라고 보았다. 이른바 교육과정 전문가들이 내세우는 논리에 교사들이 저항하는 길은 오로지 실천으로 검증되고 아이들과 살아온 힘으로 맞서야 한다고 믿었다. 그는 이런 힘을 만들어 내기 위해서는 교사들이 모여서 공부하고 실천하여 현장에서 만들어 낸 대안을 제시할 수밖에 없다고 생각했다. 그는 모임을 대표해 2015 개정 교육과정의 국어 교육과정을 검토하는 심의진에 들어가게 된다. 이곳에서도 그의 거침없는 비판은 이어졌다.

사람과 교육을 도구로 만들어 버리는 그런 말은 쓰지도 말 것이며, 총론을 만드는 교육학자들에게도 말해야 한다고 썼습니다. 말과 삶, 배움과 가르침을 깊이 생각하고 실천한 내용을 바탕으로 우리말을 가르치는 철학을 만들어야지, 바깥에서 들어온 말들로 꾸민다고 교육이 되는 건 아니라고도 썼지요. 쓰면서도 쓰고 있는 제가 한심했습니다. 쓴다고 무엇을 들어줄 것이며, 무엇을 바꿀 수 있나…… 그렇게 겪어 보고도 모르나 싶었습니다. 교육과정은 교사들이 실제 사용하는 것이니 교사들이 만들고 학자들이 검토를 해야 하지 않나? 학교에서 아이들을 가르쳐 본 적도 없는 사람들이 외국 논문이나 외국에서 배워 온 말로 교육과정을 만든다는 것이 말이 되는가? 그러니까 교육과정을 읽어 봐도 우리말은 하나도 없지 않나? 공부라는 것이 매일매일 꾸준히 익혀야 몸에 배는 것이 있고 한 번 보거나 듣거나 겪어서 깨닫게 되는 것도 있는데, 그런 것들을 섞어 놓으면 어떻게 하나? 말을 배워서 삶을 잘 살게 하는 것이 중요한데, 그러려면 말을 안다는 것이 무엇인지, 삶을 산다는 것이 무엇인지 밝혀 놓아야 하지 않나? 이런 이야기들을 썼습니다.

- 김강수(2018), 앞의 책, 93쪽

주어진 교육과정이 아닌, 아이들을 위한 교육과정

1990년, 전국교직원노동조합 교과위원회에서는 당시 국정과 검정으로 대변되는 교과서 제도의 위헌 여부를 가리는 헌법 소원 청구의 확정 판결을 앞둔 상태에서 교과서가 가진 문제들을 한데 모아 백서를 발간했다. 백서를 펴낸 편집자들은 이 책을 펴낸 목적을 다음과 같이 서술하고 있다.

아직까지도 상당수의 국민과 교사들은 교육 내용의 국가 통제가 주는 해악에 대해 심각성을 느끼지 못하고 있으며, 또한 이를 교육운동 차원에서 극복하려는 인식과 자세가 부족한 형편이다. 이러한 현실 인식에서 보다 체계적으로 교육과정과 교과서를 분석하고 그 결과를 제시함으로써 1차적으로 교사 모두가 현재의 교육 수준과 내용을 명백히 확인할 수 있도록 하고, 궁극적으로 교육 내용의 수많은 문제점의 해결이 교육 민주화와 사회 민주화의 최대 과제임을 인식할 수 있도록 하기 위해 백서를 발간하기로 했다.

– 전국교직원노동조합 교과위원회 엮음(1990), 《참교육 실현을 위한 교과서 백서》, 4쪽

오랫동안 국정 교과서는 권력이 국민들을 통제하기 위한 효과적인 이데올로기로 작동하고 있었다. 그 권력이 폭압적일수록 교과서는 어느 누구도 건드릴 수 없는 대상이었고 교과서는 학생들의 진로를 결정하는 1차 교재였다. 대다수 국민들은 교과서가 중립적이면서도 독립적인 것으로만 여겼다. 교과서를 비판의 대상으로 여길 생각조차 하지 못했다. 동료 교사들조차도 전문가들이 만든 교과서를 일개 교사가 비판할 수 없다는 생각마저 했다. 학부모들은 수업에서 교과서를 다루지 않을 때는 마치 큰일이 일어난 듯 민원까지 제기했다. 교사와 학부모들이 교과서에 대해 맹신하는 경향은 여전하다. 왜일까? 앞서 언급한 백서에는 다음과 같이 서술해 놓았다.

여러 면에서 기존의 교과서에 대한 비판의 소리는 드높았다. 그러나 교육의 주체들이 이의 해결을 위해 노력한 구체적인 결실은 없었다. 곧 비판은 무성했으되 그에 걸맞은 대안 제시가 없었다는 것이다. 이것은 어느 한 사람의 잘잘못이 아니며 우리 교육운동의 역량을 드러내는 하나의 현상이라 할 것이다.

– 전국교직원노동조합 교과위원회 엮음(1990), 앞의 책, 275쪽

중등의 전국국어교사모임은 2001년에 《중학교 1학년을 위한 우리말 우리글》이라는 대안 국어 교과서를 펴내기에 이른다. 7차 교육과정의 취지를 제대로 살려 내지 못했던 교과서를 비판하며 현장에서 실천하고 연구한 경험을 담아낸 새로운 교과서였다. 백서가 나온 지 11년 만의 쾌거였다. 이는 교육 주체들이 교과서의 문제를 해결하기 위해 노력해 온 결실이었고 교사들이 대안을 제시하며 교육과정과 교과서의 변화를 요구했던 일대 사건이었다. 결과적으로 이런 노력은 중등 검인정 교과서에도 큰 변화를 이끌어 내었다. 초등국어교과모임의 교사 김강수는 바로 이런 점을 주목했다. 초등도 언제까지 교과서 비판만 할 수는 없다는 생각을 한 것이다. 앞서 실천한 중등 국어 교사들의 경험을 이어받아 초등에서도 국어 교육과정과 변화를 이끌어 낼 대안 국어 교과서를 만들고 싶었다.

2007년 중등의 전국국어교사모임과 초등국어교과모임의 교육과정 팀은 본격적으로 초등학교 1학년부터 고등학교 1학년까지 10년의 국어 교육과정을 구성하게 된다. 그는 교육과정 팀에서 공부하면서 국어 교육과정이 아이들의 삶과 발달 단계를 고려해서 구성된 것이 아닌 것을 알게 되었다. 특히 국어 교과의 기능 영역에서도 문법, 문학을 섞은 6개의 영역 체제들이 특정한 이론을 바탕으로 구성한 것이 아니라는 점에 그는 큰 실망을 했다. 당시 모임의 교육과정 팀은 이런 문제를 인식하고 교육과정 개정 작업이 진행되고 있던 자리를 찾아갔다. 그도 그 자리에 함께하면서 아이들에게 우리말과 글을 가르치고 배우게 하려는 교육과정을 위해 격렬하게 이의를 제기했다.

2007년 교육과정 개정 때도 큰 문제가 일어났습니다. 국어 교과의 영역에 관한 문제였습니다. 각각의 영역에서 성취 기준을 뽑아내고 그것으로 교과서 마당 구성을 하는 거죠. 그런데 영역을 나누는 잣대가 뚜렷하지 않아 여섯 개의 영역이 서로 논리적이지 않았습니다. 그러다 보니 문학에 있는 성취 기준이 읽기에도 나오고 쓰기에도 나올 가능성이 높았죠. 문법에 있는 성취 기준 역시 읽기나 쓰기에 중복되어 나올 수도 있고요. 그것 때문에 교과서를 만들 때도 같은 내용이 반복해서 나오는 문제가 생겨났습니다. 그래서 우리 모임에서 문제 제기를 한 것입니다. 성취 기준과 영역에 문제가 있다고요. 성취 기준을 중심으로 마당을 구성하다 보니 교과서도 여러 가지 문제가 있었습니다. '뒷이야기 상상하기' 같은 성취 기준은 한 번 짚어 주고 넘어가도 되고 '받침 법칙에 유의하며 바르게 쓰기'는 꾸준히 다뤄야 하는데 똑같은 분량으로 다루게 된 것입니다. 그러니까 매일매일 공부해야 하는 것과 한 번 짚어 주는 활동을 구분하지 않은 겁니다.

국어 교과의 목표도 문제가 있습니다. 국가에서는 의사소통 능력을 기르는 것으로 잡았는데 이것도 역시 외국의 영향을 받은 것입니다. 미국 같은 나라는 다민족 국가이기 때문에 모국어를 가르칠 때 의사소통 능력이 무척 중요하지만 우리같이 하나의 모국어를 쓰는 나라는 학교에 들어오기 전부터 의사소통에 문제가 없습니다. 하지만 외국에서 공부한 학자들이 교육과정을 만들다 보니 목표도 그렇게 된 것입니다. 우리 현실과는 동떨어진 교육과정이 된 것입니다. 미국식 교육과정이 힘을 얻으면서 목표도 바뀌고 영역도 그때 바뀌었습니다.

그전에는 문학, 문법 두 개의 영역밖에 없었는데 5차 교육과정 때부터인가 듣기, 말하기, 읽기, 쓰기 영역이 만들어진 것입니다. 의사소통 능력을 기른다는 목표로 바뀌었으니 당연히 그렇게 된 것입니다. 하지만 우리나라는 그동안 이 영역을 가르쳐 본 경

험도 없고 학문적 토대도 없었습니다. 어쩔 수 없이 미국의 영역
과 이론을 가져와서 우리나라 교육과정에 넣었겠지요. 현장에서
도 문제가 많았지만 학계에서도 혼란이 컸습니다. 없던 새로운
영역이 생겼으니 전국의 사대나 교대에서 그 영역을 가르칠 수
있는 교수가 있어야 하는데 우리나라에는 어학 박사나 문학 박
사는 있어도 읽기 박사나 쓰기 박사 같은 사람이 없었어요. 그
러자 점차 서울대를 비롯한 대학에서 국어교육학이라는 박사
학위를 주기 시작했습니다. 그런 전공자가 없으니 교대나 사대
에서 서로 교수로 뽑았습니다.

문제는 일반 대학의 국문학과입니다. 그동안 어학, 문학을 가
르치던 교수들 입장에서는 자기가 가르친 제자가 박사 학위
를 받으면 교대나 사대에 교수로 갈 수가 있었는데 상황이 바
뀐 것입니다. 그것 때문에 상대적 박탈감을 가지고 있었습니다.
2007년에 제안했던 것은 여섯 개의 영역에서 서로 겹치는 것이
많으니, 표를 입체적으로 만들어서 가로축은 문학과 문법으로
하고 세로축은 듣기, 말하기, 읽기, 쓰기로 하자는 것이었습니다.
그러면 겹치는 성취 기준을 걸러 낼 수 있고, 국어 교과 영역 구
분이 논리적이 된다는 것이었습니다. 다들 그 안이 좋다고 해서
그렇게 진행이 되어 가고 있었습니다. 그런데 끝까지 가지 못했
습니다. 문학과 문법을 가르치는 학자들이 집단적으로 반발을
한 겁니다. 안 그래도 박탈감을 가지고 있었는데 영역을 그렇게
바꾼다고 하니까 이제는 여섯 영역에서 듣기, 말하기, 읽기, 쓰
기 네 영역만 남기고 문학, 문법은 없애는 게 아니냐고 들고일어
난 겁니다. 그때 문학, 문법 교수들이 연판장을 돌렸다네, 평가
원 책임자에게 전화로 압력을 행사했다네 하는 소문이 돌았습
니다.

그런 탓인지 우리가 제안한 내용이 받아들여지던 분위기가 일주일 만에 뒤바뀌게 되었습니다. 그때 공청회에 가서 막 떠들었죠. 도대체 일주일 만에 바뀌게 된 이유가 뭐냐. 누가 연판장을 돌린 거냐. 저는 전임이라 학교에 출근하지 않으니까 거기 가서 말을 할 수 있었습니다. 계속 손을 들고 있으니까 사회자가 시키더라고요. 그때 너무 억울해서 울라고 그랬습니다. "현장의 선생님들이 이 사실을 알고 있냐? 교육과정과 교과서를 아이들 생각하고 만드는 거냐, 아니면 교수들 밥줄 때문에 만드는 거냐? 솔직히 말해라." 공청회에서 마이크도 안 들고 10분 넘게 혼자 소리를 질렀던 기억이 납니다.

이후 김강수는 자신이 교육과정과 교과서 만드는 일을 해야겠다는 결심을 한다. 그는 한 시간 한 시간 차시별로 학생들이 학습 목표를 달성하는 게 가능한가 하는 의문으로 국가 교육과정으로는 아이들을 도울 수 없다고 여겼다. 실제로 이뤄지지도 않은 수업을 목표를 정해 차시로 제시하는 게 결국 교사를 길들이려는 것 아닌가 하는 분노가 치밀었다. 교사를 이렇게 길들이는 데 교육은 없다고 생각했다. 그는 교사들이 아이들의 삶을 보지 못하게 된 것이 잘못된 교육과정과 교과서 때문이라 여겼다. 결국 그는 같은 뜻을 가진 교사들을 모아 새롭게 만든 교육과정으로 대안 교과서를 만들게 된다. 2년간 서울과 제주에서 달려온 100명이 넘는 교사들이 달마다 모여 마당을 짜고 내용을 만들었다. 10년간 아이들과 현장에서 실천한 교사들의 경험을 교과서에 담으려 했다.

그렇게 시간이 지난 2009년 《초등학년 1학년 우리말 우리글》, 《초등학년 2학년 우리말 우리글 1, 2》가 마침내 세상에 나온다. 7차 교육과정이 들어선 이후로 교사들에게 요구하는 것은 교육과정 재구성이었다.

이는 주어진 교과서를 그대로 받아들이지 말고 교사가 창의성을 발휘해서 학생들을 돕는 수업을 하라는 뜻이었다. 다만, 국가 교육과정의 틀을 벗어나는 것까지 허용하는 것은 아니었다. 그러나 전국초등국어교과모임 교사들은 교육과정과 교과서가 아이들의 삶과 배움을 돕지 못한다며 그들의 교육과정과 교과서로 대안을 제시했다. 그는 그 교과서로 지금도 자신의 학교에서 많은 아이들을 우리말과 글의 세계로 안내하고 있다. 수업이 성취 기준을 달성하기 위한 도구가 되어 버리게 하는 게 아니라, 수업이 지금 내 곁에 있는 아이들의 성장을 도와야 한다는 생각, 살아 있는 말글 세계로 안내하여 배움의 즐거움을 깨닫게 해 주어야 한다는 생각 때문이다. 그는 교과서를 활용하는 재구성만이 교사가 할 일은 아니라 여겼다. 교사가 비판적으로 교육과정에 대한 공부를 하고 문제가 있다고 판단되었을 때는 과감하게 자신이 생각한 부분을 아이들에게 전하고 배움으로 안내하는 것이 그가 생각하는 아이들을 위한 진정한 수업이었다.

다시 돌아간 학교, 교과서를 내려놓다

대부분의 교사들은 국가 교육과정을 무시하지 못하고 그것 또한 한 사회가 보여 준 합의물이라고 여기고 지켜야 한다고 생각한다. 이와 같은 신념을 가진 교사들은 성취 기준을 맹목적으로 따르고 이것을 달성하는 데 온 힘을 기울인다. 이것이 공교육 교사들이 가진 평범한 신념이다. 그러나 그는 이 지점에서 전혀 다른 생각과 시도를 한다. 전국초등국어교과모임에서 사무국장을 하며 대안 국어 교과서 작업과 전국모임을 세우고 꾸렸던 2년을 보낸 뒤, 그가 돌아간 곳은 송천분교였다. 복귀했을 때 그가 맡은 학년은 1학년이었다. 그도 말했지만, 그가 제일 잘할 수 있고

김강수

잘 아는 교과는 국어였다. 그는 국어 교과서부터 내려놓았다. 그는 모임이 만든 대안 국어 교과서를 바탕으로 글자를 익히는 교재를 만들었다. 이와 함께 시와 옛이야기, 그림책을 엮어서 교재를 또 만들었다. 이것으로 1학년의 교육과정을 짜고 수업을 진행했다. 자신과 함께 살아가는 아이들을 보고 상황을 보고 삶을 보면서 그 아이들의 수준에 맞는 교재와 텍스트를 찾아가려는 그의 모습은 그가 살아온 지난 삶을 이해한다면 어쩌면 당연했다.

송천분교에 갔을 때도 느꼈는데 대부분의 학교운동을 하시는 분들이 처음에 시작하는 것이 학교의 민주화, 학생의 인권에 관한 논의였어요. 수업에 집중한 것은 별로 없었습니다. 좋은 마음으로 민주적인 학교를 만들자는 것, 아이들이 행복하면 우리도 행복하고 그걸 바탕으로 민주적인 학교를 만들고 아이들을 많이 놀게 해 주자, 초반기에 이런 모토가 많았죠. 행복한 학교, 민주적인 학교, 아이들을 존중하는 학교. 그런데 수업에 대한 이야기는 별로 없는 거예요. 그래서 저는 송천분교에 가서도 수업에 대한 이야기를 할 수밖에 없었죠. 왜냐하면 교사가 아이들을 가장 많이 만나는 때가 수업 시간이잖아요. 단지 나라에서 만든 교육과정이 도교육청에서 지역교육청으로 갔다가 학교에서 교사로 가고 다시 아이들에게 가는 것이 수업이라면 그건 그저 업무를 하는 것과 똑같다고 생각하는 거죠. 수업은 오히려 반대로 되어야 한다, 아이들의 삶에서 시작해서 그 삶에서 배울 것이 결정이 되고 그것이 수업 내용이 되고 그게 점점 모여서 도의 교육과정이 되고 그게 우리나라의 교육과정이 되어야 한다, 그렇게 가지 않으면 안 된다고 생각했어요.

　　우리가 흔히 언급하는 수업은 주어진 교육과정을 어떻게 해석하고 재구성해 학생들에 전달할 것이고, 그 지점에 교사의 의도가 어떻게 담겨 있는지, 아이들은 어떤 배움의 과정과 결과를 얻었는지에 관심을 둔다. 교육과정 자체에 대해서는 의심을 가지지 않는 것이다. 성취 기준도 교과별로 너무 많다 적다의 문제에 집중하거나 평가를 어떻게 해서 기술할 것인지에 대한 고충을 이야기할 뿐이다. 교육과정이 아이들 삶과 맞닿아 있는가, 그 성취 기준이 적절한가, 아이들을 배움으로 이끄는 성취 기준인가에 대한 의심을 하지 않는다. 잘못된 교육과정과 교육 내용, 그와 함께 얽힌 성취 기준에 대한 비판적인 수용과 재구성을 넘어 대안을 마련하는 일이 일반 교사들에게는 물론 쉽지 않은 일이다.

　　바실리 수호믈린스키는 진정으로 학생을 교육하는 수업 과정의 주요 과제 가운데 하나는 학생들이 습득한 지식에 냉담하거나 무관심하지 않도록 경계하는 것이라고 했다. 즉 배운 지식이 자신과 아무런 관련이 없다고 느끼지 않도록 교사가 유의해야 한다는 것이다. 1950년대 소련의 국가 교육과정 체제라고 하면 지금 한국의 경우보다 훨씬 엄격했던 시절이었다. 그런 상황에서도 수호믈린스키는 수업에서 창의적인 시도를 하고 있었다. 그는 공교육에 제공된 교육과정을 그대로 받아들이지 않았다. 6세 아이들의 읽기와 쓰기 수업에서도 발달 과정과 삶을 바탕으로 교육과정을 짜고 수업을 했다. 당시 교장이었음에도 자신의 행정 업무에 만족하지 못했던 수호믈린스키는 일반 교사직을 겸임하고 있었다. 그는 아이들이 감각에 의해 전달된 정서적 경험을 통해 어휘에 대한 흥미가 높아질 때까지 읽기와 쓰기를 가르쳐서는 안 된다는 철학을 바탕으로 수업을 했다.

나는 아이에게 어휘가 단지 물체 또는 현상에 대한 호칭이 아니라, 그 안에 정서적 색깔인 낱말의 고유한 향기와 미세한 색조가 담겨 있다는 점을 강조하려 애썼다. 어휘의 아름다움과 어휘가 반영하는 작은 세상의 아름다움을 느끼려면 인간의 말소리를 전달하는 그림들, 즉 글자에 대한 흥미를 일깨워야 한다. 이것은 중요하다. 아이가 어휘의 향기를 느낄 수 있을 때까지, 그리고 어휘의 미세한 색조를 알아볼 수 있을 때까지 교사는 읽기와 쓰기 수업을 시작해서는 안 된다. 만약 아이가 어휘에 흥미를 갖기 전에 읽기와 쓰기 수업을 시작한다면, 이는 아이를 중노동으로 내모는 것이다. 아이들은 결국 어려움을 극복할 테지만 그 대가를 생각해 보라.

- 앨런 코커릴, 함영기 옮김(2019), 《바실리 수호믈린스키 아이들은 한 명 한 명 빛나야 한다》, 127쪽

교과서를 내려놓기 시작한 김강수는 송천분교에서 1학년을 맡아 아이들에게 맞는 교재를 만들어 글자 수업, 한글 수업을 했다. 아이들이 좋아할 만한 다양한 온작품을 선택해 그것으로 이야기도 나누고 연극도 하고 시도 쓰며 즐겁게 수업을 했다. 학교 교육과정과 학급 교육과정도 바꾸고 수업을 다르게 배치하려고 했다. 교환 수업도 해 보고 통합 수업도 기획해 보았다. 혼자서는 할 수가 없었던 것이다. 교사의 수는 적고 할 일은 많았다. 업무도 많았다. 학생 수도 점점 늘어났다. 힘들다고 그만두자는 말도 많았다. 그렇지만 시간이 지나면서 새롭게 만든 교육과정은 하나의 전통이 되었다.

사람들이 전부 다 교과서에서 벗어나면 선생들이 가르치는 내용이 전부 다 제각각이 될 것이고 그 제각각의 내용을 어디서 갖고 올 것이냐, 자기 삶에서 갖고 오면 아이들이 자기 삶을 깊이 들여다보는 선생을 보면서 자기 삶을 아끼고 사랑하지 않겠나, 아이들을 결국 점수 많이 받아서 좋은 대학 가고 좋은 직장을 가지는 게 정말 훌륭한 삶이라고 생각하게끔 하는 어른으로 자라게 할 것이냐, 그런 경쟁 구도 속에서 자라는 아이들로 자라게 할 것이냐, 아니면 자기 삶을 바꾸는 사람으로 자라게 할 것이냐. 우리 마을이 더 중요하다고 말하고 자기 자신이 더 중요하다고 말하고, 그렇게 말은 하지만 선생이 아이들의 삶을 더 중요하게 바라보지 않는데, 그 아이들이 그렇게 느낄 까닭이 없지 않습니까. 그래서 저는 그게 완전히 바뀌어야 한다, 교과서를 내려놓고 선생이 어디로 갈 것인지를 궁리하다 보면 우리 세상이 바뀔 수 있다고 봐요. 아까 온작품 읽기 수업을 할 때도 결국은 아이들이 자기 이야기를 할 수밖에 없어요. 교과서로 공부하다 보면 자기 얘기가 중요하지 않거든요. 선생이 자기 얘기를 물어보지도 않아요. 삶에 대해서 이야기하지 않는 것은 교과 시간에 그런 과정이 없기 때문이거든요. 온작품 읽기는 그런 얘기를 할 수 있는 수업이 될 수 있는 거죠. 그렇다면 우리가 어디에 집중을 해야 하느냐, 교과에 담긴 지식을 전수하는 게 중요하냐, 자기 삶을 소중하게 여기고 그걸 가꾸어 나가게 하는 것이 중요하냐. 송천분교에서 교과에 대해 이야기를 하고 수업에 집중을 하게 된 것은 거기에 뜻이 있었던 거죠.

수업은 아이들이나 그에게 삶 그 자체였다. 삶이 곧 수업으로 이어지고 교육 내용과 교육과정으로 만들어졌을 때라야 아이들도 변하고 학교도 변할 수 있다는 게 그의 변함없는 신념이자 확신이었다.

더 재미있게 더 실감 나게 가르치려고 하다 보니 조금씩 교과서 바깥으로 나갈 수밖에 없었다는 이야기를 하려는 것입니다. 어떻게 해야 아이들과 삶을 나누는 수업을 할 수 있었을지 고민하다 보니 연수를 열고, 서로 나누고, 나누다 보니 그림책, 이야기책에 눈길을 주게 된 것입니다. 새로운 길을 가려는 작은 학교에서는 오래전부터 '온책 읽기'라는 것을 합니다. 일주일에 한 권씩 책을 읽는 것입니다. 어린 학년은 그림책 같은 것을 읽고 시를 쓰거나 연극을 하거나 만들기, 그리기를 하기도 하고 오랫동안 하나의 주제로 공부할 때도 있습니다. 고학년은 자기 수준에 맞는 장편 동화를 읽거나 만화 같은 것을 함께 읽고 토론을 합니다. 그러면 선생님도 함께 동무가 되어 서로의 삶을 나눌 수 있습니다. 한쪽이 일방적으로 가르치고 일방적으로 배우는 교과서는 해낼 수 없는 것들입니다.

- 김강수, 〈함께 만든 것이라 더 좋습니다〉, 《어린이와 함께 여는 국어교육》, 2015년 겨울호, 19~20쪽

온작품 읽기로 바로 세운 국어 수업

송천분교를 거쳐 수동초로 옮긴 그는 2017년 전국초등국어교과모임의 회장을 맡아 그동안 준비해 왔던 온작품 읽기 운동을 본격적으로

펼치게 된다. 전국초등국어교과모임이 대안 국어 교과서 사업 다음으로 힘을 쏟은 운동이었다. 그는 교육과정을 새롭게 짜면서 국어 수업을 어떻게 할지를 고민하게 된다. 그 고민의 바탕에는 마음을 한데 모아 대안 국어 교육과정을 만들어 내었던 사람들이 있었다. 그들과 함께 그는 이오덕과 김수업의 뜻을 이어받는 우리말글연구소, 즉 이오덕김수업교육연구소를 만들게 된다. 이곳에서 그는 우리말글 교육을 바꾸기 위해서 교과서를 완전히 벗어날 수 있는 대안을 찾기 시작한다. 그것이 바로 교실에서 온작품 읽기였다. 이러한 실천은 연구소의 일원이자 그의 동지였던 김영주(당시 경기 광주 남한산초등학교 교장)와 함께 일하는 교사들이서부터 시작했다. 일주일에 한 번씩 아이들에게 온전한 작품을 만나게 했다. 그러자 아이들의 모습이 이전과 달라지는 것을 확인할 수 있게 되었다. 그렇게 그는 온작품 읽기에 확신을 갖게 된다.

국가 중심 교육과정과 국정 교과서 체제에서 교사들은 아이들과 맞지 않은 소재 글을 대신할 작품들을 찾아 수업에 도입하였습니다. 목표를 통합하기도 하고, 활동을 새로 만들어 넣기도 하고, 방법을 새로 짜서 넣기도 했지만 무엇보다 중요한 것은 수업에서 쓸 글이었습니다. 목표, 방법, 활동이 같더라도 완전한 작품을 읽고 나서 수업한 아이들과 쪼개진 작품의 일부분을 읽고 수업한 아이들의 반응은 너무도 달랐습니다. 완전한 작품으로 수업할 때 아이들이 훨씬 활기차게 수업에 몰입하는 장면을 경험하게 되었습니다. 뿐만 아니라 수업 과정에서 평소 알지 못했던 아이들의 삶을 새롭게 알게 되어 더욱 좋았습니다.
- 전국초등국어교과모임 이오덕김수업연구소(2017), 《온작품 읽기》, 5쪽

　　그의 교실을 찾아가던 11월, 창가로 한껏 햇볕이 쏟아지던 김강수의
5학년 교실에는 온작품 수업이 진행되고 있다는 듯 칠판 가득히 그의 글
씨로 가득했다. 칠판 위쪽 가운데에는 《시간 가게》라는 책 이름이 적혀
있었다. 아래로는 작가 이름인 이나영. 이나영은 13회 문학동네 어린이
상을 받았다고 적혀 있었고 이어서 나오는 사람, 마음에 담은 글귀라는
말이 적혀 있었다. 오늘 수업은 마음에 담은 글귀를 읽고 생각을 나누고
인물 영훈이가 시간 가게에 갔다는 증거를 하나 찾아서 공책에 쓰고 발
표를 하는 것으로 시작을 했다. 그리곤 이미 읽었던 책으로 다양한 이야
기를 나누는 꼭지로 이어 갔다.

　　"'요거는 뭐다냐? 속 시끄럽게.'
　　그건 어떤 장면에서 나온 말이지?"
　　"할머니가 밥 먹을 때 말하던 장면이에요."
　　"왜?"
　　"할머니가 말하는 게, 정다워서요."
　　"그러고 보니까 너도 할머니랑 친하잖아. 너희 할머니 같더냐?"
　　"네."
　　"너희들 이번 책까지 마흔 권 읽어서 두 권 남은 거 아니냐?"
　　"괭이부리말 안 했어요. 세 권 남았어요."
　　"이번 책에서는 작가가 중간에 흘려 놓은 게 있어. 영훈이가 중요한
역할을 하는데, 시간 가게 갔다는 몇 군데가 있어. 혹시 찾은 사람?"
　　"이거는 얘가 말한 거예요."
　　"어, 함 말해 봐라."
　　"내가 시간을 사서 보았을 때만 해도 문제를 하나도 풀지 못했었는
데, 그 짧은 시간에 다 풀었더니 영훈이는 역시 영어 천재였다."
　　"맞아. 그때 검정 시험인가 가서 영훈이도 시간을 딱 맞춰서 시험을

봤는데, 영훈이도 보니까 문제를 거의 안 풀었단 말이야. 근데 영훈이가 나중에 알고 보니까 800점 나왔나? 그러니까 애도 분명히 시간을 멈추고 했을 거야. 또 다른 흔적이 있었어. 또, 음."

"128쪽에. 그러고 보니 영훈이가 최근 들어 이상하긴 했다. 한동안 문집에 실린 아이들 캐리커처를 열심히 그리더니 요즘에는 잠잠해졌다. 며칠 전에는 아이들이 캐리커처를 물었더니 그게 뭐냐고 묻기까지 했다."

"이거는 뭐 때문에 우리가 상상할 수 있는 거지?"

"영훈이의 좋은 기억이 사라지고 있다는 거요."

그리고는 이어 책의 주제를 닮은 이야기를 꺼내 아이들의 생각을 끄집어내었다. 이를테면, '자신의 행복한 기억을 팔아 미래가 행복해지면 행복한 것일까?', '주인공과 같은 상황이면 시간을 살 것인가?', '공부를 잘하면 행복할까?'로 아이들의 행복에 대한 생각을 물어보았다. 아이들은 저마다 자신의 생각을 이야기했다. 마흔 권이 넘는 책을 읽었던 탓인지 서른 명 가까운 아이들은 거침없이 손을 들어 자기 생각을 꺼냈다. 자기 삶과 생각을 바탕으로 꺼낸 이야기들이어서 온작품 읽기를 통해서 아이들을 읽을 수도 있었던 장면이었다. 때로는 논쟁까지 벌였다. 공감하는 말에는 이따금 박수도 치면서 읽은 책으로 자기 생각과 삶을 자유롭게 이야기하고 있었다.

온작품 읽기는 목적이 몇 가지가 있는데요. 저는 읽어 내는 힘을 기르는 쪽에 목표를 두고 있습니다. 그리고 삶에 대한 이야기를 나누는 데도요. 읽어 내는 힘은 줄거리를 간추린다거나, 인물의 성격이나 오늘처럼 약간 이야기 속에 숨겨진 게 있으면 그것을 찾아가는 활동을 중간에 집어넣어요. 그러니까 읽어 내는 능

력을 키우기 위해 절반은 내용 파악을 하고요, 절반은 자기 이
야기를 하는 거죠. 그것을 두 시간 수업으로 계속 진행해요. 그
래서 6학년은 주로 장편을 계속 진행해 가요. 그러면 아이들이
읽어 내는 수준이나 말하는 것들이 일정한 패턴이 돼 가지고 잘
해요. 줄거리 간추리기도 처음에는 전혀 할 줄을 모르더라고요.
그걸 5~10줄 하라고 하죠. 교과서에서는 잘린 글을 가지고 줄
거리 간추리기를 하라고 하잖아요. 그건 정말 쉬운 거죠. 두꺼
운 책을 읽고 줄거리를 간추리려면 어른들도 힘들어요. 아이들
이 수많은 시행착오를 겪다가 이제는 인물하고 사건하고 배경을
맞춰서 줄거리를 쓰게 됐죠. 때때로 이런 과정에서 어떤 것은 다
른 것으로 넘어가요. 아이들이 더 알아보자고 이야기할 때가 있
는 거죠. 이를테면, 전태일 책을 읽고 난 뒤, 전태일 영화를 본다
거나 하는 등의 다른 활동을 더 하죠. 그러면 처음에 만든 계획
은 표에서 사라져요. 아이들이 하자고 하는 것을 해야죠. 오늘
도 수업에서 이어 가는 것을 아이들에게 손을 들어 투표를 하자
고 했잖습니까. 내가 하자는 대로만 하지 않아요. 아무리 내가
기획한 거라도 아이들이 하자고 하는 걸 해야지 수업이 살아나
고 아이들이 배우고 싶어 해요. 내가 계획한 것을 억지로 하면
잘 안 되고 아이들이 하자는 것을 하면 더 잘되죠.

　온작품 읽기 운동은, 딱딱하고 무미건조한 용어지만, 2015 개정 시
기 국어 교육과정에 '한 학기 한 권 읽기'로 제시됨으로써 교과서에 '독
서 단원'이 만들어지게 되는 계기가 되었다. 교사들의 실천이 교육과정
과 교과서를 바꾸고 수업 내용과 틀을 바꿔 내는 결과로 이어진 것이다.
하지만 온작품 수업에서도 본뜻과 달리 활동과 결과에 집착하는 경우를

흔하게 발견할 수 있다. 이와 달리 김강수의 수업은 아이들과 말과 글로 이야기를 나누는 데 훨씬 집중돼 있다. 그의 수업 장면은 온작품 읽기 수업에서 진정 강조되어야 할 것은 무엇인지 다시 생각해 보게 한다.

> 온작품 읽기가 온 나라에 퍼지고 있습니다. 교실에서 아이들 사이에 일어나는 일이지만, 어른들도 가끔씩 책을 읽고 이야기를 나누게 됩니다. 교사들도 마찬가지입니다. 책을 읽고 이야기를 나눈다는 것은 그저 책 이야기만 하자는 것이 아닙니다. 삶의 이야기를 나누자는 것입니다. 다른 이들의 이야기에 귀를 기울이고, 거기 내 이야기를 섞으면서 우리는 삶을 이어 가는지도 모릅니다.
> - 전국초등국어교과모임 이오덕김수업교육연구소(2019), 《교사, 읽고 쓰다》, 9쪽

배움 씨앗을 한껏 싹틔운 수업

수업을 재구성하는 수준을 넘어서 수업 자체의 패러다임을 바꾸기 위해서 그는 대안 국어 교과서 사업과 온작품 읽기 운동을 해야만 했다. 국가 교육과정과 교과서를 만드는 이들에게만 맡겨서는 교사들의 수업이 온전히 바뀔 수 없다는 생각 때문이었다. 이 과정에서 그에게 남은 과제는 도대체 아이들이 배운다는 것이 무엇이냐는 것이었다. 초등 교사들이 우리말글만을 배울 수는 없는 일이었다. 교과 전 과정을 통합하여 주제망을 짜는 것만으로도 해결할 수 없는 배움에 대한 실체를 밝혀내는 일, 그리고 그것을 이론화하고 실천하지 않으면 늘 성취 기준과 재구성에

김강수

매달려 기존의 수업 패턴을 되풀이할 뿐이라 여겼다. 뿐만 아니었다. 우리는 그동안 배움을 늘 나라 바깥의 철학자와 교육자들의 이론과 실천에 의지해 왔다. 남의 나라 아이들의 삶과 환경을 배경으로 하여 만들어진 이론과 실천을 유행 따라 실천해 온 것이 그간 우리나라 학계와 교사들의 모습이다. 이 땅에서 살아가는 아이들의 발달 과정과 성장, 즉 삶을 지켜보고 연구하여 배움의 실체에 대해 이야기하지 못하고서는 진정한 배움을 이야기할 수 없고 수업을 이야기할 수 없다는 게 김강수의 생각이다.

우리나라에서 자라는 아이들을 위한 교육 이론과 실천의 지점에 가장 앞세워야 할 것으로 김강수는 '삶'에 주목하였다. 물론 삶에 주목한 교육학자는 이미 많았다. 함석헌도 있었고 이오덕도 있었다. 그러나 그들의 이론을 더욱 확장하고 정교하게 다듬어 이 땅의 아이들을 위한 교육 이론으로 바꿔 나가는 데는 한계를 보였다. 도대체 아이들의 삶이 무엇이고, 아이들의 삶을 어떻게 교육과정으로 만들어 내고 수업으로 이어 갈 것인지에 대한 논의가 거의 전무했다. 그러다 보니, 우리는 늘 외국에서 들여오는 이론과 실천에 기대어 유행 따라 수업에 옷을 갈아입혀 왔다. 수입한 이론은 학자와 교사들을 구분 짓는 틀이 되었고 연대하기보다는 대립하거나 서로 애써 무시했다. 김강수는 이런 암울한 역사를 끝내고 늘 아이들 곁에서 살아가는 교사들이 직접 나서 몸소 만나는 아이들의 삶이 어떠하며 그들을 위한 교육과정과 수업이 어떻게 만들어질 수 있는지를 밝혀 보고자 했다. 그 지점에 바로 '온배움씨'가 있었다.

교육이라는 것을 들여다보자. 어떤 것이 작동하는가? 배움이 일어난다는데, 그것이 어디에서 시작되는가? 많이 배운 사람일수록 남을 생각한다는 거죠, 이타적이 되고. 석가모니는 작은 곤충도 자신과 연결되어 있다고 함부로 하면 안 된다고 하고, 예수도 원수를 사랑한다고 하고, 많이 배웠다고 하는 사람일수록 그리고 스승의 반열에 올라 있다는 사람일수록 다른 사람을 나만큼 아낀다는 거죠. 그게 왜 그렇게 될까 생각한 거죠. 시작은 뭘까 하고요. 사람들이 살아가기 위해서 배움은 본능에 가까울 수 있다고 생각해요. 그걸 우리는 처음에 배움씨라고 할 것인지, 연결되어 있다고 해서 벼리 수업이라고 할 것인지, 동그라미 수업이라고 할 것인지 고민했어요. 교육이라는 것이 기능이나 기법을 다 벗어나면 어떻게 살아가고자 하는 것인지, 올바른 길로 살아가자는 스승이 있고 그렇게 올바르게 살아가려는 제자가 있고 그런 관계들이 온 것이 아니냐, 그래서 '온'이라는 걸 앞에 둔 거예요. 하나가 된다, 전체가 된다 그런 의미를 둔 것이죠. 그리고 그게 배움씨에서 시작된다고 봤어요. 사람마다 배움씨가 있는데, 혼자 있으면 배움씨가 혼자 살다가 죽을 수도 있어요. 그런데 우리 반 한 아이가 영화를 만들자고 하는 순간 배움씨가 퍼지는 것이죠. 퍼졌다는 것은 사람들과 이어졌다는 거죠. 영화를 만드는 과정에 이어지고, 보는 사람과 이어지고, 그렇게 우리 반 아이들이 영화를 만들어 돈을 번 적이 있습니다. 그걸 아이들에게 어떻게 쓸 거냐 했더니 우리 학교에서 우리를 위해 도와준 급식실 아주머니랑 청소해 주시는 분들을 위해 목도리를 선물로 주자는 이야기가 나왔어요. 그렇게 우리와 이어진 사람들과 하나가 되고 중첩되면서 배움씨가 넓어진다고 생각하는 거죠. 범위를 넓혀 배우게 되면 우리나라의 철학자라고 할 수 있는 사람의 깊이까지 갈 수 있지 않을까 합니다.

　　온배움씨의 철학을 만들어 내는 데 함께한 김강수는 실제로 수업에서 아이들이 온전한 배움씨를 퍼뜨릴 수 있는 수업을 기획하고 구상한다. 하지만 그런 구상이 오롯이 교사의 역할로만 만들어질 수는 없었다. 배움씨는 아이들의 것이었지, 교사의 것이 아니었기 때문이다. 교사는 아이들이 퍼뜨리는 배움의 씨앗이 잘 퍼질 수 있도록 도와주는 안내자 역할이면 충분했다. 몇 해 전, 6학년을 맡았던 그는 조선 후기부터 현대사를 다루는 사회 교과에서 아이들의 배움씨가 널리 퍼져 간 경험을 했다. 사회 교과에서 다룬 온작품은 《두근두근 한국사》였다. 그러던 중 일제 강점기 역사를 읽어 내면서 아이들의 눈이 주마다 열리는 수요 집회에 머물게 되었다. 그러자 그는 〈끝나지 않은 이야기〉라는 짧은 애니메이션을 보여 주었다. 이를 보던 아이들 몇몇이 눈물을 흘리면서 반 아이들은 '위안부'에 대한 지식을 스스로 찾아 나서기 시작했다. 이 과정에서 그는 권윤덕의 그림책 《꽃할머니》를 읽어 주게 된다. 이런 수업의 흐름 속에서 아이들은 수요 집회에 참석하기로 결정을 하고 '위안부' 할머니 이야기를 알리는 책을 만들기도 했다. 그래서 글을 쓰기 시작했고 나중에는 소녀상을 직접 제작해 학교에 전시하여 졸업 작품으로 남기자는 의견까지 나오며 배움씨가 확장되었다. 이 과정에서 '위안부 사건 모의재판'을 열기도 하였다. 영화도 만들어 상영을 해 돈을 모아 정대협(전 한국정신대문제대책협의회, 현 일본군성노예제문제해결을 위한 정의기억연대)에 기탁을 하기까지 했다. 역사 수업이라는 작은 씨앗이 만든 아이들의 배움씨는 훨씬 크고 넓었다.

　　아이들이 교과서에 나오는 '정신대' 할머니의 이야기를 공부해 보자 했어요. 아이들이, 보니까 심각한 문제라고 생각한 거예요. 처음에는 성노예 이런 말들이 나오니까 아이들이 키득거리면서

김강수

웃었죠. 근데 점점 공부를 하면서 아이들이 진지해지면서 그냥 넘기면 안 되겠다 생각한 거죠. 우리만 알 게 아니고 동생한테도 알려 주자. 그래서 책을 하나 만들었어요. 저는 이런 점에서 배움씨가 더 넓어지고 자랐다고 보는 거죠. 나중에는 이 자료를 만들어서 '정신대' 할머니를 찾아갔어요. 아이들이 직접 할머니를 만나면서 그분들도 '우리와 같은 사람이구나'를 느끼게 된 거죠. 돌아와서는 소녀상도 만들었는데, 수업을 다 마치고 나서 부모들도 '정신대' 할머니가 남 같지가 않다는 거예요. 처음 배움씨는 아주 작고 혼자만 하면 없어질 가능성이 큰데, 그걸 동무와 함께하고 그렇게 다른 사람들과 이어지면서 가다 보면 세상이 하나가 되고 동시에 생명을 함부로 여기지 않는 사람으로 자라게 될 것이라고 생각을 하게 됐죠. 선생의 역할로 보자면 이건 매우 중요한 거죠. 일반적으로 교과서대로 하면 한 차시나 한 단락을 배우면 그만해야 하잖아요. 그런데 아이들이 더 하려고 할 때는 그걸 열어 줘야 하는 거죠. 삶이 어른이 열어 주어서 사는 거하고 남이 시키는 대로 가는 것은 다른 거죠, 사실은. '너가 가고자 하는 길로 가 봐라', 저기에 무엇이 있다고 자꾸 얘기해 주고 '가 봐라' 이렇게 해 주는 게 교사의 역할이라 보는 거죠. 그리고 저는 온배움씨 수업을 할 때, 아이들에게 희망을 주어야 한다고 봐요. 가 보자, 거기에 무언가 희망이 있을 것 같다. 나에게도 가 보자고 이야기하는 사람들이 좋았어요. 그래서 저도 여기까지 올 수 있었던 것 같습니다.

그도 처음에는 막연하게 좋은 선생이 되고 싶었다. 머릿속으로 좋은 선생이 무엇인지 그려 보곤 했다. 친구 같은 선생이 되고 싶었고 교과를 잘 아는 선생이 되고 싶었다. 때로는 마음을 다한다는 것이 넘쳐 혼자 멀리 가려고 할 때도 있었다. 그럴 때마다 아이들을 꾸짖으며 그것도 못하냐고 했다. 다른 아이들은 다 하는데, 왜 너만 그러냐고 못되게도 굴었다. 야단을 치게 되면 눈물을 흘리는 아이도 있었다. 돌아서서 반성을 하고 그 아이들에게 사과를 하면 온몸에 힘이 빠질 때가 한두 번이 아니었다. 수업이 시작되면 자신도 모르게 바빠졌다. 가르칠 게 많아 한눈을 팔 수 없었다. 답을 써넣어야 하는 교과서에 빈 곳이 많을 때면 부담이 되었다. 서둘러 답을 쓰게 하느라 아이들 표정을 살필 겨를도 없었다. 이야기를 나누지도 못했다. 그러는 동안 그는 친구 같은 선생도, 교과를 잘 가르치는 선생도 되지 못했다. 문제는 교육과정도 교과서도 아닌 자신에게 있었다. 아이들의 이야기와 삶에 귀를 기울이지 않는 자신에게 있었다. 하지만 아이들 삶에 귀 기울이고 아이들이 배우고 싶다는 것에 길을 열어 주던서 자신도 아이들도 달라지기 시작했다. 그 지점에 아이들의 배움씨, 즉 '온배움씨'가 있었다.

> 온배움씨는 동그라미를 그리는 일입니다. 잔잔한 물 위로 돌멩이 하나를 던지면 물결이 퍼져 나가는 것처럼 동그라미도 커집니다. 동그라미 안에 사람들 마음이 하나둘씩 들어오고 사람과 사람의 마음이 이어집니다. 그러면 나이가 많은 '위안부' 할머니의 마음이 내 마음과 같아집니다. 함께 아파할 수 있고, 함께 분노할 수 있습니다. 배운다는 것은 그래야 합니다. 나의 삶과 다른 이들의 삶이 따로 있다고 느끼면 그건 배운 것이 아닙니다. 벽을 쌓는 것도 배움이 아니지요. 벽을 허물고 동그라미를 넓혀 가는 것이 진짜 배움입니다.
> - 이오덕김수업교육연구소(2018), 《온작품 읽기와 온배움씨》, 100쪽

서로가 서로에게 스승이 되는 수업

최근 각 지역 교육청마다 이뤄지는 수업의 양태는 교육과정-수업-평가-기록의 일원화, 혹은 일체화라는 용어와 교사 교육과정이라는 말로 집약돼 있다. 주어진 교육과정을 해석해 재구성하는 수업, 그 과정에서 평가를 실시하여 아이들 성장을 돕는 피드백으로 성취 기준을 달성하게 하는 것, 그것을 기록하는 것이 곧 수업이라는 인식이 빠르게 퍼져 가고 있다. 그러나 이곳에 소개한 교사 김강수는 이러한 틀과 맥락을 넘어서는 이야기를 펼친다. 교육과정을 비판적으로 받아들이고 국어 교과서를 새롭게 만드는가 하면, 언어 기능을 익히는 방법 위주의 교과서와 성취 기준으로는 아이들이 올바른 말글살이를 할 수 없다는 판단으로 온전한 작품으로 수업을 할 수 있는 운동을 펼쳤다. 아이들의 배움도 교육과정을 그대로 전하는 것이 아니라, 아이들 속의 배움 씨앗을 찾아 주어진 교육과정과 이어 가기도 하면서 때로는 그것을 넘어 확장될 수 있도록 안내하기도 한다.

교과서를 버리면서 도표를 만들었죠. 3월에 한 학기 동안 아이들에게 무엇을 배우고 싶은지 이야기 나눕니다. 2주 동안 무얼 배우고 싶은지 정리하고 나면 어떻게 수업할 건지 도표로 정리하지 않으면 안 되겠다고 생각했습니다. 아이들과 이야기하다 보면, 아이들이 하고 싶어 하는 것도 있고 내가 하고 싶은 것도 있습니다. 그곳에는 소재도 있고 방법도 있었습니다. 주제, 활동 다 적어 놨죠. 그 단계가 시작되면 그걸 어떻게 공부하겠냐고 아이들과 이야기하면서 더 넣든지 해서 결정했습니다. 한 달, 두 달 단위로 하는데, "졸업 작품을 무엇으로 할래?"라고 물어봐서

김강수

나무로 하자고 하면 "나무로 뭘 할래?" 다시 묻고, 그럼 집을 짓자고 해서 여러 이야기를 하다 보니 오늘 보신 것처럼 장승까지 결정된 거죠. 저는 아이들에게 너희의 길을 가라고 합니다. 하지만 처음에 계획했던 대로 다 하지는 못합니다. 어떤 것은 가다가 재미가 없거나 난관에 부딪혀서 배움이 멈출 때도 있고, 어떨 때는 2주짜리가 넉 달, 여섯 달, 1년의 과정이 되기도 하죠. 저는 그런 경우는 계속 지지하고 지원해 주는데 아이들이 신기하게 계속 가더라고요.

김강수도 아이들과 살면서 나름의 원칙이 있다. 아이들 배움씨를 따라 교육과정과 수업이 확장이 되고 넓어질 수는 있지만, 미리 갈 길은 계획해 두는 것이다. 다만 그 길을 모두 가려 하지는 않는다. 아이들의 처지와 상태, 기대와 바람, 끌고 가는 힘과 의지에 따라 언제든지 자신의 계획은 바꾸어 나가는 것이다. 그 지점에 아이들의 삶과 온배움씨가 있다. 그가 만든 한 한기 계획표를 보면 왼쪽에는 한 학기 동안 주마다 아이들과 읽을 온작품들을 늘어놓고 있다. 오른쪽에는 말본(문법), 통합 인문, 통합 예술, 자치 활동, 상시 활동으로 구분 지어 이 계획에 모든 교과를 버무린다. 중심에 온작품 읽기와 말본을 넣어 그가 강조하는 말글살이 교육을 다져 놓는 형태다. 그가 교과로 나눠 가려 놓은 데에는 까닭이 있다. 국어 교과는 언어이기 때문에 생각이나 말을 담는 그릇이라고 보는 까닭이다.

그는 아이들의 삶말글을 제대로 담기 위해서는 말본을 가르쳐야 하고 읽고 쓰는 일도 다르지 않다고 본다. 말꽃이라 불리는 문학은 이야기 말고도 노래, 놀이를 다 포함하고 있기 때문에 따로 가르쳐야 한다는 것이다. 그는 모든 교과의 바탕이고 언어를 다루는 교과인 국어의 중요성은 수학 못지않게 크다고 생각한다. 이와 같은 생각을 가진 그는 말글을 익혀 글을 쓰고 책으로 묶는 일도 매우 중요하게 여긴다. 지금 일하고 있는 서종초에서는 아이들의 작품과 학습 결과를 책으로 엮는 일에도 관심이 많다. 그는 이러한 결과가 정식 출판으로 이어지게 할 수 있도록 출판협동조합 '말꽃'을 만들어 운영을 돕는 일에도 앞장을 서고 있다.

김강수

66

이곳 선생님들이 문집을 많이 내고 있었어요. 지금은 주간별로 내는 선생님들도 많아졌죠. 마을 책도 그 무렵에 나왔습니다. 한번은 선생님들과 많은 이야기를 하는데, '아이들 시가 좋아서 책으로 출판해 주면 좋겠는데 출판사에 의뢰하면 안 되나' 하는 얘기가 나왔어요. 그때 동료 교사 중 한 사람이 협동조합을 하면 된다는 얘기를 꺼내면서 나중에 학부모들에게 협동조합을 만들기 위한 설명회를 열었죠. '한 번도 가 보지 않은 곳을 가 보자', ' 아이들 시를 책으로 내 보자' 그랬던 거죠. 다음에 2차 설명회를 여는 데 서로서로 사람들을 더 데려오면서 만들어지게 됐습니다. 우리는 교육을 위해서 하는 거니까 아이들만 보고 하자고 했어요. 저는 사람을 움직이는 것은 마음이라고 생각했죠. 가슴을 뛰게 하는 것이 무엇인지를 알아야 해요. 우리가 가야 할 희망을 찾을 수 있도록 안내하는 사람이 스승이고 우리가 하는 일이 그래야 하고, 출판협동조합도 그중에 하나라고 보죠. 인근 세 학교가 서로 만나면서 저학년은 서로 학교 놀러 갔던 이야기, 중학년은 자기 마을 이야기를 책으로, 고학년은 마을 역사 이야기를 책으로, 해마다 북한강 건너는 이야기도 책으로 묶어 내고 있습니다.

99

2008년 1월, 나는 교육과정을 만드는 팀의 일원으로 김강수와 대안 국어 교과서를 만들기 위해 모델이 돼 주었던 프랑스를 함께 찾아갔던 적이 있다. 그때 우리는 마리퀴리 초등학교를 방문했다. 그곳은 불법 이주민들과 저소득층이 사는, 프랑스에서도 교사들이 서로 가려 하지 않던 지역의 학교였다. 그러나 7년 만에 이 학교는 큰 변화를 일으키며 세계적인 학교로 이름을 알리기 시작했다. 프랑스 파리의 공립학교였지만, 기본적으로 이곳은 프레네 교육 철학과 방법으로 학교를 운영하고 있었다. 학급은 세 학년이 섞여 있는 체제였다. 프랑스 정부는 교장과 교사들의 이런 시도를 마뜩하지 않아 하면서도 허용하고 있었다. 1, 3, 5학년이 섞여 다모임을 하고 수업을 하는 풍경은 매우 낯설었지만, 무척 부럽기도 했다. 특히 수학 시간에는 프레네 수학 교육 방식 중의 하나인 '자기 수정 카드'를 사용해 자기 수준에 맞게 수학 문제를 해결해 가는 풍경도 엿볼 수 있었다. 학년이 높은 아이들이 낮은 학년의 아이들의 수학 문제를 함께 해결해 주며 돕는 과정 속에서 아이들은 서로 성장할 수 있었다. 이 지점을 단단히 기억해 두었던 그는 기어이 서종초에서 이를 시도하고 있다. 그것은 바로 무학년제였다.

김강수

올해 처음 무학년제를 했는데, 지난 6개월 동안 의논을 하면서 온배움에 대한 이야기를 해 왔어요. 아이들이 배우고 싶은 것을 배우게 하고 형과 동생이 서로 배우고 가르치는 과정이 필요하다고 이야기한 거죠. 그런데 교과 전담 교사 배치, 무학년제에 대한 학부모의 반응 등 짚고 넘어갈 게 한두 가지가 아니었어요. 그래서 결정한 게 1, 2교시에 무학년제를 실시하는 방식이었어요. 올해는 교재도 없었어요. 수학, 국어, 동아리, 예술, 학교의 행사를 다 모아서 목요일마다 온배움 수업(수학, 국어 - 말놀이 초성 퀴즈 자료집 만들기 등), 동아리(학생 개설), 삶꽃(교사가 예술 영역을 개설 - 밴드, 영화 등) 수업을 구성했죠. 2학기에 교재를 만들자고 제안했고 사람들을 모아서 자료집을 만들었어요. 온배움 수업은 국어, 수학 시간에 하는 것인데, 아이들 교재를 만들었어요. 아이들의 작품으로 출판하고 그 책으로 저학년,

해당 학년이 공부하는 교재를 만들고 있습니다. 지금은 저학년을 위한 수수께끼 교재를 중고학년이 만들고 있어요. 이런 교재를 만들 때, 얼마나 진지한지 모릅니다.

그는 요즘 동료 교사들과 서종초 아이들이 6년에 걸쳐서 적용할 무학년 교재를 만드는 데 한창 힘을 쓰고 있다. 수학 연산 책받침인 '온배움 84고개 셈하기'도 그런 과정에서 만들게 됐다. 교사들과 아이들이 서로가 만드는 교재로 공부를 하게 하는 것이다. 그는 교과서에서 벗어날 수 있는 길은 아이들이 삶에서 만든 교재를 나누는 일에서 시작한다고 믿는다. 교과서에서는 아이들이 자신이 사는 공간과 먼 얘기를 만나게 되곤 한다. 그런 얘기들만 접하다 보면 자기 할머니 할아버지 사는 얘기나 땅 이야기에 관심을 두지 않거나 하찮게 보는 경향마저 생긴다. 교과서에 실린 이야기보다 자기 동네 사람들이 해 주는 이야기가, 방송에서 나오는 연예인의 삶보다 내가 만나는 사람의 이야기가 더 중요하다는 걸 교사들이 가르쳐야 한다는 것이다. 그는 그러기 위해서는 가르치는 과정과 내용을 바꾸어야 한다고 생각했다. 이를 위해서 교사들과 아이들이 함께 만든 교재가 매우 필요했다. 이렇게 기획된 것이 서종초의 무학년제 시스템이다. 아직은 초기 단계이지만 김강수와 동료 교사들은 그들의 무학년제가 기계적인 학력 향상 시스템이 아닌, 온전한 배움과 학교 구성원들 간의 삶을 나누는 징검다리 역할을 해 줄 것으로 기대하고 있다.

배우는 사람의 입장에서 믿음이라고 할 수 있는 건 성실해야 된다는 거죠. '배다'라는 말은 '종이에 물이 배다'라든지 '피가 입술에 배다'라든지같은 뭔가 스며들듯이 몸에 배어드는 것을 의미한다고 할 수 있는데, 이걸 우리말로 '익다'라고도 할 수 있죠. '몸에 익다', '손에 익다'라는 말처럼 수학도 계속하는 거죠. 몸에 익을 때까지. 재미가 없어도 해야 하는 것이 있다고 봐요. 국어든 수학이든 이 둘은 그런 기능을 가지고 있는 교과라고 생각해요. 그러고 나면 수학의 온갖 기호를 가지고 사물을 표현할 수 있는 단계까지 갈 수 있다고 보죠. 처음에는 그렇게 해야 되는 거죠, 몸이 배듯이. 그러려면 꾸준히 해야죠. 배운다는 것은 꾸준히 할 수밖에 없다. 그리고 두려움이 없어야 한다. 온배움씨가 바로 이런 것들을 제안하고 있는 것이라고 말하고 싶습니다. 온배움씨의 스승은 정해져 있지 않아요. 가령 어떤 때는 "야, 그거 재밌겠다!"고 말해 주는, 그런 희망을 주는 사람이 스승이 되기도 해요. 그래서 배울 때는 제자가 되고 스승이 되는 과정이 생겨야 한다고 봐요. 배움의 공간에서는 그럴 수밖에 없는 거죠. 저는 무학년제 수업을 하면서 이런 면들이 확실히 드러난다고 보고 있어요. 그런 의미에서 온배움씨와 무학년제는 닮아 있다고 봐요.

김상수

99

스승의 길을 따라 나선 잘생긴 할배

　이제는 교장으로 활동을 하는 김영주가 김강수의 동료이자 동무라면 그에게 진정 스승인 분이 있다. 그분의 이름은 김수업[3]. 전국국어교사모임과 전국초등국어교과모임의 교사들과 함께 우리나라 국어 교육에 힘을 쓰셨던 분. 모임의 사무국장으로 일을 하면서 처음 만나 김강수의 마음을 사로잡았던 분이었다.

66

　내가 무슨 말을 하면, 대답을 해 주시는데 말씀 하나하나가 너무 뚜렷한 거예요. 깊이 생각해 보시고 선생님의 삶에서 나온 얘기를 해 주세요. 지식에 대한 이야기도 있는데, 지식도 그냥 내가 듣던 거하고는 전혀 다른 새로운 얘긴 거예요. 선생님이 얘기를 해 주시면 뚜렷하고 명쾌해지는데, '아! 이래서 선생이라고 하는구나' 그걸 알게 됐어요. 그분이 살았던 삶도 나중에 알게 됐지만, '아, 나도 삶을 저렇게 살고 싶다. 죽을 때까지 저렇게 살아야지' 이렇게 생각했던 거 같아요.
　한번은 물어봤죠. 어떻게 하면 선생님처럼 훌륭한 사람이 될 수 있냐고. 그랬더니 선생님은 "난 그렇게 훌륭한 사람이 아니고 김 선생님은 저보다 훨씬 나은 사람이 될 겁니다" 하시는 거예요. 솔직히 전 그렇게 될 수 없겠지만, 그렇게 말을 해 주는 게 저는 스승이라는 생각을 했던 것 같습니다. 꾸짖으실 때는 엄청

김강수

[3]　김수업(1939~2018) : 국어교육과 교수로서 평생을 우리말과 글을 연구하며 현직 교사들이 국어 교육을 올바로 하도록 애썼다. 함께한 이들에게 교사의 스승으로 존경을 받았다.

엄하게 꾸짖으시는데, 그래도 그분을 따라가고 싶다는 생각만 들었어요. 저 사람이 못 한 걸, 저 사람이 꿈꿨던 걸 내가 해야지 하는 생각도 했죠. 그분은 저에게 사람으로 살아갈 길을 알려 준 분입니다.

흥미롭게도 그의 스승 김수업 선생이 김강수의 수업을 보고 평을 했던 자료가 남아 있다. 2010년, 당시 전국초등국어교과모임 계간지 편집국은 김수업 선생에게 모임 교사들 수업 참관 글 연재를 부탁했다. 김수업 선생의 글 속에 담긴 김강수의 수업에 대한 평은 날카롭고 냉정하기까지 했다.

김강수

두 시간 공부를 지켜보면서 줄곧 마음에 걸리는 마목이 하나 있었다. '정답'이 바로 그 마목이다. 아이들이 묻고 선생님이 답하고 선생님이 묻고 아이들이 답하고, 그러면서 내놓은 답이 정답이면 기쁘고 즐거운데 아니면 슬프고 괴로웠다. 이것은 우리가 아직도 교육을 하지 않고 시험을 준비하고 있다는 증거다. 우리가 교육을 한다면 정답을 찾기보다는 '물음을 던지게 해야 한다. 물음을 던지기까지 생각하고 망설이고 다짐하는 그동안이 공부다.

물음을 던졌으면 그제는 아이들과 선생님이 함께 답을 찾아보는 동안이 공부다. 답을 찾았다면 저마다 찾은 답들을 드러내 놓고 어느 것이 더 나은 답인지 서로 겨루어 보는 동안이 공부다. 아느냐 모르느냐 하는 것이 공부의 잣대가 아니라, 생각하느냐 생각하지 않느냐 깨달았느냐 깨닫지 못했느냐 하는 것이 공부의 잣대가 되어야 참된 교육이 이루어진다.
- 김수업, 〈새 길을 여는 우리말 공부〉, 《어린이와 함께 여는 국어교육》,
2010년 봄호, 30쪽

김강수의 수업 두 시간의 핵심은 '낱말'이었다. 그중에서도 '낱말이 생겨나는 공부'를 하는 것이었다. 김수업 선생은 김강수의 수업이 시간이 지나면서 아이들의 눈높이에 맞지 않는 모습을 읽어 내었다. 그가 손수 만든 학습지에 흐뭇해하고 공부하는 모습이 노는 것과 마찬가지여서 활기에 넘쳐 났던 점을 칭찬하였지만, 낱말 공부에 적절한 과정이었는지에 대해서는 물음표를 던졌다. 수업의 끝에서 김수업 선생은 그에게 가슴 아픈 지점을 지적하며 좀 더 깊은 공부와 실천을 요구하기도 했다. 수업을 마친 뒤, 김수업 선생과 이야기를 나눈 그는 스스로를 반성하게 된다. 날것의 지식을 그냥 전달하려고만 했던 자신의 모습, 낱개의 지식을 전달하고 그것을 알게 하는 것이 수업의 목표였고 그것에 도달하게만 신경을 썼던 그 시절 자신의 잘못을 깨닫게 된 것이다.

그때 김수업 선생님이 오신다는 것만으로도 굉장히 들떠 있었고 한편으론 긴장하고 있었어요. 당시 수업은 김수업 선생님의 《말꽃타령》으로 준비했어요. 그걸 가지고 수업을 계속 해 왔는데, 김수업 선생님께 보여 드리고 싶었던 마음이 앞섰던 거예요. 아이들이 중심에 있지 않고 내가 중심에 있고 김수업 선생님이 중심에 있었던 거예요. 아이들이 무얼 배울 건지는 중요하지 않았던 거죠. 얼굴에 있는 부분을 가지고 얘기하면서 낱말들을 가르쳐 주는 수업을 했고 아이들에게 해 보라고 했던 거죠. 그때 아이들이 잘 못하니까 답답했고 김수업 선생님이 보고 계시니까 더 조급해졌어요. 그런데 김수업 선생님이 이러시더라고요. 정답이 있는 수업은 안 된다고. 당연한 얘기죠. 답이 정해져 있는 걸 뭐 하러 공부하겠어요. 세상은 답이 대부분 정해져 있지 않은데, 그 수많은 것들을 찾아 나가는 게 그게 공부인데. 김영주 선생님이 맨날 얘기하는 게 있어요. 아이들이 여기까지 공부하게 되면 어떻게 여기까지 오게 됐는지 이 사이가 중요한 건데, 사람들은 대개 결과만을 본다. 내가 그런 경우죠. 김수업 선생님이 그러시는 거예요. 공부라는 것은 잘못된 거라도 공부하는 그 과정이 중요한 거라고. 사람도 마찬가지죠. 이렇게 살다가 끝에 죽었다는 게 중요한 게 아니고 어떻게 살았는지가 중요하고 그걸 우리가 삶이라고 부르지 않습니까. 어떻게 사는지를 잘 살펴보고 가꿔 주는 게 교육학자가 할 일이고 교사가 할 일인데, 저는 결과만 보려고 했던 거죠, 쉽게. 김수업 선생님과의 잊을 수 없는 추억입니다. 그 수업을 하면서 '어떤 수업을 하든지 간에 배우려는 사람에게 귀를 기울이고 집중을 해야 한다, 누가 있든지 간에' 그런 생각을 했던 것 같아요. 그런데 알고는 있는데, 자꾸 까먹게 돼요.

그렇게 호되게 꾸중을 받은 그는 이제는 자신 있게 아이들에게 물어 교육을 하고 수업을 해야 한다는 단단한 철학을 지닌 교사가 되었다. 어린 시절, 외롭게 자라면서 할아버지와 할머니 곁에서 살아야 했던 김강수. 화를 내실 때는 큰소리로 혼을 내셨다는 할아버지와 살았던 탓인지, 지금 있는 곳에서 가장 큰 목소리로 아이들과 만나는 호랑이 교사로 살고 있다. 불우한 환경에서 자라는 아이들에게 더 눈이 가는 교사, 부당한 일에 발 벗고 나서 일을 제대로 바로잡아야 속이 풀리는 교사, 아이들과 지내는 일이 재미있고 즐거워 짓궂은 장난을 치지만 언제나 아이들의 사랑을 받는 교사, 스스로 잘생긴 선생님이라고 부르며 아이들을 어이없게 만드는 교사로 살아가고 있다. 어린 시절 학교에서 건강 검진을 하는 날인지도 모르고 서둘러 입고 간 할아버지 속옷 때문에 한동안 할배라는 놀림을 받았던 김강수. 그는 이제 잘생긴 교사로 자칭하며 교실 안팎을 누비며 살고 있다. 그는 아직도 할 일이 많고 앞으로도 할 일이 많은, 수업을 사는 교사였다.

수업이 무엇이냐는 거에 대해 생각해 본 적이 없어요. 수업이라는 말이 한 시간이라는 의미 같아서 그렇기도 한 것 같아요. 차라리 '공부 시간'이라고 하면 더 분명해질 것 같아요. '공부 시간이 뭘까?', '공부를 한다는 것이 무엇일까?' 저는 사람답게 살려고 하는 것이라고 생각해요. 제 제자들이 분명히 저하고 있었던 경험들을 떠올릴 때가 있을 것이고 제가 가르치는 모든 것들이 아이들이 살아가는 데 밑거름이라고 생각하는데, 그 외에도 겪은 모든 것들이 수업이라고 봐요. 그렇게 자란 아이들이 내 편이 돼서 더 나은 세상을 만들 거라 생각해요. 저한테는 수업을 하고 공부를 하는 것이 세상을 바꾸는 운동이라고 생각해요. 살아가는 힘이 되고 사람답게 사는 내 편을 더 많이 만들어 살기 좋은 세상으로 만드는 것이라고 생각합니다. 그게 하나의 운동이고 분명 결실이 있을 것이라고 생각합니다. 그리고 미래를 그려봤는데 저는 분명히 이 근처에서 운동을 하는 사람으로 살고 있을 것 같습니다. 저는 김수업 선생님을 운동을 했던 사람이라고 생각하고 있어요. 혼자 잘 살겠다는 게 아니고 여럿이 함께 잘

307

살자는 게 운동이라고 생각해요. 남 탓을 하면서 사는 게 아니라 내 주변을 조금씩 바꾸면서 그게 세상의 많은 사람을 바뀌게 해서 그것이 세상을 바꾸는 힘이 되게 하는, 그게 운동이라 생각하고 아마 미래엔 그런 일을 하고 있지 않을까 생각해 봤습니다. 이래저래 할 일은 많습니다.

김강수

김강수
입니다

선생님을 만난 지도 벌써 15년을 훌쩍 넘겼습니다. 선생님은 전국 초등국어교과모임에서도 늘 앞자리에서 모임을 이끄셨지요. 오래 전 보내 주셔서 읽은 《아이들 글 읽기와 삶 읽기》는 다시 생각해도 따뜻하고 좋았습니다. 딱 한 번 문집을 보내 주신 적도 있는데, 내게 모자란 것이 무엇인지 일깨워 주었습니다. 지난해 가을, 선생님이 저에게 전화를 주셨습니다. 찾아오시겠다고 했지요. 수업도 보고, 이야기도 듣고, 또 그 이야기를 글로 써 보고 싶다고 했습니다. 한동안 잊고 살다 선생님께서 쓰신 초고를 받아 읽었습니다. A4 용지로 스물두 장이나 되는 긴 글이었습니다. 제 이야기를 어떻게 쓰셨을지 찬찬히 읽어 보았습니다. 읽다 보니 별것 아닌 이야기를 이렇게 볼 수도 있구나 싶었습니다. 선생님께서 보내 주신 글 속에는 제 어릴 때 이야기와 대학 다닐 때, 초임 교사 때, 그리고 지금 모습이 띄엄띄엄 들어가 있었습니다. 그 이야기를 따라가다 보니, 내 삶이 조금씩 엿보였습니다.

저는 지난해 6학년을 맡았습니다. 아이들에게 어떤 악기를 연주하고 싶냐고 했더니 기타 연주를 하겠답니다. 교실에 기타 거치대를 만들고 짬짬이 아이들과 연주를 했습니다. 아침이면 학교 구령대 앞에서 기타 연습을 하는데 그럴 때면 1학년 아이들이 지나가다가 알은체를 해 줍니다. 선생님 글 첫머리도 기타 거치대로 시작을 합니다. 눈에 보이는 것들입니다.

눈에 보이지 않는 이야기도 나옵니다. 제가 만난 사람들 이야기입니다. 우리 반 승아 이야기도 나오고, 후배들, 선배들, 아버지 이야기도 나옵니다. 사람의 삶은 누구를 만나느냐에 따라 달라집니다. 사람과 사람은 서로 이어져 있기 때문입니다. 나란 사람이 그냥 홀로 서 있는 것이 아니라 내가 만난 사람들이 나를 만들어 갑니다. 선생님 글을 보면서 저는 좋은 사람을 만났다는 것을 알았습니다. 하지만 그 사람들에게 저는 좋은 사람이 아니었는지도 모릅니다. 그런 생각이 들었습니다.

저도 처음에는 좋은 선생님이 되고 싶었습니다. 아이들에게 동무 같은 선생님이 되려고 했습니다. 일상에 흔들리지 않고 아이들 편에 서서 아이들을 응원하는 선생님이면 좋을 것 같았습니다. 하지만 나날이 살아가는 이야기는 그렇지 못합니다. 잘 가르쳐야겠다고 굳게 마음먹을수록 아이들 곁에서 멀어질 때가 많았습니다. 아이들 편에 서지 못하고 반대편에 서서 윽박지를 때도 있었습니다. 마음속 쓸쓸한 곳을 알아보지 못했습니다. 아이들은 넓은 마음을 가졌습니다. 제 마음을 몰라주는 못난 선생님이라도 그저 좋다고 해 줍니다. 나쁜 일은 금세 잊어버리고 조그만 것이라도 잘해 준 것만 오래오래 기억합니다.

예전에 1학년을 가르칠 때입니다. 학년을 마치고 헤어져야 하는데 한 아이가 글을 써 왔습니다. 삐뚤빼뚤한 글씨가 들어 있습니다.

"그때 난로 옆에 붙어 있으라고 해서 고마웠습니다."

겨울이 되어도 아이들은 바깥에 나가서 놀기 바쁩니다. 추운데 놀다 들어온 아이들 얼굴이 빨갛게 얼어 있길래 어서 교실 벽에 있는 온열기 옆에 가서 붙으라고 했는데 그 이야기를 한 겁니다. 글을 읽는데 눈두덩이가 뜨거워졌습니다. 나쁜 말도 많이 했을 텐데 그 이야기는 하지 않고 별것 아닌 이야기를 오래 기억해 주었습니다. 넓고 착한 아이들입니다. 그 아이들과 매일매일 살아가다 보니 이만큼이라도 오게 된 것 같습니다. 내 잘못을 들추지 않고 조금이라도 잘한 것만 칭찬해 줍니다. 돌아보면 내가 아이들 선생이 아니고 아이들이 내 선생님 같습니다.

선생님 글에는 제가 만난 동무들 이야기도 있습니다. 같은 길을 가는 사람들입니다. 어디 먼 길을 가자고 할 때도 옆에 동무들이 있어서 외롭지 않았습니다. 다른 사람들이 가지 않는 길을 갈 때도 두렵지 않았습니다. 동무가 있다는 건 참 든든한 일이었습니다. 우리는 교육과정과 교과서를 함께 만들었습니다. 나라에서 만드는 것이 아니라 교사들이 만드는 대안 교과서입니다. 다른 나라의 교육과정도 살펴보고 그 나라에서는 어떻게 교과서를 만드는지 알아보려 멀리 유럽도 다녀왔습니다. 모두가 우리같이 국정 교과서를 가지고 가르치지 않는다는 것도 처음 알았고, 진도 따라가기 바쁜 선생님들이 아이들 삶을 제대로 볼 수 없다는 것도 알게 되었습니다. 몇 년 동안 애를 써서 대안 교과서 《우리말 우리글》이 세상에 나왔습니다. 얼마나 기뻤는지 모릅니다.

시골의 학교를 찾아 들어가서 작은 학교 살리는 운동도 함께했습니다. 학교 교육과정을 만들고 다듬는 일은 새로웠지만 서로 나누면서 앞으로 나아갈 수 있었습니다. 가르치고 배우는 일이 어떤 과정을 통해 이루어지는지 고민했습니다. 아이들의 마음에 배우고 싶은 마음씨가 있다는 것도 그때 처음 깨달았습니다. 우리는 그걸 배움씨라고 불렀습니다.

배움씨가 점점 자라날수록 사람과 사람이 서로 이어진다는 것도 알게 되었습니다. 내 마음속에 있던 작은 배움씨가 동무와 이어지고, 선생님과 이어지고 다른 반과 이어지고 또 부모님과 이어지면서 커다란 동그라미가 만들어집니다. 우리는 그걸 온배움이라고 했습니다. 합쳐서 온배움씨 교육입니다. 외국의 교육 이론이 아니라 우리네 교실에서 살펴보고 생각해 낸 말입니다.

처음 교직에 들어왔을 때는 열린 교육이 유행이었습니다. 그 뒤에도 프레네 교육, 발도르프 교육, 구성주의 교육, 배움의 공동체, 슬로 리딩 같은 것이 유행처럼 나타났습니다. 모두 외국에서 들어온 교육 이론이었습니다. 나쁘다는 말은 아닙니다. 우리나라까지 올 정도면 모두 훌륭하고 나름의 생각을 담고 있을 것입니다. 하지만 우리는 그간 외국 교육을 따라 하기 바빴습니다. 새로운 교육 이론이 들어오면 우르르 몰려들었습니다. 그 책들을 읽으면서 답답한 현실을 벗어날 수 있었습니다. 책에 나온 대로 하면 진짜 교육이 바뀔 수 있다고 믿었는지도 모릅니다. 그러면서 내가 교실에서 아이들에게 하는 교육은 점점 보잘것없고 버려야 할 것처럼 여겨졌습니다. 안타까운 일입니다.

그러거나 말거나 현장의 선생님들은 열심히 살아가고 있습니다. 어떤 날은 제대로 수업이 되지 않아 속상할 때도 있지만, 어떤 날은 아이들과 선생님이 수업에 흠뻑 빠지는 날도 있습니다. 그런 것을 하나하나 기록했다면 우리 교실에서 길어 올린 교육 이론이 생겼을지도 모릅니다. 하지만 그러지 않았지요. 남의 것이 더 크고 훌륭해 보였으니까요. 온배움씨 교육은 우리 안에서, 우리 교육 안에서 실천한 것들을 깊이 들여다보고 만든 말이라서 좋았습니다. 우리 교실에서 실천하는 선생님들에게 힘을 줄 수 있을 것 같았습니다. 지금은 온 나라 선생님들이 함께 실천하는 온작품 읽기도 외국의 이론이 아니라, 선생님들이 오랫동안 교실에서 실천해 온 것입니다. 온작품 읽기와 온배움씨로 우리 교육과정을 열어 갈 수 있을 것 같습니다. 지금은 동무들과 온배움씨 교육을 실천하고 기록하는 일을 하고 있습니다.

서종초에 와서는 부모님들, 선생님들과 함께 출판협동조합을 만들었습니다. 누가 주인인지 누가 머슴인지 나누지 않는 협동조합이 우리가 하는 교육운동에 딱 맞다고 생각했습니다. 말을 꺼내자마자 함께하자고 손을 잡아 준 선생님과 부모님들이 고마웠습니다. 초등학교에 출판사가 생겼습니다. 아무도 걸어가지 않은 두려운 길이지만 동무들과 함께여서 걱정이 없습니다. 학교에서는 무학년제 수업도 하게 되었습니다. 온배움 수업 시간이라고 따로 만들고 교재도 만듭니다. 선생님들이 힘을 합쳐서 공책과 교재, 책받침을 만들기도 하고 아이들과 함께할 때도 있습니다. 새로운 길을 가다 보면 울렁울렁 마음이 울리곤 합니다. 혼자라면 생각지도 못했을 이야기들입니다. 그런 이야기들이 선생님 글에 들어 있었습니다.

사람의 삶은 앞으로 나아갑니다. 뒤로 돌아가는 삶은 없습니다. 하지만 우리가 돌아갈 수 없는 지나온 삶에는 이야기가 남습니다. 우리는 모두 그렇고 그런 이야기를 만들고 살아가는 셈입니다. 지금도 그렇습니다. 바쁘게 살아가다 보면 그 이야기들을 돌아보지 않을 때가 많습니다. 때로는 별것 아니라서 쉽게 잊어버리기도 하고, 어떤 이야기는 그냥 묻어 두고 싶을 때도 있습니다. 그러다 문득 떠오를 때가 있습니다. 어쩌다가 여기까지 왔는지, 나는 어디로 가고 있는지, 이 길의 끝에는 뭐가 있는지, 그런 생각을 하다 보면 내가 살아온 삶의 이야기를 돌아보지 않을 수 없습니다. 선생님 글에는 그렇고 그런 제 삶의 이야기가 있었습니다. 예전에 썼던 글들, 내가 한 일들, 그리고 그날 내가 했던 말들. 거칠게 내뱉었던 인터뷰는 마음에 걸렸지만, 그것 또한 그렇고 그런 제 삶이라고 생각했습니다. 모자라고 서툰 삶이었지만, 선생님 글에서 본 제 삶은 까닭이 드러나 있어서 좋았습니다. '아, 내가 그래서 여기까지 왔구나' 싶었습니다.

모든 사람의 삶이 그러하듯이 제 삶도 한길로 뻗어 있지는 않았습니다. 옆길로 새기도 하고 길을 잃고 헤매기도 했습니다. 나쁜 짓도 하고 못된 마음을 먹기도 했죠. 함께 살아가자고 해 놓고 저 혼자 잘 살겠다고 버둥대기도 했습니다. 그러다가 여기까지 왔습니다. 그런 삶을 한 줄기로 꿰어 주어서 좋았습니다. 글을 읽으며 점점 마음이 굳세어지는 것을 느꼈습니다. 많이 지쳤다고 생각했는데 더 앞으로 나아가고 싶은 마음이 들었습니다. 예전에 김수업 선생님께서 "뜻이 굳센 김강수 동지에게"라고 글에 써 주신 적이 있습니다. 뜻이 굳세다는 말도, 동지라는 말도 가당치 않다고 생각했지만 존경하는 선생님께서 그렇게 불러 주셔서 붕붕 하늘을 나는 것 같았습니다. 그렇게 살아가고 싶었습니다. 지금 생각해 보니, 김수업 선생님은 그때 내가 그랬다기보다는 그렇게 살아가라고 불러 주신 것이 틀림없습니다.

어쩌면 선생님의 글도 그런 마음이 아닐까 싶었습니다. 길고 긴 이 이야기가 제게 힘을 주고 싶은 마음이라고 생각했습니다. 지금은 제대로 살아가고 있지 않지만 이 글을 읽으며 더 굳세게 살아 보라고 말하는 것 같았습니다. 그래야 할 것 같았습니다. 김수업 선생님께서 말씀하신 동지는 뜻을 함께하는 사람입니다. 뜻이 같으니 같은 길을 걸어갈 수 있습니다. 동지들 중에는 먼저 앞길을 열어 간 이들도 있고, 그 뒤를 따라가는 이들도 있을 것입니다. 앞길을 열어 간 이들이 스승이 되기도 하고 선배가 되기도 합니다. 저는 그들이 열어 놓은 길도 제대로 찾지 못해서 길을 잃기 일쑤였습니다. 그때 앞서간 이들이 같이 가자고 손을 내밀지 않았다면 여기까지도 오지 못했을 것입니다.

선생님께서 써 보내신 글이 그렇습니다. 저에게 손을 내밀어 준 것이지요. 이 길로 오라고, 더 힘을 내라고 함께 동지가 되자고 말입니다. 선생님 글을 읽고 나서는 할 일이 많아졌습니다. 이제는 좀 지쳤다고 생각했는데 그러면 안 될 것 같습니다. 앞으로 더 나아가 보고 싶어졌습니다. 그리고 또 한 가지, 혼자서만 가지 말고 주위를 둘러봐야 할 것 같습니다. 동지들이 그랬던 것처럼 저도 다른 이의 삶을 돌아봐 주고 힘내라고 어깨를 두드려 주고 싶어졌습니다. 그렇게 살아가다 보면 더 많은 이들이 동지가 되어 있을 것 같습니다.

07

교사 심은보

새로운 도전을 찾아
오늘도 학교로 간다

"어디쯤 오셨어요?" 경기 평택 죽백초등학교 인근에 막 도착해 걷기 시작할 무렵, 한 통의 문자가 나를 반긴다. 12월 초, 바람은 차나 따뜻한 햇볕이 내리쬐는 등굣길. 학부모들이 길가에 늘어서서 아이들을 반기고 있다. 그 길을 따라 걷는 내게도 "안녕하세요" 인사말을 건넨다. 정겹다. 나도 자연스레 고개를 숙여 "안녕하세요"라고 인사하고는 곧장 학교 정문으로 성큼성큼 내달았다. 멀리 보이는 현관에서 내가 만나고자 하는 이가 손을 흔든다. 심은보다. 그러고 보니 그를 알게 된 지도 15년이 넘었다. 전국초등국어교과모임에서 처음 만났을 땐 그를 그저 임용 시험을 준비하고 있던 예비 교사이자 모임의 간사로만 알았다. 만날 때면 마냥 수줍어하며 자신을 잘 표현하지 않고 조용하기만 했던 그는 교사가 되면서는 전혀 다른 모습을 보여 줬다. 특히 SNS에서는 자신의 생각과 뜻을 과감하게 드러내었다.

거의 날마다 교육과 사회, 학급 운영과 교실 이야기, 자잘한 사생활까지 한도 끝도 없이 쏟아 내는 그는 때때로 과격하리만치 위험한(?) 발언도 서슴지 않았다. 그가 자신을 글로 드러내기 시작한 때는 아마도 혁신학교에 들어가면서부터였던 것 같다. 학교가 열어 준 시공간에서 그는 그동안 자신이 품었던 이상을 마음껏 펼쳐 냈다. 때로는 무모하고 어쩌면 무지하다 싶을 정도였지만, 학교는 그 모든 것을 받아 주었다. 행정에 무게 중심이 쏠린 우리네 공립학교에서 전문성을 높이며 교사로 성장하는 일은 정말 쉽지 않다. 다행히도 교육과정 중심으로 재편되고 있는 혁신학교는 조금씩 변화의 조짐을 보여 주고 있다. 학교가 교사를 어떻게 성장시킬 수 있는지 증명해 주는 사례를 보여 주고 있기 때문이다. 나는 대표적인 사례로 교사 심은보를 들고 싶다. 아이들의 사랑을 받으며 학교와 학부모의 지지와 응원을 받으며 새로운 도전에 주저하지 않았던 심은보. 든든한 학교를 등에 업고 당당히 교사로 성장해 온 그의 삶과 수업 속으로 함께 들어가 보자.

맞닥뜨린 삶에서 선택한 교육과 수업

교사들은 날마다 수업을 어떻게 준비할까? 교사들에게 수업이란 무엇일까? 직업인으로서 교육 내용을 충실하게 잘 전달하는 것만으로 만족하고 성취감을 갖는 교사는 얼마나 될까? 교육이 국가 교육과정을 잘 전달하는 것으로 충분하다면 교사의 존재감은 오로지 수업 기술에 기댈 수밖에 없다. 교사의 수업 성공 여부는 얼마나 어떻게 교과서에 담긴 지식을 효율적으로 잘 전달하느냐에 달려 있다. 이때 아이들은 얼마나 더 많은 지식을 외우고 익힐 수 있는지가 관건이다. 각종 평가에서 난이도 높은 문제를 잘 해결해야 하고 점수에 따라 줄을 서게 된다. 학교와 교사는 아이들을 층층이 쌓인 학력이라는 계단을 밟고 올라 학벌 사회의 선봉에 설 수 있게 할 때라야 능력을 인정받을 수 있다.

많은 학생들, 특히 가난한 학생들은 자신들에게 학교가 무엇인지를 직관적으로 알고 있다. 그러나 학교는 그들이 과정과 실체를 혼동하도록 '학교화'한다. 이처럼 과정과 실체가 혼동되면 새로운 논리, 즉 노력하면 노력할수록 더욱더 좋은 결과가 생긴다든가, 단계적으로 올라가면 반드시 성공한다는 식의 논리가 생겨난다. 그런 논리에 의해 '학교화'된 학생들은 수업을 공부라고, 학년 상승을 교육이라고, 졸업장을 노력의 증거라고, 능변을 새로운 것을 말하는 능력이라고 혼동하게 된다. 뿐만 아니라, 학생의 상상력까지도 학교화돼, 가치 대신 서비스를 받아들이게 된다.

- 이반 일리치, 박홍규 옮김(2009),《학교 없는 사회》, 23~24쪽

학교 혁신, 혁신학교, 평가 혁신, 미래 교육이라며 교육에 변화를 일으켜 보겠다는 뜻의 용어들이 난무하지만, 여전히 한국 사회는 입시와 학력, 학벌과 출세 프레임에서 자유로울 수 없다. 혁신학교의 성과를 논하는 데에서 이른바 진보 세력조차 그 평가에서 기존의 낡은 학력관을 잣대로 삼는 것을 거부하지 못한다. 기존의 학습 패턴과 다르게 공부를 해도 학벌 사회에서 생존하는 데 문제가 없고 오히려 더 잘 적응하더라는 논리는 때때로 서글프고 애처롭기까지 하다. 심지어 진보적이라는 교육청들은 이를 증명하기 위해 각종 보완 장치를 마련하려 애를 쓰고 있다. 한국 사회는 여전히 학벌과 임금 격차, 직장 내 성차별, 도시 농어촌 간의 격차 등에서 한 발짝도 벗어나고 있지 못하다. 다가올 사회를 살아갈 아이들에게 학교와 교사가 수업에서 무엇을, 어떻게 가르쳐야 할지 혼란스러울 뿐이다.

누구나 교육의 중립성을 이야기하지만, 사회적으로 합의된 지식이

라는 교육과정은 당대의 사회상을 반영할 수밖에 없다. 교육과 수업은 그 자체로 정치적이고 사회적이다. 국가가 교육과정을 만들고 교사가 해석해 재구성하는 것은 일종의 정치적인 행위이다. 따라서 교사가 수업을 준비하면서 국가 교육과정과 교과서에 의문을 갖고 이의를 제기하는 것은 어쩌면 교육에 당파성을 가질 수 있는 시민으로서 마땅하고도 정당한 권리를 행사하는 것이라 할 수 있다. 이것을 중립이라는 말로 포장해 비판적 교육과정 재구성을 가로막는 일은 교육과정을 지나치게 성역화하는 일이다. 학문 중심 교육과정과 '지식의 구조'로 잘 알려져 있는 제롬 브루너는 교육이 그리고 교육과정이 얼마나 정치적이고 사회적일 수밖에 없는지를 다음과 같이 이야기하고 있다.

내가 교육의 과정에 대해 처음으로 접근할 때 영감을 준 것은 바로 지속적으로 진행되어 온 심리학의 인지 혁명이었다. 이것은 1950년대 말과 1960년대 초에 비교적 풍부한 토양 위에서 순탄하면서도 오히려 자족으로 시작한 혁명이었다. 어쨌든 당시 어떠한 모든 내부적 관심사들에 우선하는 외부적 사건이 벌어졌는데, 그것은 냉전 시대의 정치적 분위기였다. 그것은 이데올로기적이고 군사적 전쟁이었으며, 더 나아가 기술 전쟁이었다. 거기에는 '지식 간극'의 문제가 도사리고 있었으며, 우리의 학교 체제가 오히려 그 지식 간극의 문제를 발생시키고 있다는 비판을 받고 있었다. 이 끝없는 냉전 시대에 우리 학교는 소련을 기술적으로 어떻게 앞서 나갈 수 있을까? 이런 점에서 볼 때 그 당시 교육 개혁 운동의 주요 초점이 과학과 수학이었다는 것은 그리 놀랄 일이 아니었다. 이러한 교과들은 새로운 인지심리학의 원리를 적용하는 데 가장 잘 부합되는 것들이었다. 이러한 새로운 원리들의 지침에 따라 수학과 과학 교육과정 개정이 활발하게 이루어졌다. 그 밖의 모든 것들은 당연한 것으로 취급되었다.
- 제롬 부르너, 강현석 외 옮김(2005), 《브루너 교육의 문화》, 18~19쪽

이렇게 장황하게 교육 내용과 수업의 정치성과 사회성을 이야기할 수밖에 없었던 까닭은 심은보의 삶과 수업관을 이야기하기 위해서다. 그가 만들고 꾸려 온 교육과 수업이 지난했던 그의 삶을 담고 있기 때문이다. 그가 교사로 살기까지의 모습들은 지금 그가 아이들에게 행하는 수업과 한 사회의 시민으로 살아가는 모습을 결정짓고 있다. 그래서 그는 스스로 정치적이고도 사회적인 삶을 살아가는 교사라 여기고 있다. 그는 이런 사실을 결코 부담스러워하지 않는다. 오히려 그는 약자들 편에서 편파적인 삶을 살고자 하는 교사임을 당당히 내세운다.

국정 교과서 파문 때 현수막을 달았더니 학교로 바로 전화가 왔어요. 그래서 어쩔 수 없이 현수막을 내렸죠. 그게 학부모들에게 소문이 났고 나중에는 학부모님들이 현수막을 직접 다시 달았죠. 그러니까 아무 말도 없더라고요. 저는 오히려 사회가 편향되어 있지 않나 생각해요. 저는 '아이들에게 그것들에 대해 생각해 보게 할 필요가 있지 않나' 하는 마음이 있어요. 사회의 논리대로 아이들이 살게 해야 하나? 아이들에게 그런 것들을 이야기해 주어야 하나? 진로교육이 아이들이 몇 가지 직업을 겪어 보는 것만으로 충분한가? 저는 학교가 다른 역할을 해 주었으면 좋겠다고 생각해요. 직업 체험보다 중요한 것은 먼저 '땀 흘려 일하는 것이 소중하다는 것을 알 수 있게 해야 하지 않을까' 하는 거죠. 그래서 경제 수업은 일하는 사람을 직접 만날 수 있도록 해야겠다 생각했어요. 마

트에서 일하는 사람, 시장에서 일하는 사람을 직접 만나 인터뷰할 기회를 주고, 정규직 비정규직을 모두 경험해 보게 할 수 없을까 생각했죠. 함께 살아가는 사람들의 이야기를 해 보면 좋지 않을까 생각한 거죠. 아이들과 주변에 있는 사람 중에 다른 사람들과 함께 살아가는 사람의 이야기로 그림책을 만들자고도 했어요. 그래서 나중에는 청소 여사님, 버스 기사님, 쌍용차 해고된 아빠 이야기로 그림책을 만들기도 했어요. 함께 산다는 건 다른 사람을 도와주는 것이 아니라, 다른 사람의 이야기를 나의 문제로 생각하고 살아가는 것인데, 이런 것들이 편향된 것이라고 하면 전 이 사회가 편향된 것이라 생각해요.

공부 잘하는 장손이었던 심은보. 그를 어떻게 해서라도 교육시켜 보려던 아버지는 빈농의 가정 형편임에도 전북 남원에서 광주로 이사를 감

심은보

행한다. 광주 도심 단칸방에서 다섯 식구가 살던 그때, 그는 전학 간 학교에서 늘 교사와 친구들에게 무시를 당했다. 모두 가난 때문이었다. 당장 이 상황을 벗어나는 길은 공부밖에 없었다. 그는 지독하게 공부에 매달리기 시작했다. 그런 모습을 지켜보는 아버지의 마음도 편치 않았던 듯 공부만이 전부가 아니라는 말씀을 하시기도 했다. 그러나 심은보에게는 맞닥뜨린 현실을 이겨 낼 수 있는 길이 공부뿐이었다. 교사가 된 지금, 그는 전혀 다른 생각을 하고 있다. 그가 생각하는 공부는 더 이상 계층 상승 도구가 아니다. 진정한 공부는 아이들이 자신과 주변의 삶을 이해하고 몸으로 경험해 해결하고 극복해야 할 살아 있는 지식을 얻는 데 있다. 즉 그에게 수업은 교육과정에 지식으로만 존재하는 내용을 자신과 아이들이 맞닥뜨린 현실로 재구성하는 과정과 결과에서 의미를 찾을 수 있어야 하는 것이다. 자신이 어릴 적 가난 때문에 제대로 보지 못했던 현실을, 아이들에게는 머리만이 아닌 온몸으로 겪게 해 오늘과 내일을 헤쳐 나갈 힘을 키우게 하고 싶었다. 그러기 위해서 그는 오늘도 할 말이 많고 미래를 살아갈 아이들의 세상을 위해 해야 할 일도 많다.

삶을 위한 수업을 준비했던 대학 시절

지독하게 공부에 매달린 탓에 어느 정도 성적에서 성공을 거두었지만, 그는 정말 학교가 싫었다. 고3인데도 학교를 탈출하는 일도 빈번했다. 그러나 이상하게도 선생님들은 그를 막지 않았다. 나중에 알게 됐지만, 선생님들이 그를 막지 않았던 단 한 가지 이유는 그가 공부를 잘했기 때문이었다. 그것마저도 그는 싫었다. 이해할 수가 없었다. 답답했다. 불편부당한 세상에 대한 불만과 거부감은 날로 심해졌다. 정의롭지 못한 세상에서 그는 늘 약자들의 편에 서고 싶었다. 그래서 그의 꿈은 한동안 인권 변호사였다. 그러나 수능 점수는 법대와는 거리가 있었다. 그는 다시 도전하고 싶었다. 재수를 하게 된 그는 무작정 서울로 올라갔다. 그런 그의 모습을 아버지는 무던히 지켜만 보셨다. 훗날 교사가 된 그는 언제나 묵묵히 지지해 주시던 아버지 덕에 교육은 마음을 움직이는 것이라는 믿음도 갖게 됐다.

어렵게 재수를 하며 맞이한 수능일. 갑작스런 복통으로 겨우 시험을 쳤던 그의 점수는 기대 이하였다. 결국 그는 교육대학을 선택할 수밖에 없었다. 그저 의미 있는 삶을 살고 싶었다. 교육대학 진학은 그에게 그런 길로 다가왔다. 그러나 그곳의 공부는 예상과는 너무도 달랐다. 한동안 절망감마저 느꼈다. 교사를 길러 낸다는 교육대학은 오히려 교육에 대한 이야기를 하지 않았다. 그의 시선은 점점 교대 밖으로 옮겨 가기 시작했다. 교대 교육과정에서는 의미 있는 삶을 경험할 수 없었기 때문이었다. 제일 먼저 한 일은 공부방 자원 교사였다. 공부방에서 만난 아이들은 그가 그동안 얼마나 오만했던가를 깨닫게 해 주었다. 예비 교사로서 학원조차 가지 못하는 아이들을 가르치면서 돕겠다는 생각은 공부방을 찾은 첫날 모두 버려야 했다.

당시에 선배들이 홍등가 골목이 있는 동네 아이들을 데리고 공부를 가르치곤 했어요. 스스로 찾아갔더니 선배들이 되게 신기해했어요. 그때 저는 동네 아이들을 만나면서 굉장한 충격을 받았어요. 저는 아이들에게 무언가를 주겠다고 간 거였어요. 근데 그게 아니었죠. 오히려 그 속에서 제가 얻게 되는 게 많았어요. 내가 오만했구나 하는 생각을 했죠. 거기 있는 애들은 제가 주면 그걸 온전히 받을 수 있는 상황이 아니었어요. 당장 수업이 중요한 게 아닌 아이들이 많았던 거죠. 어떤 아이는 아버지가 자살하는 모습까지 본 거예요. 그 아이는 트라우마에 시달리고 있었는데, 그에게 당장 수업이 중요한 게 아니잖아요. 어떻게 그런 아이들의 자존감을 살릴 수 있을까 고민하며 살았던 시절이었죠.

　　　　　　　　　　　　　　　　　　　💬

　학교 안에서는 '인권 교육을 위한 예비 교사 모임'을 만들어서 인권 교육을 하고자 애를 썼다. 3학년이 되면서는 교육부장을 맡아 '교육 투쟁'이라는 것도 하게 되고 이후 학생회장이 되었다. 그러면서 자연스럽게 교육대학이 바뀌었으면 싶었다. 그러나 교육대학이 일부 학생들의 노력만으로 쉽게 달라질 리는 없었다. 그는 교육대학의 변화를 꾀할 이야기가 필요했다. 그가 찾아낸 이야기는 '대안 교육'이었다. 곧바로 몇몇 동아리들과 '대안 교육 둥근회의'라는 이름을 지어 새로운 모임을 꾸렸다. 그는 교대 안에서 교육에 대한 색다른 상상력을 불어넣고 싶었다. 교사를 길러 내는 학원 같은 대학이 교육에 대한 이야기를 나눌 의미 있는 공간으로 바뀌길 바랐다. 그는 대안 교육 강좌들도 진행하고 대안학교도 둘러보았다. 교육대학은 농활보다는 교육 활동이 더 어울린다는 생각에 여름 방학 때는 강원도에 있는 폐교를 빌려 일주일 동안 계절형 대안학교를 만들어 보기도 했다.

　　　　　　　　　　　　　　　　　　　❝

　인권 교육에 대한 고민이 좀 많았어요. 이게 학교에 필요하지 않을까 하는 생각이 들었던 거죠. 교사인 선배들 중에도 인권 교육 모임이 있었어요. 저는 예비 교사 모임을 만들어서 같이 했었죠. 교과보다는 가치 교육이 더 중요하지 않을까 하는 생각이 들었어요. 저는 인권 교육이었지만, 그때 서울교대에는 평화나 생태 교육을 고민하는 동아리들도 있었어요. 그러고 나서 그런 동아리가 한데 모여서 우리들이 같이 할 수 있는 거리를 고민했던 거죠. 그렇게 '둥근회의'라고 하는 대안 교육 모임을 만들었어요. 거기서 각자 공부한 걸 공유하기도 했지만, 대안 교육과 관련된 강좌들을 같이 듣기도 하고 대안학교를 탐방해 보기도 했어요. 간디학교, 풀무학교, 들꽃피는학교였던가? 다양한 형태의 학교를 찾아갔죠. 저는 그러면서 대안학교 교사를 꿈꾸기도 했어요. 그래서 당장 4학년 여름에 동아리 사람들과 함께 학교를 하나 만들자 제안을 했죠. 폐교를 빌려서 일주일간 대안학교처럼 운영을 했던 거죠. 교대생 40명이 서울에서 강원도 화천까지 아이들을 데리고 갔어요. 100명이 일주일간 생활을 같이 했죠. 우리는 우리가 원하던 것을 거기서 실천해 볼 수 있지 않을까 생각했어요.

❞❞

그 시절 그는 형식적이고 틀에 갇혀 있던 공교육 방식에서 벗어나 자유롭게 새로운 시도를 할 수 있었다. 온종일 40명의 교사가 100명의 아이들을 씻고 먹이고 재우고 같이 놀며 지냈던 힘든 과정이었지만, 교사가 된 그에게 머리로만 그리던 것을 거침없이 직접 해 볼 수 있는 용기를 주었던 경험이었다. 임용 시험에 합격할 학생들을 교육하는 데만 신경을 쓰던 교육대학이라는 곳에서 한 발치 떨어져 의미 있는 교육, 새로운 교육, 새로운 삶을 꿈꾸었던 그는 그렇게 교사가 될 준비를 하고 있었다. 대부분의 학생들이 안정적인 삶을 꿈꾸며 임용 시험을 대비하고 있을 시절, 그는 진짜 교사가 되는 공부를 스스로 하고 있었다. 자신의 교육 이야기를 만들고자 애를 썼다. 그러나 졸업 학년인 4학년은 그에게 또 다른 선택을 하게 했다. 그가 잠시 꿈꾸었던 대안학교의 교사로 살아갈 것

인지, 아님 그렇게 답답해했던 공립학교 교사로 살아갈 것인지를 결정해
야 했다. 그는 후자를 택했다.

대안 교육에 대한 꿈을 꾸던 중 문득 이런 생각이 들었어요. 내
아이는 대안학교를 보낼 수 있다고 치더라도 보통 사람의 아이
들이 쉽사리 대안학교에 갈 수 있을까? 지역 공부방 아이들도
그랬으니까요. 그래서 대안학교와 대안 교육도 의미 있는 일이
지만 보통 사람들의 자녀들이 어쩔 수 없이 다니고 있는 공교육
안에서 대안을 찾아 나가야겠다고 마음먹었죠. 물론 공립학교
에 와서 느꼈던 답답함은 이루 말할 수가 없어요. 도대체 누구
를 위한 학교일까 하는 생각을 했던 적이 한두 번이 아니니까요.
- 심은보, 여희영(2019), 《오늘도 학교에 갑니다》, 53쪽

교사로 학교와 수업을 처음 만나다

공립학교를 선택했지만, 아이들을 키우는 일이 꼭 학교여야 하는가
에 대한 의문은 여전했다. 학교를 벗어나도 다양한 형태의 체험과 경험
이 가능해야 하고, 또 편견 없이 인정되어야 하지 않을까 하는 생각을 했
다. 대안 교육으로 교육의 다양성이 존중되고 공교육의 변화를 통해 지
역 사회가 함께 아이들 삶을 돕는 사회를 그는 꿈꾸었다. 그러나 현실은
그리 녹록하지 않았다. 험난하고 할 일은 많았다. 2006년. 임용 시험 삼
수 끝에 그는 평택의 한 초등학교로 첫 발령을 받았다. 그날은 5월 1일이
었다. 곧 군대를 가야 한다는 말에 학교는 그에게 체육 교과 전담을 맡겼
다. 그가 교사로 처음 만난 공립학교의 풍경은 운동회였다.

운동회를 한다고 수업 시간을 빼서 운동회 연습에 여념 없는 학
교의 모습과 마주하게 되었지요. 남학생 기마전 연습을 시키던
선생님들의 권위적인 모습은 지금도 잊을 수가 없어요. 아이들
을 단체로 줄 세워 놓고 혼내는 교사와 그 앞에 고개를 숙인 아
이들. 선배 교사들에게 물었어요. 운동회는 누구를 위해 하는
건가 하고 말이죠. 이상하다는 듯 쳐다보는 그 모습, '왜?'라는
질문을 불편해하는, 처음 만난 학교는 그런 곳이었어요.

- 심은보, 여희영(2019), 앞의 책, 153~154쪽

교육대학에서 학교 공부를 거부하고 학교 안팎으로 새로운 교육과
꿈을 꾸어 왔던 그에게는 매우 당혹스러운 첫 경험이었다. 무엇을 어디서
부터 어떻게 시작해야 할지 고민을 하던 시절. 학교에서 신규 교사 취임
식이라는 행사를 열어 주던 때, 그는 '고맙습니다. 열심히 하겠습니다'라
는 말보다는 다른 말을 하고 싶었다. 많은 선배 교사들 앞에서 그는 어쩌
면 무례하고도 건방져 보일 수 있는 말을 감히 꺼낸다. "오늘 이 자리가
제가 교사가 된 것을 축하해 주는 자리이기도 하겠지만, 선배 선생님들
께는 처음 교사가 되었던 순간에 가졌던 마음을 되새겨 보는 시간이 되
었으면 좋겠습니다." 새내기 교사의 마음이 전달되었는지 그는 선배 교
사들 사이에서 '랭보'라는 별명을 얻게 된다.

군대를 다녀온 이후로 5, 6학년 담임을 하면서 그의 수업의 핵심은
'재미'였다. 어려운 가정 환경에서 살아가는 아이들에게 그는 학교에 다
니는 즐거움과 행복을 느끼게 해 주고 싶었다. 그래서 선택한 것이 재미
있는 수업이었다. 재미있는 자료를 쓰거나 염색 활동이나 과학 실험도 하
고 신기한 걸 하여 수업으로 아이들을 끌어들이고 싶었다. 주말에는 아
이들을 학교 밖으로 데리고 다녔다. 서울로 가서 연극을 보여 주기도 하

328

고 개울에 고기를 잡으러 가기도 했다. 자유롭게 가정 방문을 가서는 아이의 동생들을 데리고 놀기도 했다. 모든 열정을 쏟아부었다. 하지만 시간이 지날수록 재미와 놀이로 아이들의 시선을 끄는 수업에 회의감이 들기 시작했다. 4년 차 교사로 들어서던 그는 교육과 수업에 대한 새로운 도전을 가능하게 해 줄 학교로 가고 싶었다.

그때가 2012년이었죠. 제가 죽백초에 갔을 때, 그 학교는 혁신학교 2년 차였어요. 당시만 해도 수업에 대한 이야기나 고민은 많이 하지 않을 때였어요. 제가 가서 수업에 대한 여러 가지 시도들을 계속 했어요. 선생님들과 같이 수업안도 짜면서 수업 이야기를 했죠. 협의회가 꼭 아니더라도 선생님들하고 수업 이야기를 하다 보면 퇴근 시간이 훌쩍 지나가고 그랬어요. 한번은 공개수업이라는 걸 하는데 일부러 제가 지도안의 틀을 다 바꿔 버렸어요. 시간 같은 거 다 빼고, 학습 목표는 지도안에 썼지만 수업할 때는 굳이 칠판에 학습 목표도 쓰지 않았어요. 아이들이 생각한 것보다 수업에 쏙 빠져서 하길래, 그냥 쭉 진행을 했죠. 근데 수업을 마치고 교장 선생님이 뭐라고 하시더라고요.

수업을 지켜보던 교장의 생각은 달랐다. 기존의 표준화된 수업, 일정한 틀이 있는 수업, 학습 목표에 도달하는 수업, 성취 기준에 도달해야 하는 수업의 풍경과 너무도 달랐기 때문이다. 교장에게 그가 제기한 의문은 대략 이러했다. 도입, 전개, 정리마다 시간을 기계적으로 나누는 일이 무슨 의미일까? 학습 목표를 꼭 진술하며 확인을 해야 하나? 아이들이 무엇을 해야 하고 어디로 가야 할지 알고 있다면 굳이 학습 목표 진술이 필요한가? 교사는 이 한 시간만 수업하는 사람이 아니지 않은가? 차시 수업에 아쉬움이 남았다면 아쉬움이 남는 대로 다음 수업으로 준비해서 이어지게 하면 되는 것 아닌가? 이렇게 수업에 대한 자기 생각을 주장하던 그는 다음 날 교장실로 불려가게 된다. 지금도 잊히지 않는 그 말은 "경력도 얼마 안 되는 주제에 건방진 놈"이었다. 그나마 다행인 것은 당시 교감이 그의 편을 들어 주었던 것. 이 일은 일파만파로 커지면서 학교는 다음 해 공개 수업을 하지 않는 데까지 가게 된다. 그와 동료 교사들은 차라리 수업에 대한 공부를 하며 수업을 나누는 것이 더 필요하다는 데 공감을 했다. 이후로 2년 동안 동료 교사들은 공동 수업안을 짜면서 아이들을 위한 수업이 어떠해야 하는지에 대한 논의를 지속했다.

제가 다음 해부터는 공개 수업을 하지 말자는 제안을 했어요. 수업 공부 하자, 차라리. 수업 한 시간만 보고 수업이 어떻다고 이야기하지 말고 수업이 뭔지 공부하고 수업을 어떻게 봐야 할지 공부를 하고 수업 지도안이 우리 수업에 진정 도움이 되는지를 이야기해 보자고 했죠. 그러면서 수업 동아리들이 운영이 됐어요. 모두 다 하면 좋겠지만 강제할 수는 없어서 그냥 그렇게 1년 운영을 해 봤는데, 자연스럽게 교사들 사이에서 공동 수업을 하자는 제안이 나오더라고요. 그런 흐름 속에서 수업도 다시 공개하게 됐죠.

2013년 이후로 이제 죽백초는 수업에 대한 이야기를 교사들이 서슴없이 나누는 학교가 됐다. 한 달에 한 번은 다 같이 모여 자신의 수업을 이야기하고 6월과 12월에는 수업 나눔의 달이라 하여 따로 수업 공개

오- 협의를 통해 자신들의 수업을 되짚어 보는 시간을 마련하고 있다. 그는 모든 것이 허용되고 자유로운 학교에서 8년간 교사로 지내면서 수업을 동료 교사들과 편하게 나누며 큰 보람을 느꼈다. 하고 싶은 수업, 만들고 싶은 학교를 직접 해 볼 수 있었다는 점에서 어쩌면 그는 학교가 만들어 준 교사였다.

서툴고 무모했던 도전과 경험

그렇게 심은보의 학교는 점차 수업에 대한 학습과 고민이 깊어져 가는 공간으로 바뀌기 시작했다. 그는 이제 수업에 대해 열린 공간이 된 곳에서 새로운 시도와 도전을 꿈꿨다. 경험과 지식이 부족했던 당시, 이것이 아니라는 생각으로 출발했던 그 시절. 그는 엉뚱한 생각과 다분히 무도한 수업으로 아이들을 만나기도 했다. 2013년 10월, 한글날을 앞둔 때였다. 그는 일 년 중 하루나 이틀만 한글에 대한 수업을 하는 것이 말글살이에 어떤 영향을 줄 수 있을지 큰 의문이 들었다. 한글날과 관련한 색다른 수업을 하고 싶었다. 그는 자신이 갖고 있던 문제의식을 아이들도 함께 느끼길 바랐다. 그리고 수업으로 아이들이 변화하길 바랐다. 그것이 그는 수업의 힘이라 여겼다.

교과서 한 단원이 우리말 한글과 관련된 내용이라는 사실, 상처 많고 자존감이 낮은 우리 아이들의 모습, 보이지 않는 곳에서는 연신 '씨발, 좆나, 장애인'을 외쳐 대는 우리 아이들의 생활……. 이 장면들과 함께 언젠가 아이디어 넘치는 우리 규성이가 했던 이야기 하나가 떠올랐다. '냉장고에 긍정적인 이야기를 해 주면 음식이 덜 상하지 않겠느냐' 하는 이야기. 그리고 언젠가 인터넷에서 본 것 같았던 식물 실험 이야기. 이것들이 엮여 만들어졌던 수업이 바로 '말은 힘이 세다'는 수업이었다.

- 심은보, 〈'말은 힘이 세다' 수업 이야기〉, 《어린이와 함께 여는 국어교육》, 2014년 봄호, 109~110쪽

한 아이의 제안으로 시작한 '말은 힘이 세다' 프로젝트 수업은 다분히 비과학적인 접근이었다. 하지만 아이가 제안하고 학급이 동의하며 시작한 첫 프로젝트를 무시할 수는 없었다. 가는 길에서 터득하고 깨닫는 또 다른 지점이 있을 거라 여겼다. 그의 생각은 일단 해 보자는 거였다. 다른 곳에서는 엄두도 내지 못할 수업을 그는 무작정 해 보고 싶었다. 그는 안내장을 만드는 것부터 시작했다. 아이들은 한글날이 있는 10월을 맞이해 교실에서 친구들과 말에 대한 공부를 하고 있었다. 아이들은 아무 생각 없이 쓰고 있는 말과 자신들의 삶을 돌아보는 공부 시간을 만들어 보고 싶다는 글을 안내장에 담았다. 그리고 이런 공부에 쓰이는 비용을 후원받아 자료집을 만들어 공개하고 사용 내역도 모두 공개하겠다는 내용도 넣었다. 그렇게 열한 명의 아이들이 안내장을 통해 모은 후원금은 무려 30만 원이 넘었다. 1인당 1천 원씩 전교생을 대상으로 한 것으로 당시 학생 수보다 많은 금액이 모였던 터라 아이들도 담임인 그도 놀랄 수밖에 없었다. 후원금만큼이나 응원과 칭찬 메시지도 가득했다. 점차 아이들도 그도 부담이 커져 갔다. 당시 그가 쓴 글에는 다음과 같이 적혀 있었다.

며칠 전 시작한 일에 마음을 보태 주신 분들이 벌써 120여 분가량 됩니다. 천 원씩만 해도 금액이 엄청나지요. 보내 주신 응원 메시지와 후원금 내역을 날마다 정리하여 우선 교실에 붙여 놓고 있습니다. 이번 주가 계절 학교 기간이거든요. 내일이 예술제. 이 바쁜 기간 시간 날 때마다 반 아이들과 여기저기서 후원하실 분들을 모으고 설문지 만들기까지는 진행을 했습니다. 사실 한 달 전부터 마음속으론 기획을 했던 일인데, 막상 펼쳐지니 두렵기도 합니다. 우리가 잘 해낼 수 있을까 하는. 하지만 우리 아이들에게나 우리 사회에 의미 있는 시도가 될 수 있으면 좋겠습니다. 아이들은 그리 성장하지 않을까요? 때론 두렵지만, 그 두려운 시도들이 남겨 준 의미 있는 흔적들이 엮이고 엮여서 말입니다. 세상도 그리 좋아질 테고요. 차근차근 펼쳐 갈랍니다.

\- 심은보, 앞의 글, 113쪽

학교가 열어 준 공간에서 처음 시도하는 프로젝트 수업. 생각보다 일이 훨씬 커진 것에 아이들도 교사도 모두 긴장되고 두려운 마음, 하지만 주위의 응원과 칭찬에 아이들과 힘을 내던 그의 마음을 같은 교사로서 나는 충분히 이해할 만했다. 이 프로젝트는 크게 두 갈래로 구분 지을 수 있다. 하나는 학교를 비롯해 이웃해 있는 세 학교의 4, 5, 6학년을 대상으로 한 '우리 말 생활 설문 조사'와 말에 관한 실험이었다. 다른 하나는 모든 수업을 마무리하면서 교문을 나서 학교 둘레 버스 회사를 찾아간 일이었다. 구체적으로 설문 조사에 이어 한글에 대한 공부, 욕설의 뜻 바로 알기, 말 없이 살아 보기, 밥을 이용한 말의 힘 실험, 식물을 이용한 말의 힘 실험, 냉장고를 이용한 말의 힘 실험, 낙서 지우기 실천 활동이었다. 설문 조사에서는 고학년의 경우, 학년과 성별에 관계없이 대체로 욕을 많이 사용한다는 사실, 친구들끼리 있을 경우 사용하는 경우가 많다는 사실, 생각보다 다양한 욕을 알고 있고 실제 사용하고 있다는 사실, 뜻을 제대로 모르는 경우도 많다는 사실, 욕을 주로 사용한 까닭은 친구들이 쓰거나 습관이 되어서 친근감도 느껴지면서 짜증이 날 때 시원함을 느낄 수 있다는 것으로 정리가 되었다. 밥이나 식물, 냉장고를 이용한 말의 힘 실험 결과는 다행히도(?) 기대하고 바랐던 대로 나와 주었다. 실제로 과학적으로 입증할 수도 없고 유사 과학이라는 비판을 받고 있다지만, 그는 부족하나마 이런 과정을 통해 아이들 삶으로 깊숙이 들어가 문제를 해결하고 싶었다. 그만큼 당시 그의 반에는 아프고 상처를 입은 아이들이 많았다. 다분히 무모하고 무지하기까지 했던 그의 프로젝트 수업에는 아이들이 지닌 문제를 이렇게라도 해결하기를 바랐던 그의 간절함이 담겨 있었다.

심은보

2014년 2월 13일. '말은 힘이 세다'라는 주제로 펼치던 마지막 수업이자 초등학교 시절 나와 함께하는 마지막 수업을 하기 위해 우리는 가방을 싸 들고 교문을 나섰다. 우르르 교문을 나서서 시골길을 걸었다. 가게에 들러 음료 한 상자를 사 들고 찾은 곳은 바로 학교 둘레 버스 회사. 학년 앞자락에만 해도 무슨 활동을 하든 제 스스로의 상처에만 관심이 있던 녀석들이 말 수업 끝자락에 상상하지도 못했던 움직임을 보이기 시작했다. 학교를 마치고 난 방과 후 시간인데도 모든 아이들이 적극적으로 함께 참여했다. (……) 이날 우리 아이들이 5학년, 6학년 때 했던 버스 안 낙서들에 대해 사과도 드리고, 그 낙서도 지워 드릴 생각으로 버스 회사를 찾은 것이다. 사무실에 찾아가서 내가 먼저 찾아온 까닭을 설명드리는데 아이들이 적극적으로 나서서 죄송

하다는 인사를 드렸다. 버스 회사 분들도 이런 경우는 처음이라
며 고마워하셨다. 버스 배차 시간으로 인해 우리가 낙서를 지울
수는 없었다. 대신 버스 회사 분들께서 모두 지워 놓겠다고 하
셨다. 아이들은 내가 시키지 않아도 스스로 알아서 그분들께 사
과를 드리고 있었다. 버스 기사님들을 비롯한 직원분들께 다시
는 이런 낙서를 하지 않겠노라고 약속까지 드렸고 그분들도 기
분이 흐뭇하셨는지 집에 가는 아이들 모두 공짜로 버스를 태워
주셨다.

- 심은보, 앞의 글, 114~115쪽

경험이 쌓인 지금은 다르게 접근할, 어설프지만 열정만은 가득했던
그의 첫 프로젝트 수업. 그는 이 수업을 통해서 교과서에 나옴직한 옳다
싶은 이야기를 그냥 꺼내놓고 아이들을 가르치려는 기존의 행위를 단호
히 거부했다. 서툴고 힘들더라도 아이들과 함께 수업을 만들어 가며 배
워 나가는 과정에서 아이들을 수업의 주인공으로 세우는 법을 조금씩
터득하고 싶었다. 수업의 주체가 된 아이들은 함부로 남에게 상처를 주
는 일을 더 이상 장난 삼아 하지 않을 거라는 다짐을 하게 되었다. 그것
은 아이들이 수업에서 스스로가 남긴 이야기가 어떤 결과를 만들어 낼
수 있는지 경험을 통해 직접 확인할 수 있었기 때문이었다. 상처와 두려
움이 많아 소극적이며 매사에 의욕을 보이지 않던 아이들. 그런 아이들
이 수업이 누구의 시간도 아닌 자신의 시간이며 공간임을 발견하도록 했
던 것은 심은보에게 큰 보람이자 경험이었다. 그가 교과서에 담긴 지식을
그저 익히고 받아들이기만 요구하는 표준화된 교육과정을 단순히 수행
했다면, 결코 얻을 수 없는 깨달음이었다.

아이들의 생활은 점차 나아졌어요. 워낙 아픈 아이들이 많았어요. 한 친구는 아는 게 너무 많은데, 말은 자기가 원하는 대로 안 나오고 해서 많이 힘들어했어요. 그 아이 때문에 사실 그 학년을 했던 거였거든요. 첫날부터 계속 갈등이 있었고 2학기 때는 저런 사람이 어떻게 선생이냐고 수업 시간에 저를 비난할 정도로 그랬죠. 저는 일부러 맞섰는데, 나중에는 정말 좋게 끝났죠. 마지막에 아이들하고 제주도 여행도 같이 가고. 고등학교 가기 전에 2월에 여행도 같이 갔다 오고 그랬어요. 원래 생활이 잘 안 돼서 여행도 같이 갈 수 없었던 아이였거든요. 딱히 이 수업 때문은 아니었겠지만, 이 과정에서 달라지고 있었던 것 같기는 해요. 어쨌든 아이들이 말에 대해 다시 생각해 보게 되는 계기가 되었어요. 어떤 아이들은 집에 가서 부모님을 가르치기도 했어요. 부모님들이 욕을 하면 욕의 뜻도 알려 주고 그랬다고 하더라고요.

'왜'라는 질문이 필요한 수업

죽백초에서 지낸 지 7년, 경험이 쌓인 그는 이제 학기 초만 되면 한 학기에 수행할 특별한 주제를 아이들의 질문과 의문을 담아 준비한다. 그렇다고 주제 중심 교육과정이라는 이름을 붙여야 된다고는 생각하지 않는다. 국가 교육과정에서 제시된 것들을 살펴 학년에서 꼭 아이들과 해야 할 것들을 선택하고 집중할 것과 지나쳐도 될 것들을 가리는 수준에서 수업을 준비하기 때문이다. 일정 기간 동안 해야 할 주제들을 뽑아

336

내고 프로젝트로 해야 할 것들을 선별하고 수학 교과는 별도로 진행을 한다. 국어 교과에서는 시 수업에 무게를 두고 있다. 교과서에 흩어져 있는 시를 모으고 대체할 수 있는 시를 찾아 깊이 있게 수업을 진행시킨다. 온작품 읽기는 한 학기 내내 가져가며 아이들의 언어 교육을 주제들과 통합하거나 따로 지도한다. 주제들은 '우리 손으로 학급 세우기', '희망을 일궈 가는 사람들의 땅, 대한민국', '사람 사는 세상', '내 마음을 표현해요'로 교과를 통합해 가는 방식이다.

여기서 '희망을 일궈 가는 사람들의 땅, 대한민국'의 꼭지만 더 구체적으로 살펴보면 사회, 국어, 실과, 미술, 창체 교과를 통합하는데 수업에 담을 가치와 개념을 '지리, 희망, 사람, 기행문, 주제별 체험 학습(수학여행), 토의, 세월호 추모 행사'로 잡아 놓고 있다. '액체 영웅 심슨❹의 평화 다반사'라는 이름을 지닌 그의 반에서 이뤄지는 12월 1주 시간표에는 수학, 과학, 음악, 영어, 체육을 빼고는 모두 통합 수업으로 진행되고 있었다. 그 가운데에서도 그가 중·고학년에서 빼놓지 않고 다루는 주제는 경제와 노동, 역사이다. 이는 사람의 삶을 규정 짓고 있는 영역에 대한 학습으로 아이들 스스로가 자신을 돌아보고 발견하는 과정에서 진정한 배움의 길에 들어설 수 있다는 그의 신념 때문이다.

저는 아이들에게 주제를 선정하거나 수업을 짤 때, 저 스스로에게나 아이들에게 그런 질문을 던져요. '이 주제가 아이들의 삶에서 어떤 의미일까?' 경제를 이야기해도 '이 경제라는 개념이

❹ 심슨은 첫 학교에서 그가 만났던 한 아이가 붙여 준 별명이다. 특별한 이유는 없었다. 심씨였고 그 아이가 알던 외국 이름이 떠올라 붙여진 이름이었다. 첫 학교에서 아이들에게 퍼져 줄곧 불렸고, 다른 학교로 옮겨서도 지금까지 아이들에게 불리고 있다.

아이들에게 어떤 의미일까? 아이들 삶과 이어지게 하려면 교과
서에 담긴 이야기만 말고 다른 이야기를 해야 하진 않을까?' 질
문해요. 노동자들에 대한 이야기도 담겼으면 좋겠고요. 다양한
경제 문제들이 지금 일어나고 있는데, 그 속에서 조금 더 우리
사회가 따뜻해지려면 어떤 상상력이 필요한가를 공부해 보게
하면 좋겠다 하는 생각도 하죠. 주제 중심 수업들을 보면서 안
타까운 점이 있었어요. '성취 기준을 따라서 기계적으로 짜 놓
았는데, 이렇게 수업이 될까?' '이렇게 하는 게 기존의 수업과
무엇이 다르지?' 일반적으로 진행되는 주제 중심 수업을 보면
기존의 수업과 다를 게 없었어요. 저는 동료 선생님들에게 수업
을 짜기 전에 우리는 왜 이런 수업을 해야 하고 왜 아이들과 이
런 공부를 해야 하는지 스스로 질문하고 아이들에게 물어야 한
다고 말하죠. 교과서 속에 빠진 것들이 무엇일지, 그것들을 찾
아서 수업을 만드는 게 필요하다고 봐요.

그는 4학년들과 '더불어 사는 따뜻한 경제'라는 주제 수업을 했는데
그 속에서 아이들이 단순히 교과서 속 개념을 익히기보다 현재 어른들의
경제 상황과 문제를 몸으로 이해하고 터득하기를 바랐다. 그래서 제안하
고 안내한 수업의 출발이 '아이들에게 경제 수업 과정에 돈을 벌어 보게
하는 일'이었다. 아이들은 학교에서 '한잔 할래'라는 이름의 카페를 만들
었다. 중간 놀이, 점심시간에 장사를 시작한 것이다. 반응은 폭발적이었
다. 장사를 진행하는 동안 옆 반에서 '드루와'라는 카페를 개업해 경쟁
이 일어나는 등 새로운 사건들도 만들어졌다. 경쟁이 되면서 손님을 끌기
위해 가격을 낮추는 등 실제 경제 상황들이 연출되기도 했다. 며칠 만에
12만 원의 매출과 3만 원의 순이익을 얻기도 했다. 아이들은 스스로 집

에서 일을 해 건당 100~300원의 수입을 올리기도 했다. 집에서 일을 할 때는 실제 근로 계약서를 쓰게도 했다. 아이들 수준과 처지에 맞게 집으로 보내 노동 내용과 급여, 횟수를 비롯한 필요한 내용을 정하여 부모님과 계약도 맺게 했다.

'더불어 사는 따뜻한 경제 수업'에서는 경제 개념을 넘어서서 실제 생활에서 일어나는 일들을 겪으면서 알았으면 좋겠다는 생각을 했어요. 경제 수업을 할 때는, 크게 세 가지를 축으로 해서 활동을 만들어요. 하나는 경제 관련 재미난 책을 읽게 해요. 《고양이 가장의 기묘한 돈벌이》 같은 동화를 아이들과 함께 읽어요. 또 하나는 실제 경제 활동을 교실 안에서 진행해요. 모의 경제 활동, 자유 시장 경제 활동도 우리 사회처럼 직업을 가지고 활동을 하고요. 각자 가진 재산이 출발할 때 모두 달라요. 부동산, 현금 자산도 가지고 있는데, 각자 자산이 다른 상태로 시작을 하죠. 어떤 친구는 200원부터 시작하고 어떤 친구는 4,000원부터 시작을 해요. 아이들이 각자 다른 직업을 가지고 그것에 따라 월급을 받고 필요하면 가게를 만들고 수입에 따른 세금도 내게 해요. 실제 겪어 보면서 생겨나는 문제들을 관찰하게 하고 그것이 달라지려면 어떻게 해야 하는가를 이야기해요. 그 과정에서 아이들이 또 중간중간 주제를 놓고 3분 말하기 수업도 해요. 그때 노동과 관련된 문제, 경제 관련 문제가 발표되기도 하고요. 그렇게 진행이 된 후 마지막 축은 실제로 돈을 벌어 보는 거죠.

아이들이 번 돈을 어떻게 사용할지도 이야기한다. 수입을 개인적으로만 쓸 수 있지만, 더불어 사는 사회에서는 어떻게 사용하면 좋을지도 몸으로 겪어 보게 하는 것이다. 아이들은 자신들이 번 돈으로 음식을 만들 것을 제안했다. 그가 제안할 다른 방법도 있어 500원 정도는 다른 미션에 사용할 수 있게 남겨 놓게 했다. 아이들은 모둠별로 모은 돈으로 만들 수 있는 요리를 정해 장을 봐 음식을 만들었다. 그리고는 짝 학년인 3학년 동생들과 나눠 먹는 것으로 수업 내용이 채워졌다. 실제로 장을 보러 가서는 일하시는 분들과 인터뷰도 하고 조사 활동도 함께 진행을 했다. 다녀와서는 시장과 마트에 대한 이야기도 나누고 보고서도 작성했다. 남겨 둔 500원으로는 내 주변에 있는 가까운 사람들을 위해 '가장 따뜻하게' 쓸 방법을 찾는 미션을 주었다. 물론 선생님과 친구는 제외였다. 아이들은 이런 수업 과정에서 출발 지점부터 주어진 자산에 대한 불평과 불만을 토로하기도 했고 일하는 사람들의 이야기와 계약서를 쓰는 과정에서 정규직과 비정규직에 대한 문제도 이해할 수 있었다. 그는 아이들과 자신의 삶과 거리가 한참 먼, 어려운 개념들로 가득한 지식 교과서로는 터득할 수 없는 소중한 경험을 해냈다.

제한된 자본으로 발생하는 어려움을 느끼게 하고 싶었어요. 시작할 때부터 가진 자본이 달라서 어떤 아이는 울기도 했어요. 아이들에게는 부모를 선택할 수 없는 것처럼 실제 사회 모습이 그렇다고 얘기하면서 달랬죠. 아이들이 물었어요. "둘이 합치면 안 돼요?" "출발 자본금을 올려 주면 안 돼요?" 그때 복지의 개념들이 등장해요. 그러면서 자연스럽게 경제 상황에 대한 상상을 하게 됐죠. 이런 학습들을 마치게 되면 글로 정리를 하게 해요. 글을 보면 아이들 각각의 수준이 다르지만 나름 자신들의

삶은보

고민과 경험들이 녹아들어 있어서 좋았죠. 이런 수업을 하면서 어떤 질문을 아이들에게 던질 것인지에 대해 고민이 많았어요. 아이들을 그냥 가르치고 싶지는 않더라고요. 교과서에 나온 개념이야 생산, 소비, 노동, 경제 성장 같은 어려운 용어들인데 이걸 어디다 쓸까 하는 생각만 들더라고요. 실제 생활 속에서는 아이들이 읽어 내기 힘들잖아요. 그런 것도 해 봤어요. 최저 임금을 다른 나라와 비교해 보고 그 최저 임금으로 아이폰을 살수 있을까 하는 계산을 해 보기도 했죠. 모의 경제 활동에서는 직업 속에 정규직과 비정규직을 두고 임금 협상을 하기도 했어요. 아이들은 그 과정을 지켜보면서 답답해하기도 하고 안타까워하기도 했어요. 수입에 따라 세금을 올렸다 내렸다 하기도 하고, 그런 과정에서 생기는 문제를 살펴보게도 했죠. 6학년 아이들하고 할 때는 직업 중에 신문 기자가 있어서 이런 과정을 신문에 실어도 봤죠. 교과서에 담긴 것들은 모두 담아냈어요. 그 이상이었죠.

더불어 배우며 관계를 회복하는 수업

학교가 그에게 열어 준 시공간에서 그는 자유롭게 상상력을 발휘해 수업을 펼쳐 나갔다. 그러나 같은 시공간을 사는 학교의 아이들이 각기 다른 교실에서 다른 학년이라는 이유만으로 함께 배우지 않는 것에 대해 그는 이해할 수 없었다. 그는 자신의 수업을 물리적인 교실만으로 한정 짓지 않았다. 그래서 그와 동료 교사들이 선택한 방법은 '무학년제 수업'이었다.

그동안 나이가 같다는 이유로 딱 한 학년에, 그것도 한 반에만 갇혀 생활해야 하는 학교의 틀이 답답하다는 생각을 했어요. 교실 안에서 자신의 문제를 해결하지 못하거나 성장의 가능성들과 만나기 어려운 경우 이렇게 틀과 경계를 넘나들며 해법을 찾을 수 있지 않을까 생각해요. 다양한 방식으로 반과 반도 넘나들고, 또 학년과 학년도 넘나들고, 교과와 교과도 넘나들고, 학교와 학교 밖도 넘나들었으면 좋겠어요. 제가 있는 곳은 공립학교인지라 기본적으로 학교가 가진 틀을 깬다는 것이 쉬운 일은 아니지만 다양한 형태로 그런 시도를 벌이고 있답니다.

- 심은보, 여희영(2019), 앞의 책, 34쪽

죽백초에는 학년과 학급을 섞어 각자 선택한 것을 공부하는 '계절 학교' 주간이 있다. 이 계절 학교는 주기 집중 무학년제 수업으로 불리며 탁구, 티볼, 인라인, 사진, 수채화, 과학탐구, 생태, 목공 등 평상시 수업에서 하기 힘든 교육 내용을 담고 있다. 이 기간 동안 아이들은 하고 싶은 공부를 자유롭게 선택할 수 있다. 전체 학년을 넘나드는 수업은 '자기 계발의 날'에도 운영되고 있다. 한 달에 두 차례 세 시간씩 꾸준히 기능을 익혀 나가는 방식이다. 바느질, 난타, 발도르프 조소, 합창, 우쿨렐레, 오카리나, 판소리, 가야금, 한국 무용, 택견, 음악 줄넘기, 저글링, 외발자전거, 디아볼로 등을 교육과정 안에 담아 놓았다. 이때는 전문 기능을 가진 외부 강사를 초대해 수업을 하기도 한다. 이 밖에도 학년군으로 묶인 1, 2학년, 3, 4학년, 5, 6학년이 짝꿍 학년이 되고 교사들도 한 조가 되어 수업을 계획하고 진행하기도 한다. 주마다 수요일 오후에는 짝꿍 학년별로 모여 서로 학년에 상관없이 수업을 넘나드는 내용을 고민하고 있다.

부서는 학기 초에 교사들이 정하는데 의견을 수렴하는 과정이
있어요. 설문 과정에서 아이들 의견도 받고 교육과정협의회에
학부모들도 참여해 분기별로 들어갈 교육과정의 큰 줄기에 대
한 의견을 나누죠. 교과 무학년제도 운영이 돼요. 그건 주로 학
년군에서 교사들끼리 의논해서 넘나드는 경우가 많아요. 5, 6학
년의 경우 5학년은 평화 수업을 하고 있고 6학년은 역사 수업을
하고 있는데 각기 따로 수업을 하다가도 함께 공유할 것이 있으
면 모여서 같이 공부를 해요. 교사들이 그런 부분을 계속 협의
를 하고 있죠. 아이들이 의논해서 작가를 초청해 만남을 진행한
적도 있었어요. 책을 읽고 섭외도 아이들이 하고 행사도 아이들
이 진행하는데, 그걸 5, 6학년이 함께 하는 거죠. 일종의 프로젝
트 형태로 무학년제도가 운영이 되는 셈입니다. 한 달에 한 번씩
5, 6학년은 다모임 시간에 모여서 함께 공부할 거리를 의논하기
도 해요.

4학년을 맡았을 때는, 3, 4학년이 함께 마을을 주제로 공부를 한 적
이 있었다. 내촌이라는 마을을 지나 배다리 생태 공원까지 4km를 걸어
가기도 했다. 그곳에 가서 간식도 먹고 놀기도 했다. 개나리 풀피리도 만
들어 보면서 식물에 대한 공부를 했다. 다녀와서는 아이들은 자신들이
다녀온 길에 이름을 붙여 보기도 했다. 그때 그 길의 이름은 '배다리꽃
길'이었다. 그리고는 스스로 길을 잘 걸었다는 걸 인증하는 버튼을 만들
어 나눠 가지기도 했다. 배다리꽃길은 지금 죽백초의 둘레길 중 하나가
됐다. 3, 4학년이 되면 해마다 함께하는 수업에 벼농사도 있다. 때로는 쟁
기로 논을 갈아 보기도 하고 가을걷이도 아이들이 직접 낫으로 한다. 호

롱기를 이용해 탈곡도 하고 나락을 말려 정미하는 것까지 학교 안에서 모두 이뤄진다. 해마다 3, 4학년 아이들은 쌀 이름 공모를 한다. 2년 전 그때 수확한 쌀의 이름은 '울고갈쌀', 지난해는 '삼겹쌀'이었다. 이렇게 학년이 섞여 학습을 하고자 하는 것은 같은 나이 또래 아이들이 모여서는 해결할 수 없는 지점을 서로에게 배울 수 있다는 믿음 때문이다. 관계의 측면에서도 나이가 다른 아이들이 섞이면서 서로 돕고 나누는 수업을 통해 서로를 더 잘 이해하고 배려하는 모습들이 자주 보였다. 무학년제 수업은 기능적인 학습 효과를 넘어 의미 있는 결과까지 낳았다.

교실 안에서만 해서는 풀리지 않는 것을 다양한 역할 속에서 배워야 한다고 생각해요. 그렇게 하기 위해서는 학년을 넘나들어야 하지 않을까 생각한 거죠. 그래야 서로에게 배울 수 있는 거 같아요. 짝꿍 학년 수업 말고도 1학년과 6학년이 함께하는 것도 있어요. 입학식에서 시작해서 절기 활동에도 같이 이뤄지기도 하는데, 1, 6학년 선생님들이 소통하면서 진행하는 것들이 있어요. 5, 6학년이 김장을 할 때 배추를 뽑아서 다듬어 뒷정리까지 하는데, 그 과정에서도 앞서 경험했던 6학년 아이들이 5학년을 잘 도와줘요. 그냥 문화가 됐죠. 이런 무학년 수업들을 통해서 아이들은 서로 친근감을 갖게 돼요. 단적인 예로 우리 학교에서는 6학년이 운동장을 독점하는 일이 없어요. 이런 무학년 수업을 하면서 늘 생각하는 게 교실에서 잘하는 아이들은 문제가 없지만, 그렇지 못한 아이들은 어떻게 할 거냐는 거죠. 그것을 개인의 문제로 환원시키지 않고 교사의 능력만으로 해결하는 것도 한계가 있더라고요. 우리 학교 선생님들은 그래서 '넘나든다'는 말을 아주 자연스럽게 써요. 닫혀 있지 않고 저도 옆 반

> 선생님과 함께 전체 수업을 같이 의논해서 진행하고 있어요. 아이들만 넘나드는 게 아니라 교사들도 함께 넘나들면서 같이 성장하고 있는 거죠.

학교가 만들고 열어 준 수업의 길

수업에 대한 관심은 대체로 교실 속 교사와 아이들에게 집중돼 있다. 이럴 때 수업은 교사와 아이들의 전유물인 것처럼 보인다. 그러나 교사와 아이들의 수업은 주위로부터 영향을 많이 받는다. 학교 문화 속에는 교사와 아이들이 만든 문화만 있는 것은 아니다. 열린 학교 행정 문화, 교사들의 협업 문화도 있을 것이고 거기에 학부모의 문화도 빠뜨릴 수 없다. 교사와 학교를 어느 정도 신뢰하는지, 학교 교육과정에 얼마나 함께하려는지에 대한 의지 정도에 따라 수업의 양상은 충분히 달라질 수 있다. 교사와 학교보다 교과서를 절대 신뢰하는 학부모가 수업에서 교과서 내용 하나라도 빠지거나 어긋나면 민원을 제기하는 경우가 적지 않은 게 현실이다. 이런 경우 학교와 교사의 수업권은 매우 위축될 수밖에 없다. 양적으로 측정해 줄을 세우던 지필 평가 문화에서 수행 평가 중심의 과정 평가로 변화하는 시점에서 학부모들의 저항도 만만치 않다. 이와 같은 상황은 한동안 관리자와 교사들이 쉽게 과정 평가로 이행하지 못하는 걸림돌이 되기도 했다. 교사의 수업에 영향을 끼치는 요소로 신뢰와 참여를 바탕으로 하는 학부모 문화는 그만큼 중요하다.

죽백초에는 내 아이만이 아닌 우리 아이들을 잘 키울 수 있는 학교를 만들자는 아빠들 모임이 있다. 여름엔 아이들을 모아 수영장에 다녀오고, 가을에는 학교에서 1박 2일 아빠 캠프를 열었다. 겨울엔 논에 물을 가둬 썰매장을 만들어 아이들과 썰매를 타기도 했다. 토요일이면 아이들을 모아 '토요놀이마당'도 했다. 2015년 여름에는 학교에 조립식 수영장을 만들어 평일에는 교사들이 수업 시간에 이용하게 했다. 해마다 '단오한마당'을 학부모들이 기획해 학교 곳곳에서 단오와 관련된 여러 가지 부스를 진행하는 등 학교 교육과정에도 적극 협조하여 수업의 질을 한층 높여 놓았다. 무려 10여 개의 학부모 동아리가 자발적으로 활동하면서 아이들의 수업이 자연스럽게 이어지고 있다. 학교 뒤편 숲길에 숲 놀이터를 만들기도 했다. 학교 뒤 숲에 텐트를 쳐 놓고 해먹을 설치하고 줄과 타이어를 이용해 그네도 만들고 학교에 있던 나무를 이용해 의자도 만들었다. 나무를 이용해 집까지 지은 덕에 교사들과 아이들은 이 생태 놀이터에서 수업과 놀이로 하루를 보내고 있다. 이런 학부모들의 자발적인 움직임에 대한 감흥은 그의 일기 속에 그대로 녹아 있다.

> 함께한다는 것은 나의 불완전성을 인정하는 일이다. 함께한다는 것은 너 역시 완벽하지 않아도 됨을 이야기해 주는 것이다. 서로가 서로의 빈틈을 여유롭게 채워 주는 일, 하여 서로가 서로를 주체로 세워 주는 일, 그것이 바로 또한 함께 사는 일 아닐까 싶다. 교사도, 학부모도, 아이들도 서로가 서로의 빈틈을 채워 주며 함께 살아가고, 그 가운데 성장해 갈 수 있는 곳이 학교라면 참 좋겠다.
> - 심은보, 여희영(2019), 앞의 책, 71쪽

수업의 질은 교사의 의도와 준비가 반영된 교실 속에서만 이뤄지는 것이 아니라, 학교의 문화와 직결돼 있다. 학교 문화의 양태에 따라 수업의 폭과 질이 큰 영향을 받을 수밖에 없다. 학부모들의 신뢰와 믿음, 응원과 지지는 동료 교사들이 수업을 교실만이 아니라 교실 밖, 때로는 학교 밖으로 당당하게 나서서 할 수 있도록 해 주었다. 학교만이 교육을 할 수 있고 학교라는 공간만이 수업할 곳이라는 생각을 무너뜨려 준 것이다. 결국 독특한 죽백초의 학부모 문화는 그의 수업에 큰 영향을 미치게 되었다. 한 예로 촌락과 도시와 관련된 그의 수업은 이런 성숙한 학교 문화에 그의 상상력이 덧붙여진 결과였다. 촌락과 도시에 대해 어설프게 알고 있는 아이들에게 그는 살아 있는 사람들의 이야기가 스며들 수 있는 수업을 고민하기 시작했다. 그렇지만 교실을 벗어나서 일 년 내내 다닐 수도 없는 노릇이다. 고민 끝에 그는 아이들을 농촌, 어촌, 산지촌 세 개의 모둠으로 나눴다. 촌락마다 이장을 정했다. 어떤 아이는 산지촌의 약초 캐는 사람이었고 어떤 아이는 어촌에서 양식을 하는 사람으로 정하면서 각자 역할을 부여했다. 모둠별 조사 활동으로 진행하고 교과서와 학교 안팎의 도서관을 오가며 배경 지식을 쌓게 했다.

도시는 없는 상태에서 촌락 세 개를 만들었어요. 그러고 나서 배경 지식을 조사해서 정리하고 발표를 하게 했어요. 저를 포함해서 서로 질문을 하면서 답을 못 하면 다시 조사를 하는 과정을 거쳤죠. 제가 설명하기보다 촌락에 해당하는 아이들이 모둠별로 조사하는 수업을 먼저 했어요. 저는 옆에서 질문을 하면 개념화시키는 작업만 했어요. 다음에는 촌락을 우드락이나 찰흙이나 지점토, 종이를 활용해서 입체로 만들어 보기를 했어요. 일상에서는 촌락을 상상하며 날마다 시도한 게 있었어요. 촌락의 사람이 돼서 아이들이 하루를 사는 경험을 상상으로나마 하게 하고 싶었어요. 아이들이 학교에 오면 제일 먼저 하는 게 촌락의 날씨를 뽑는 거예요. 그래서 뽑힌 날씨를 보면서 아이들은 자기 촌락에서 그 날씨에 무얼 하고 있을지를 생각해 보게 하는 거죠. 간단하게 일기를 쓰게 하기도 하고 날씨에 따라서 생산물을 줬어요. 농촌이면 과자 '죠리퐁'을 날씨에 따라서 줬죠. 생산물이 날씨에 따라 다르게 나온다는 것을 알게 해 주고 싶었고 그것을 교환하게 만들기도 했어요. 그 다음에는 도시를 만들었어요. 그리고 도시로 옮겨 가게 하는 경험을 하게 했어요. 책상 6개에 12명이 의자만 가져와서 하루를 보내게 했어요. 그렇게 도시의 문제를 경험하게도 하면서 촌락과 도시가 따로 떨어져 있지 않다는 것을 알게 했죠.

두 해에 걸쳐 이 수업은 조금씩 완성이 돼 갔다. 교과서 없이도 빠른 시간에 이 수업은 진행이 됐다. 아이들은 즐겁게 상상하면서 교과 내용을 쉽게 이해했다. 산지촌 발표를 마친 뒤에는 학교 둘레 마을 속으로 들어가 보기도 했다. 이런 과정에서 한편으로는 다른 지역의 학교와 교류도 했다. 어떤 학교와는 편지도 주고받고 한 대안학교 아이들은 죽백초로 와서 1박 2일을 함께하면서 촌락과 도시의 아이들이 직접 만나 삶을 나누기도 했다. 이런 과정들은 촌락과 도시가 더불어 살기 위해서 어떻게 해야 할까 하는 고민으로 이어지기도 했다. 교실을 넘어서는 수업은 지역 사회에서 이뤄지는 각종 사안들 속으로도 들어가 보게 했다. 평택은 쌍용자동차에서 일하다 해고된 사람들과 미군기지 이전으로 쫓겨났던 대추리 사람들이 있는 곳이다. 이를 외면할 수 없었던 것은 그곳에는 아이들의 부모도 있기 때문이다. '함께 살자'는 메시지를 전하는 학교에서 이들의 문제는 그들의 문제이기도 했다. 이런 문제의식은 해마다 대추리에서 마을 어른들의 도움을 받아 체험 활동을 하고 마을에서 야영 활동을 하는 수업으로 이어지고 있다. 2017년 12월에는 대추리 평화센터 10주년 행사에 그의 4학년 아이들이 참여해 악기 연주와 춤 공연을 선보이기도 했다. 물론 이런 수업과 활동을 모든 사람이 지지하지는 않는다. 그렇지만 학교가 아이들에게 진정 가르쳐야 할 것은 평화와 공존, 상생의 가치라고 그는 생각한다. 그래서 그는 오늘도 아이들에게 끊임없이 우리는 서로 연결되어 있다고 이야기한다. 그의 생각을 지지해 주고 이런 수업을 가능하게 해 준 것은 죽백초의 문화였다. 교사, 아이, 학부모가 모두 함께한 그들만의 문화였다.

변화와 속도를 존중하며 기다리는 수업

교실에서 그를 만났을 때는 조선 후기를 배경으로 한 역사 수업이 이뤄지고 있었다. 공부할 거리를 학습지로 제시해 모둠별로 하고 싶은 주

수업 중 아이들이 태블릿피시로 자료를 검색하고 있다.

게를 정하는 과정이 진행되고 있었다. 주제를 정하고 친구들에게 소개할 부스를 정하고 함께 활동할 내용을 정하는 과정까지 조금은 어수선한 분위기였다. 모둠별로 아이들은 자유로운 자세로 서로 이야기를 나누었다. 교사가 학습지를 나눠 주고 설명하고 주제 토론을 시작했는데도 본격적인 이야기를 시작하기까지 시간이 꽤 걸렸다. 주제를 좀 더 찾기 위해서 교과서 말고도 태블릿피시가 아이들 손에 쥐어졌다. 주제와 관련된 내용을 살펴보는 아이들이 있는가 하면 한동안 다른 것을 찾는 아이들도 보였다. 수업에서 벗어나는 모습들에 대해 그는 딱히 제재하지 않았다. 자세가 불안정한 아이들은 바르게 앉게 하고 고개를 숙인 아이들을 살펴보는 정도였다. 그러면서도 한편으로는 학습에 대한 이야기를 안내하고 끊임없이 질문을 던졌다. 시간이 지나면서 아이들이 교사가 던지는 질문에 대답을 하고 조금씩 학습에 집중하는 분위기로 바뀌었다. 이런 수업이 익숙한 듯 시간이 지날수록 아이들은 모둠별로 각기 정한 주제의 배경 지식을 파악하는 데 집중을 했다. 학습 내용을 소개할 부스를 만들기 위한 활동도 시작되었다. 처음에는 이 수업이 정말 잘 진행이 될까 싶었지만 몸으로 익혔던 학습 패턴에 아이들은 시간이 갈수록 빠져들었다. 한편으로 그는 도움이 필요한 한 아이를 따로 챙겨 가며 전체 수업을 진행하고 있었다. 단 한 명도 빠지지 않고 모든 아이들이 수업에 참여하고 있었다.

　이날 수업에서 나타나지는 않았지만 그가 수업을 할 때 주로 드러내는 표현들이 있다. "내 허락 없이는 망하지 말아요 / 안 보이는 곳에 있지 말아요 / 꼭 나여야만 하나요? / 좋습니다 / 어쨌든 해야 해요, 내가 끝까지 하게 할 거니까." 그가 동료 교사를 상대로 공개 수업을 하던 어느 날. 한 교사는 수업 뒤에 그가 수업 시간에 한 말들을 모아 시 한 편을 건네준다. 이 시를 받아 든 그는 한동안 이 시를 보며 재미있어했다. 그가 하는 말 속에 자신이 보였기 때문이었다. 그가 만난 아이들은 조금만 실패해도 '망했어'라는 말을 습관적으로 했다. 해 보지도 않고 조금만 어긋나도 더 할 의지를 보여 주지 않는 아이들에게 그는 자신의 허락을 받았을 때라야 망했다는 말을 할 수 있게 했다. '안 보이는 데 있지 말라'는 말도 다인수 학급에서 학습 때 일어나는 잦은 자리 이동에 대해 경계하는 말이다. '꼭 나여야만 하나'도 수업 과정에서 담임 교사만을 학습 소재로 삼는 것에 대해 다른 상상력을 자극하는 말이었다. 끝으로 '어쨌든 해야 해요, 내가 끝까지 하게 할 거니까'는 중간에 포기하려 하거나 생각이 나지 않아 답답해하는 한 아이 때문에 나왔던 말이었지만, 같은 반에 있는 누구나 자신이 최선을 다해 돕겠다는 의지의 표현이기도 했다. 그의 수업은 자연스럽고 아이들은 그 속에서 충분히 자유를 누리지만, 학습에서 이탈하는 아이들에게는 매우 단호했다.

심은보

여전히 그 이야기는 해요. "우리 반에서 '망했어요'라는 말은 금지어야. 이런 말은 안 했으면 좋겠어. 우리가 망하기 위해서 학교를 다니는 건 아니잖아"라고 하죠. 조금 잘못해도 좋으니 언제든 시도해 볼 수 있는 곳이 학교여야 하지 않을까 하는 생각 때문에 그런 말을 하게 되는 거 같아요. 제가 정확하게 아이들에게 메시지를 전달해야 할 부분에 관해서는 단호하게 얘기를 하는 편이에요. 나머지는 자유로워요. 거침없이 자유롭죠. 아이들하고 찐하고 진솔하게 만나는 게 중요하지 않을까 생각해요. 저는 아이들에게 자세하게 설명하는 편이에요. 대화 기법이나 그런 건 잘 모르겠어요. 하지만 문제가 생겼을 때, 우리가 어디를 향해 달려가야 할지에 대한 것을 자세하게 설명해 주는 편이죠. 친구들과 다툼이 생겼을 때도 내가 당장 해결해 줄 수 있지만, 사실은 그 문제를 풀어야 할 당사자는 아이들이잖아요. 그걸 통해 배워야 하는 것도 아이들이죠. 상황 속에서 아이들이 겪어 봤으면 좋겠다는 생각을 해요. 저희 반 이름에 평화가 들어가요. '액체 영웅 심슨의 평화 다반사'라고. 평화가 들어가는데도 꽤 오랫동안 아이들끼리 엄청 싸웠어요. 지금 맡고 있는 아이들이 되게 개인적이라서 모둠 활동도 잘 안 됐거든요. 지금은 많이 좋아졌죠. 그렇게 과정에서, 관계 속에서 해결해야 한다고 봐요.

그와 편지를 주고받았던 성미산학교 교사 에리카(여희영)는 이런 그의 말에서 '힘의 냄새'가 풍겨 조금은 불편했다고도 했다. 물론 교사와 아이들 대화에서 본질을 충분히 향유하고 있다면 문제가 될 것이 없지만, 노파심에서 한번 얘기해 본다는 말이었다. 그도 그런 지점에서 움찔하고 한번 돌아봐야 할 것 같다는 말을 하기도 했다. 그러나 크게 문제가 될 것은 없었다. 아이들은 충분히 교사의 마음을 알아채고 있었다. 자기들을 돕고 있는 든든한 어른이라는 것을 눈빛으로 드러내고 있었다. 교사는 때로는 엄하고 때로는 단호하고 때로는 한없이 너그럽고 다정해야 한다. 수업 속 심은보는 바로 그런 모습을 보여 주고 있었다. 수업을 따라오지 못하는 아이들에게 주의는 주었지만 재촉하지 않았다. 느리게 공부하는 아이들은 따로 챙겨 돕고 있었다. 많은 교육과정을 소화해야 하는 공립학교 교사가 이런 모습을 늘 보여 줄 수는 없지만, 가능할 때는 한없이 기다리는 모습이었다. 자기중심적이고 개인적이며 타인과 함께 이야기를 나누는 게 서툴던 아이들이 조금씩 달라졌던 지점에는 그의 잔소리와 단호함, 기다림과 존중이 섞여 있었다. 이런 그의 모습은 8년간 지내 온 죽백초에서 다양하고도 많은 아이들을 만나 배웠던 것이기도 했다.

"어떻게 저런 사람이 선생이 되었을까? 정말 싫어."

"싫어도 어쩔 수 없어. 선생님은 너의 잘못된 말과 행동에 대해서 그때그때 계속 말할 거야. 물론 잘한 일에 대해서는 반갑고 기쁜 마음으로 칭찬할 테고. 그게 우리 교실에서 선생님의 역할이라고 생각해. 선생님의 이야기를 듣고 판단하고 결정하는 건 너의 몫이고, 그 판단과 결정에 따른 결과를 책임지는 것도 너야. 분명한 건 선생님은 졸업하기 전까지 절대 너를 포기하지 않을 거라는 거야."

- 심은보, 여희영(2019), 앞의 책, 50~51쪽

위 대화는 죽백초에서 일할 초기에 발달상 어려움을 겪었던 한 아이와 나눈 것이다. 그리고 한 해를 마무리할 즈음 그 아이는 다음과 같은 편지를 건넸다.

수업을 살아온 교사들을 찾아 나선 끝자락에서 만난 교사 심은보.
그에게서 나는 다시 도전하여 새롭게 출발할 힘을 얻었다.

"저는 처음에는 선생님이 이해가 가지 않았어요. 그러나 이제는 조금 알 것 같아요."

그러고는 그의 품에 안겨 한참이나 울고는 졸업식을 마친 뒤에도 오랫동안 교실을 바라보다 돌아갔다. 그렇게 졸업 뒤에 그 둘은 다른 아이들과 함께 제주도 2박 3일 여행을 떠나기도 했다. 중학교에 가서 잠시 어려웠지만 잘 이겨 냈고, 몇 해 전 또 이 반 아이들은 그와 여행을 다녀왔다. 아이들 모습을 단지 그 순간 그 시간에 묶어 판단하지 않고 존중하며 기다리는 그의 모습은 수업에서도 그대로 이어지고 있었다. 수업 시간마다 성취 기준에 아이들을 도달하게 하는 것만이 아니라, 조금 늦더라도 아이의 속도와 변화를 존중해 주는 마음으로 교사의 수업이 준비되어야 한다는 것을 그는 잘 보여 주고 있었다.

지금 여기서, 나는 무엇을 할 것인가

앞서 수업을 살아온 여섯 교사들 대부분은 답답하고 암울한 시대를 거쳐 갔던 이들이었다. 그들은 스스로 문제를 해결해야 했고 다른 수업을 허용하지 않던 시대에 다른 수업을 하겠다고 나서며 크고 작은 상처를 갖게 됐던 교사들이었다. 심은보는 이 선배들의 시대의 끝자락에서 교사를 시작한 사람이었다. 수많은 선배들의 헌신과 노력으로 만들어진 학교에 뛰어든 교사였다. 평택으로 발령을 받은 이후, 그는 지역에 학교 밖 교사 모임을 만들어 8년째 이어 왔다. '다섯 수레'라는 교사 모임은 주마다 모여 아이들, 수업, 학교 이야기를 나누고 책도 읽고 여행도 다닌다. 심은보는 한때는 전국초등국어교과모임 편집국장을, 지금은 사무국장을 맡아 온작품 읽기 운동을 펼치고 있다.

이뿐만이 아니다. 그의 삶의 터전 평택 지역에서는 혁신학교 모임의 책임을 맡아 일을 하고도 있고 지역의 평화 문제를 다루는 평화운동단체 평택평화센터의 운영위원으로 활동하기도 했다. 그가 하는 모든 활동은 개인적인 활동으로만 그치는 것이 아니라, 그가 학교에서 풀어내는 교육 내용 곳곳에 스며들어 있다. 이렇게 그의 수업에는 한 사회의 시민으로 성장하고 살아온 삶이 그대로 묻어나 있다. 교사가 되기 전의 삶, 교사로 살아온 삶이 어떻게 이어지고 자신의 수업으로 확장될 수 있을지를 선배 교사들만큼이나 잘 보여 주고 있었다. 교사의 수업은 교사의 삶을 담은 이야기라는 것을 그는 너무도 잘 보여 주었다. 그 중심에 학교가 있었다. 그는 학교에서 성장한 교사이자 학교가 만들어 준 교사였다.

심은보

2015년 1월에 독일, 프랑스, 덴마크, 핀란드, 스웨덴에 있는 학교들을 몇 군데 돌아보고 왔었거든요. 다녀와서 제가 적어 놓은 글에는 '도대체 누구를 위한 교육인가?' 하는 물음표가 커다랗게 찍혀 있어요. 우리 교육을 향한 물음이지요. 의무 교육이라는 이름을 달고 똑같은 속도로 똑같은 형태의 교육만을 강요하는 대한민국에 사는 아이들이 안타깝다는 생각도 들었어요. 한편으로 다양한 속도와 형태의 교육이 인정되는 나라에 살고 있는 그들이 참 부럽다는 생각이 들었고요. 교육이 국가와 민족, 기업의 입장에서 이야기되는 것이 아니라 한 명 한 명 아이들 편에서 이야기된다면 좋겠어요. 교육을 바라보는 시선과 시스템이 부러운 건 어쩔 수 없는 일! 그럼에도 불구하고 '지금 여기에서 나는 무엇을 할 것인가' 하는 고민을 많이 하고 있어요. 공립학교 교사들은 내가 발 딛고 선 학교에서 희망을 일궈 가는 일을 게을리하지 말아야겠다는 생각을 하면서도, 학교를 넘어서 지역을 함께 고민하고 지역과 연대하는 일 역시 중요하다는 생

각이 들기도 해요. 또 꽉 막힌 학교의 형태가 아닌 다양한 배움
의 장들이 여기저기 열릴 수 있다면 좋겠다는 생각도 들고요.

- 심은보, 여희영(2019), 앞의 책, 250~251쪽

　　심은보가 새로운 학교를 꿈꾸며 작은 학교 죽백초에 들어온 지도 이
제 8년이 됐다. 당시만 해도 혁신학교를 운영한 지 막 2년 차에 들어서던
때였다. 전교생 60명 정도의 학교가 지금은 240명 규모가 됐다. 그는 막
내 교사였고 날마다 하루를 기록했고 주마다 학부모님들께 편지를 쓰며
교육에 대한 생각을 나눴다. 다양한 수업을 시도하고 수많은 아이들과
만나며 서로가 가진 상처를 보듬으며 성장을 했다. 아직 수업에서 더 다
듬고 성찰해야 할 것들이 많아 걱정이지만, 그에게는 뒤에서 언제나 응
원하는 아이들과 학부모들이 있다. 그의 책이 처음 출간이 됐을 때 기뻐
해 주던 학부모들의 모습을 그는 잊지 못했다. 행복한 교사였다. 이제 그
는 8년 동안 정이 들었던 학교를 떠나 새로운 학교에서 새롭게 시작한
다. 새로운 학교는 도전의 공간이고 설렘의 공간이다. 그가 가진 모든 것
들을 쏟아 낼 희망의 공간이다. 그를 사랑하는 교사와 아이들이 붙여 준
'랭보', '심슨'이라는 별명에 한껏 깊어진 희망이 담긴 또 다른 별명이 붙
여지길 기대한다.

심은보
입니다

어떻게 지내고 계신지요?

잘 지내시느냐는 인사를 건네기에는 코로나 19로 인해 너무나 어수선한 시간들입니다. 봄이 우리 삶의 한복판 여기저기 솟아오르고 있음에도 학교는 여전히 문을 열지 못하고 있기에 아쉽고 안타깝습니다.

아이들을 맞을 준비를 다 해 두고도 정작 아이들이 올 수 없는 휑한 교실에 홀로 앉아서 찬찬히 선생님이 써 주신 글을 읽었습니다. 그동안 내달리기만 하며 살아왔던 삶 이야기의 한 매듭을 선생님 덕분에 어느 정도 짓고 넘어가는 느낌이 들어 참 고맙기도 하고 좋았습니다. 언제나 지나온 이야기를 정리를 좀 해 봐야지 하고 마음만 있었지 실제 시도하지 못하고 있던 일이었습니다. 이렇게 제 이야기에 귀 기울여 주시고 정성 들여 정리해 주셔서 고맙습니다.

작년 어느 날 선생님이 전화하셔서 '교사, 수업을 살다'에 제 이야기를 싣고 싶다고 하셨을 때 사실 여러 생각이 들었습니다. 앞서 만나셨던 선생님들의 면면을 잘 알고 있기에 제가 그 뒤를 이어 간다는 게 사실 많이 부담스럽기도 했었거든요. 없던 길을 치열하게 앞서 열어 갔던 선배들의 이야기에 어찌 감히 제가 좌충우돌 살고 있는 이야기를 가져다 댈 수 있겠는가 싶기도 하고, 아직은 너무 어설프고 깊이는커녕 내세울 것 없는 제 이야기를 꺼내 놓는 일이 부끄럽고 쑥스럽기도 하여서 말이지요. 하지만, 마음 한편에서는 선배님들 곁에서 삶을 함께하며 배우고 깨치며 살아가는 후배들도 선배들 뒤를 이어 뭔가 해 보고자 좌충우돌이지만 애쓰고 살아가고 있다는 이야기를 전하고 싶다는 마음이 들기도 했고, 또 제 이야기를 꺼내 놓는 과정에서 제가 가진 생각이나 뜻이 조금 더 또렷해질 수도 있지 않겠나 하는 생각이 들었습니다.

그런 마음으로 해 보겠노라고 말씀을 드렸고, 지난해 어느 날 천안을 찾아간 것이지요. 그때 살아왔던 이야기를 긴 시간 나누면서 '교사, 수업을 살다'라고 선생님이 앞에 건 큰 이름표처럼 내가 했던 수업, 하고 있는 수업들을 잘 살펴보면 내가 살아왔던 이야기들, 살아가고 있는 이야기들, 또 살아가고자 하는 이야기들과 맞닿아 있구나 하는 생각이 들었습니다. 그러니, 수업을 잘 가꿔 가는 일은 단순하게 방법과 기법, 매뉴얼을 익혀서 그럴듯하게 꺼내 놓는 것이 아니라 삶의 공간에서 만나는 모든 것들과 정성껏 마주하며 잘 살아 내는 일, 그 가운데 끊임없이 되살펴 보고 되돌아보는 일이겠지요.

12월 어느 날 제가 살고 있는 죽백초에 찾아오셨을 때 별것 없는 저의 일상을 선배 선생님에게 보여 드린다는 게 민망하기도 했지만, 그렇다고 그날을 위해 특별한 무언가를 더 준비할 수도 없는 노릇이었습니다. 지금껏 어떤 상황에서나 그렇게 자연스럽게 살아왔기 때문이지요. 다소 자유롭고 어수선한 가운데 정신없이 무언가가 이루어지는. 하지만 그 모습에는 우리가 한 해 동안 함께 엮어 왔던 나름의 질서와 리듬이 스며 있었지요. 모든 구성원들에게 우리 함께한 그 공간에서의 시간들이 순간순간 나름의 의미들로 엮여 갔으면 좋겠다는 바람이 제겐 있었고, 그런 시간들을 엮어 주기 위해 애쓰며 살았습니다. 지난해 그 아이들과 함께 만들어 낸 모습이 그러했다면, 올해는 아이들과 또 어떤 모습으로 살게 될지는 잘 모르겠네요.

여덟 해에 걸쳐 교사로서 저를 성장시켜 준 죽백초를 떠나 이제는 자란초 교사가 되었어요. 옮겨 오고 보니 보고 겪는 모든 것이 낯선 시간들이네요. 언제나 저를 지지해 주던 학부모들과 동료 교사들도 아직은 없는 상황이고, 학교를 움직이는 여러 시스템들도 아직은 많이 어색합니다. 불편한 마음도 많이 들지만 한편으로는 제게 또 다른 자극이 되고 도전이 되는 것도 같아요. 다시금 학교라는 곳에 붙여 보는 수많은 물음들이 솟아나기 시작할 것만 같고요. 그러는 가운데 할 수 있는 것들부터 차근차근 변화를 일궈 가 보려고 마음먹고 있습니다. 어떤 일이 펼쳐질진 잘 모르겠네요. 어쨌든 확실한 것은 새로운 곳에서도 포기하지 않고 제가 품어 왔던 뜻을 가지고 제 삶을 뚜벅뚜벅 살아갈 것이라는 사실이고, 그런 삶을 바탕으로 또 자란초에 맞는 빛깔을 갖춰 가며 수업을 살아갈 거란 것이겠지요. 급하지 않게, 마주하는 사람들과 진정성 있게 만나가며 함께해 나갈 생각입니다.

낯선 곳에서 새롭게 열어 나갈 이 길에 선생님이 정성껏 적어 주신

이야기들이 큰 힘이 되고 위로가 될 것 같습니다. 나름의 빛깔을 갖고 오롯하게 수업을 살아가는 이 땅의 교사들에게도 힘이 되고 위로가 되는 이야기들이면 좋겠습니다.

남의 이야기를 긴 시간 정리하고 한 편의 긴 글로 쓰는 일이 쉬운 일이 아니었을 텐데, 더구나 한 해에 걸쳐 여러 교사들을 만나야 했던 긴 여정이었을 텐데 수고로움 마다하지 않고 애써 주신 선생님께 거듭 고맙다는 인사를 전합니다.
선생님께서도 새로운 곳에서 아이들을 만나 이야기를 열어 가시게 될 텐데 새롭게 걷게 되는 그 길에 행복한 희망의 이야기들이 새록새록 피어나기를 두 손 모아 봅니다.
모쪼록 건강 잘 챙기시고요. 선생님의 걸음걸음 응원하겠습니다.

"선생님,
저 따라가도 돼요?"

1

함께 공부 모임을 하고 있던 박진환 선생님은 수업을 사는 진짜 교사들의 이야기를 쓰고 싶다고 했다. 교사로 살아가며 존경하는 선배로 동지로 여기는 선생님들의 수업과 삶에 대한 이야기를 나에게 종종 들려줄 때면 나는 박진환 선생님이 그들을 얼마나 자랑스럽게 여기고 깊이 신뢰하는지 느낄 수 있었다. 그들을 직접 만나 보고 싶었다. 조성실 선생님을 만난다고 설레는 마음으로 따라나선 것이 시작이 되어 결국 일곱 명의 선생님들을 모두 만나게 되었다. 그렇게 시작한 교사 인터뷰가 꼬박 1년이 걸렸다. 추운 겨울 옷깃을 여미고 길을 따라나섰던 것이 여름, 가을을 지나 다시 겨울이 되었다.

처음 그 길을 따라나설 때만 하더라도 나는 그저 책으로 만나거나 강의로 유명한 연예인 같은 교사들을 실제로 만난다는 것이 무작정 설레고 좋았다. 나는 남들보다 몇 해 다른 길을 돌아 교사가 되었기에 늘 무언가를 배우려 애쓰고 교실에서 실천하려 노력했다. 그저 앞뒤 분간 못 하고 잘 가르치는 교사가 되고 싶은 내 열정으로 고군분투하는 시간 동안 '그 연예인 같은' 선배 교사들이 함께 있어 하루하루 길잡이 삼아 나아갈 수 있었다. 그렇게 공부하고 실천하는 시간들이 나는 늘 즐거웠다. 그러다 보니 내가 책으로 혹은 연수 과정에서 만난 그 교사들을 직접 만날 수 있다는데, 뭘 더 고민할 필요가 있었을까. 그동안 해소되지 않았던 내 궁금증을 해소할 절호의 기회였고, 다행히도 박진환 선생님이 그 길을 함께해도 좋다고 허락해 주었다.

그저 설레는 마음으로 내 궁금증을 단번에 해소할 기회를 가졌다고 생각했던 인터뷰는 실제로는 훨씬 따뜻했고 진정성이 가득했다. 인터뷰를 시작하자마자 단지 눈에 보이는 교사로서 성과, 수업 방법, 비법 전수(?)만을 생각하고 선생님들과의 만남에 들떠 있었던 내가 부끄러웠다. 일정을 맞추고 장소를 정하고 6시간이 넘는 긴 시간의 인터뷰 과정을 녹음하고 전사도 했다. 긴 시간이었지만 헤어질 때는 늘 아쉬웠다. 선생님들과 어린 시절부터 지금에 이르기까지의 삶의 이야기를 나누며 함께 울고 웃었다. 그 안에는 삶의 마디마다 겪었던 아픔과 어려움, 기쁨과 성장의 시간이 녹아 있었다. 그리고 수업이 있었다.

때로는 내가 감히 겪어 보지도, 상상할 수도 없는 일 앞에서도 당당히 맞선 선생님들이 존경스러웠고 때로는 내가 겪고 있는 삶의 갈등과 맞닿아 있는 순간을 발견할 때도 있었다. 그럴 때면 큰 위로가 되었고 선생님들은 기꺼이 나의 멘토가 되어 주셨다. 그래서 가끔은 기록하는 것도 잊은 채 넋 놓고 이야기에 빠지기도 하고 꼬리에 꼬리를 무는 궁금증에 미리 준비한 인터뷰 내용과 상관없는 이야기를 한참 하기도 했다. 그래도 귀신같이 미리 준비한 인터뷰 내용으로 잘 연결시켜 준 박진환 선생님 덕분에 소중한 선생님들의 이야기를 빠뜨리지 않고 모두 담을 수 있었다.

요즘 학교에서는 학생이 중심이 되는 수업을 강조한다. 수업의 출발점을 학생으로부터 하고 수업을 보는 관점도 학생이 어떤 지점에서 배우고 주춤하는지 살펴보자고 한다. 많은 혁신학교에서 학생의 삶과 연결된 진정한 배움을 강조하고 있다. 그런데 배움의 중심에 있는 학생과 함께 교사도 수업으로 시간을 보내며 살고 있다. 그래서 난 '교사, 수업을 살다'라는 말이 좋았다. 수업을 시간을 보내듯 해치우지 않고 수업 때문에 애면글면 살아온 교사를 존중해 주는 느낌이 들었다. 지난 1년 동안 만난 일곱 명의 교사들은 자신의 삶의 이야기가 수업으로 이어져 있었다. 교사는 각자 어린 시절을 경험하고 성장해 오며 만난 무수한 사람들과 사건으로 자신만의 삶을 바라보는 관점과 철학, 삶의 방식을 가지고 있었다. 아이들만큼이나 다양한 교사들은 그들의 삶의 방식으로 수업을 살고 있다.

2

조성실 선생님은 공정한 사회의 모습을 추구하는 삶의 가치를 수업에서 보여 주었다. 놀이 수학에는 그 사회적 정의가 담겨 있었다. 놀이 수학에는 이긴 사람만이 이익이나 보상을 가지는 것이 아니었다. 어떻게 함께 나눌지에 대한 교사의 고민을 담고 있었다. 선생님의 수업은 나에게 어떻게 하는 것이 공정한 것인지에 대한 근본적인 물음을 갖게 했다.

박지희 선생님은 대학 시절 야학, 해직과 복직, 자신이 생각한 올바른 가치를 추구하기 위해 겪어야 했던 수많은 경험이 수업 속에서 학생과의 관계 맺기와 공감으로 이어져 있었다. 삶으로 가르친다는 그의 이야기는 책으로만 입으로만 가르치고 있는 건 아닌지 나와 학교 현장의 모습을 돌아보게 했다. 무엇보다도 수업으로 교육 복지를 이루어야 한다는 이야기는 내가 교사로서 학교에서 해야 할 역할과 해야 할 일을 다시 생각하게 했다.

　　최은경 선생님은 이오덕 선생님과의 만남으로 농촌에서 교사가 되기로 결심했다. 인생에서 어떤 사람을 만난다는 것이 얼마나 큰 영향을 미치는 것인지 공감했던 시간이었다. 내가 일곱 명의 교사들을 만나고 삶을 달리 살아야겠다 마음먹은 것처럼 말이다. 교사가 가진 문학에 대한 깊은 이해와 사랑이 고스란히 아이들의 말과 글로 교육과정과 수업에 연결되었다. 늘 동시를 필사하고 문학을 즐기는 교사의 삶은 아이들과의 수업 속에 그대로 스며들었다.

　　강승숙 선생님은 예술과 문학을 사랑하고, 당당하고 행복하게 자기 삶의 주인공으로 살아가는 모습을 보여 주었다. 그의 이야기를 들으며 아마도 어린 시절 가족의 행복한 기억이 평생 당당하게 살아갈 자존감의 씨앗이 않았을까 하는 생각이 들었다. 학교에서 만나는 아이들에게 행복하고 따뜻한 기억을 많이 만들어 주어야겠다고 다짐했다. 그의 수업 속에는 예술이 있고 문학이 있고, 교사와 학생들이 서로 존중받고 있었다.

　　이경원 선생님은 아이들 곁에서 스스럼없이 경계를 허물고 다가서서 다양한 주제와 방법으로 수업을 이끌었다. 아이들은 자유로워 보이지만 지켜야 할 도리를 알고 있었다. 학생들이 생각하게 하는 수업을 만들기 위해 그는 끝도 없이 고민하고, 공부하고, 노력했다. 그의 철학이 녹아 있는 주제 중심 교육과정이 만들어졌고 수업 속에서 학생들과 함께 교육과정을 실현해 나가는 과정을 볼 수 있었다. 학생들은 수업을 통해 자신들의 이야기를 했다. 그리고 친구들과 나누며 배움을 자신의 말과 글로 표현하는 평가로 마무리하는 모습이 인상적이었다.

　　김강수 선생님은 아이들과 현재를 열정적으로 살아가면서 세상을 바꾸어 갈 교육의 미래를 그려 내고 있었다. 그리고 어떻게든 실현해 내는 모습이 그가 살아온 삶의 연속이자 삶 자체였다. 아이들과 장승을 만들어 화단에 심고, 50여 권을 읽어 온 온작품 읽기 수업 속에서 터져 나오는 아이들의 어떠한 말도 작품 속 이야기로 연결시키는 그의 모습에 감탄이 절로 나왔다. 지금은 남들이 가지 않은 교육의 새로운 길을 무학년제 수업으로 찾고 있었다. 생각에 그치기 쉬운 일들을 실행하고, 어려움에 부딪히더라도 수정하고 또다시 실천하는 모습은 교사라는 직업의식만으로는 절대 할 수 없는 일이었다. 이 모든 것들이 그가 살아가는 삶자체였다.

12월 겨울 심은보 선생님과 마지막 인터뷰를 하였다. 학교 다니던 시절부터 남다른 서사를 지닌 그의 삶의 모습은 평택의 한 혁신학교에서 8년의 시간을 보내며 학교, 학부모와 함께 성장한 교사의 삶으로 이어져 있었다. 질문과 의문으로 고민거리를 던지고 성찰과 실천으로 조금씩 변화를 만들어 가는 모습에 몇 해 전 혁신학교에서 그런 변화를 꿈꿨던 내 모습이 떠오르기도 했다. 하고 싶은 수업, 만들고 싶은 학교를 만들어 가는 그의 모습은 수업 속에서도 질문과 의문으로 학생들이 스스로 움직이고 발견하게 하는 살아 있는 배움과 교실을 만들었다.

3

처음 발령받았을 때 나는 무엇이든 열심히 하는 열혈 교사였다. 빨리 일을 배우고 빈틈없이 처리한다며 일머리가 있다고 선배 교사들의 사랑을 많이 받았다. 누구보다 빨리 승진하는 방법을 전수(?)해 주겠다는 선배 교사를 만나 월별로 각종 학생 대회와 연구 대회 계획서, 보고서를 쓰며 보낸 시절도 있었다. 그런데 돌이켜 보면 늘 바빴던 내 모습만 기억에 가득하다. 그 시절 우리 반 아이들 한 명 한 명의 모습이 잘 떠오르지 않는다. 잘 가르치는 교사, 잘한다고 칭찬받는 교사가 되고 싶었던 모양이다. 그렇게 몇 해를 보내고 인생의 멘토인 선배 교사를 만나 교사로서 첫 번째 전환점을 가지게 되었다. 아무런 조건 없이 교육운동을 하며 살아가는 교사들을 만나고 이렇게 살아가는 교사들이 있다는 것을 처음으로 알게 되었다. 아이들을 잘 배우게 해야겠구나, 교사가 노력하고 공부해야겠다는 생각을 했다. 열심히 배우고 실천했다. 밤늦게까지 수업을 준비하고, 선생님들과 모여 모임을 하고, 수업 속에서 아이들을 만나는 일이 재미있었다. 하나라도 더 많이 아이들에게 배우게 하고, 경험하게 해 주고 싶었다.

그러던 중 2년 전 어느 날 박진환 선생님이 나에게 앞으로 교사로서의 목표가 무엇인지, 무슨 계획이 있는지 질문을 던졌다. 말문이 막혔다. 지금 잘하고 있다고 그냥 이렇게 열심히만 하면 된다고 스스로 토닥이며 브지런히 움직였는데, 내가 교사로 어떻게 살아야 하는지, 교사로서의 정체성을 깊이 고민해 본 적이 없었다. 많은 교육 이론과 교육 철학을 공부하며 그것이 옳다고 여겼다. 그리고 때로는 나에게 더 잘 맞는 것들을 취사선택하면 된다고 생각했다. 나의 철학을 가지고 구현하는 나의 수업을 해야겠다는 생각은 하지 못했다. 늘 아이들이 중심이 되는 수업을 고민하고 아이들의 삶과 연결 짓고 삶을 통해 배우게 해야겠다고 생각했는데, 정작 교사인 나는 삶과 수업이 동떨어지진 않았나 돌이켜 보게 되었다.

일곱 교사를 만나 이야기를 나누며 그동안 나를 포함한 많은 교사들이 수업의 화려한 겉모습, 수업 방법에만 초점을 두고 본 것이 아닌가 안타까운 마음이 들었다. 몇 해 전 혁신학교에서 수업을 고민했을 때, 공동 교육과정을 강조한 적이 있다. 함께 교육과정을 짜고 학습 자료를 만들고 수업을 디자인하면 모든 반에서 동등한 수준의 배움이 있을 것이라 기대하고 실천했다. 하지만 돌이켜 보면 같은 학습 자료, 같은 내용을 수업했음에도 우리 반과 옆 반의 아이들이 배우는 과정과 지점은 달랐다. 수업에 대한 본질적인 고민 없이, 교사의 삶과는 동떨어진 수업 속에는 수업의 방법과 결과물만 남는다. 교과서로 수업하는 것이 아이들의 삶을 고려하지 않는 표준화된 수업이라 비판했는데, 요즘 교사들이 접하고 있는 각종 SNS나 교육 플랫폼을 보면 수없이 쏟아지는 수업 방법과 팁으로 교과서를 벗어난 또 다른 표준화된 수업을 만들어 내고 있다는 생각이 든다. 일곱 명의 교사를 만나 삶을 들여다보니 그들의 다양한 수업 방법과 과정, 결과 속에는 교사가 추구하는 삶의 가치와 교육 철학, 교육적 의도가 숨어 있었다. 그리고 수업을 살아가는 단단한 교사의 울타리 속에서 아이들은 배우고 실천하며 삶의 주인으로 성장하고 있었다.

지난 1년, 나는 일곱 교사를 만나며 교사로 다시없을 감사한 시간을 보냈다. 내가 살아온 시간을 돌이켜 보게 되었고, 어떤 교사가 되고 싶은지, 교사로서 남은 시간을 어떻게 잘 살아야 하나 나를 들여다보는 소중한 시간이었다. 그 시간과 만남을 통해 나는 이제 나의 삶의 가치를 고민하고 아이들과의 따뜻한 관계에 집중하려 노력하고 있다. 종종 동시와 시를 필사하고 아이들과 함께하는 수업살이를 모아 주간 신문도 내게 되었다. 그렇게 수업을 사는 진짜 교사가 되려고 노력 중이다. 한 학기 동안 주간 신문을 무사히 발간하고 강승숙 선생님 덕분에 주간 신문을 내게 되었다고 말씀드렸다. 그는 도움이 되어 기쁘다며 인생은 선택이고, 좋은 것을 보아도 귀인을 만나도 스쳐 지나가는 이가 많은데 그것을 붙잡아 자신의 것으로 만드는 능력을 가졌다며 칭찬했다. 이 책을 읽는 많은 독자들이 나와 같은 경험을 맛보았으면 좋겠다. 교사들을 만나며 인터뷰와 수업을 참관했던 나는 늘 마음이 쓰였다. 낯선 후배 교사에게 자신의 삶을 풀어놓는 것에 대해 불편해하실지도 모른다는 생각 때문이었다. 하지만 걱정과 달리 만날 때마다 항상 따뜻하게 대해 주셨던 일곱 교사들 때문에 나는 더할 나위 없는 행복한 시간을 보낼 수 있었다. 언젠가 보답할 날이 꼭 있기를 바란다. 30년 가까운 경력에도 여전히 다른 교사의 삶을

후기

통해 교사로서 자신을 돌아보고 성찰하는 모습을 보여 준 박진환 선생
님께도 깊은 존경과 감사의 뜻을 표한다.

조현민

교육공동체 벗

교육공동체 벗은 협동조합을 모델로 하는 작은 지식공동체입니다.
협동조합은 공통의 목적을 가진 사람들이 모여서 만든
권력과 자본으로부터 독립된 경제조직입니다.
교육공동체 벗의 모든 사업은 조합원들이 내는 출자금과 조합비로 운영됩니다.
수익을 목적으로 하지 않기에 이윤을 좇기보다
조합원들의 삶과 성장에 필요한 일들과
교육운동에 보탬이 될 수 있는 사업들을 먼저 생각합니다.
정론직필의 교육전문지, 시류에 휩쓸리지 않는 정직한 책들,
함께 배우고 나누며 성장하는 배움 공간 등
우리 교육 현실에 필요한 것들을 우리 힘으로 만들고 함께 나누고 있습니다.

조합원 참여 안내

출자금(1구좌 일반 : 2만 원, 터잡기 : 50만 원)을 낸 후 조합비(월 1만 5천 원 이상)를 약정해 주시면 됩니다. 조합원으로 참여하시면 교육공동체 벗에서 내는 격월간 교육전문지 《오늘의 교육》과 조합통신을 받아 보실 수 있습니다. 출자금은 종잣돈으로 가입할 때 한 번만 내시면 됩니다. 조합을 탈퇴하거나 조합 해산 시 정관에 따라 반환합니다. 터잡기 조합원은 벗의 터전을 함께 다지는 데 의미와 보람을 두며 권리와 의무에서 일반 조합원과 차이는 없습니다. 아래 홈페이지나 카페에서 조합 가입 신청서를 내려받아 작성하신 후 메일이나 팩스로 보내 주세요.

홈페이지 communebut.com
카페 cafe.daum.net/communebut
이메일 communebut@hanmail.net
전화 02-332-0712
팩스 0505-115-0712

교육공동체 벗을 만드는 사람들

※하파타 순

후쿠시마 미노리, 황지영, 황정일, 황정인, 황정원, 황정욱, 황이경, 황윤호성, 황순имп, 황봉희, 황기철, 황규선, 황고운, 홍정인, 홍용덕, 홍순성, 홍세화, 홍성구, 홍석근, 홍미영, 현복실, 현미열, 효요인, 허성균, 허보영, 허기영, 허광영, 함점순, 함영기, 한학범, 한재민, 한지혜, 한은옥, 한영옥, 한영선, 한소영, 한성찬, 한봉순, 한민혁, 한만중, 한납, 한길수, 한경희, 하인호, 하승수, 하승수, 하순배, 하광봉, 탁동철, 최희성, 최현숙, 최현미, 최진규, 최주연, 최정윤, 최정아, 최은정, 최은영, 최은숙, 최은미, 최은경, 최윤미, 최윈혜, 최영식, 최영미, 최연희, 최연정, 최애영, 최승훈, 최승환, 최승복, 최선영a, 최선영b, 최선경, 최봉선, 최보람, 최병우, 최미영, 최미선, 최문정, 최류미, 최대현, 최기호, 최광용, 최경미, 최경련, 최강도, 채효정, 채종민, 채윤, 채옥엽, 채민정, 차종숙, 차용훈, 진헌, 진주형, 진웅용, 진영효, 진영준, 진냥, 지정순, 지수연, 주윤아, 주순영, 조희정, 조형식, 조현민, 조향미, 조해수, 조진희, 조지연, 조준혁, 조주원, 조정희, 조응현, 조은정, 조윤성, 조원배, 조용진, 故조영희(명예조합원), 조영현, 조영옥, 조영실, 조영선, 조여은, 조여경, 조수진, 조성희, 조성실, 조성대a, 조성대b, 조석현, 조석영, 조상희, 조문경, 조남규, 조경애, 조경아, 조경삼, 조경미, 제남모, 정희영, 정희선, 정홍윤, 정혜령, 정현진, 정현주, 쟁혜숙, 정혜레나, 정태회, 정춘수, 정철성, 정진영a, 정진영b, 정진규, 정종헌, 정종민, 정재학, 정이든, 정은희, 정은주, 정은균, 정유진, 정유숙, 정유섭, 정원탁, 정원석, 정용주, 정예슬, 정영현, 정영수, 정수연, 정선영, 정보라a, 정보라b, 정미숙a, 정미숙b, 쟁명숙, 정명영, 정득년, 정대수, 정남주, 정광호, 정광필, 정광일, 정관모, 정경원, 전혜원a, 전혜원b, 전정희, 전유미, 전세란, 쟨병기, 전민기, 전미영, 전명훈, 전난희, 장호월, 장현주, 장진우, 장인하, 장인수, 장은혜, 장은파, 장윤영, 장원영, 장시준, 장슬기, 장상욱, 장병훈, 장병학, 장근영, 장군, 장경훈, 임혜정, 임향신, 임한철, 임지영, 임중혁, 임종길, 임정은, 임전수, 임수진, 임성빈, 임성무, 임선영, 임상진, 임동현, 임덕연, 이희욱, 이희연, 이효진, 이화현, 이호진, 이혜정, 이혜린, 이헌, 이혁규, 이향숙, 이한진, 이태영a, 이태영b, 이태구, 이층근, 이초록, 이진혜, 이진주, 이진숙, 이지혜a, 이지현, 이지향, 이지영, 이지연, 이중석, 이준구, 이주희, 이주탁, 이주영, 이종찬, 이종은, 이정희a, 이정희b, 이재형, 이재익, 이재영, 이재두, 이인사, 이은희a, 이은희b, 이은향, 이은진, 이은주a, 이은주b, 이은영, 이은숙, 이윤정, 이윤엽, 이윤선, 이윤미, 이윤경, 이유진a, 이유진b, 이원닙, 이용환, 이용석a, 이용석b, 이용기, 이영화, 이영혜, 이영주, 이영아, 이영상, 이연진, 이연주, 이연숙, 이연수, 이승헌, 이승태, 이승연, 이승아, 이슬기a, 이슬기b, 이순임, 이수정a, 이수정b, 이수미, 이수경, 이성애, 이성임, 이성숙, 이성우, 이성윤, 이선표, 이선애a, 이선애b, 이선미, 이상훈, 이상화, 이상직, 이상원, 이상미, 이상대, 이병훈, 이병곤, 이범희, 이민아, 이민경, 이미숙, 이미연, 이미숙, 이미라, 이문영, 이명훈, 이명형, 이매남, 이동철, 이동준, 이도종, 이덕주, 이남숙, 이난영, 이나경, 이기규, 이근희, 이근철, 이근영, 이균호, 이광연, 이계삼, 이경희, 이경а, 이경록, 이경진, 윤종원, 윤우람, 윤영훈, 윤영백, 윤상혁, 윤병일, 윤규식, 유효성, 유재을, 유은아, 유영길, 유수연, 위지영, 위양자, 원지영, 원윤희, 원성제, 우창숙, 우지영, 우완, 우승인, 우수경, 오혜원, 오중근, 오정오, 오은정, 오은경, 오유진, 오승중, 오수민, 오세희, 오민식, 오명환, 오동석, 엄정신, 여희영, 여태전, 엄장호, 엄지선, 엄재홍, 양재훈, 양선자, 양은주, 양은숙, 양봉석, 양애경, 양선화, 양선형, 양서영, 양상진, 안효빈, 故안혜영(명예조합원), 안찬원, 안지현, 안지윤, 안지영, 안준철, 안정선, 안용덕, 안옥수, 안영신, 안순억, 심향일, 심은보, 심승희, 심수환, 심동우, 심경일, 신혜선, 신혜경, 신층일, 신장호, 신장복, 신중희, 신은정, 신은경, 신유준, 신소희, 신미옥, 신관식, 송호영, 송혜란, 송현주, 송정은, 송인혜, 송용석, 송승훈, 송명숙, 송근희, 손호만, 손현아, 손진근, 손으정, 손성연, 손민정, 손애경, 소수영, 성현석, 성정식, 성용록, 성열관, 성나래, 설은주, 설원민, 선휘성, 선미라, 석옥자, 석경순, 서혜진, 서지연, 서정오, 서인선, 서은지, 서우철, 서예원, 서명숙, 서금자, 서강선, 상형규, 변현숙, 백현희, 백인식, 백영호, 백승범, 배희철, 배희숙, 배주영, 배정현, 배정원, 배일훈, 배이상헌, 배영진, 배아영, 배경내, 방득일, 방경애, 반영진, 박희영, 박희진, 박희숙, 박효근, 박환, 박현순, 박형일, 박현희, 박운철, 박현숙, 박현석, 박춘애, 박춘배, 박철호, 박진환, 박진수, 박진교, 박지희, 박지혜, 박지인, 박지원, 박정아, 박정미a, 박정미b, 박은하, 박은정, 박은아, 박은경a, 박은경b, 박유나, 박옥주, 박옥균, 박영실, 박신자, 박승철, 박숙현, 박수진, 박소현, 박세영, 박성규, 박선영, 박복선, 박미희, 박명진, 박명숙, 박동혁, 박도정, 박덕수, 박대성, 박노해, 박내현, 박나실, 박고형준, 박경재, 박경근, 박경영, 박건영, 박건진, 민은식, 민애경, 민병성, 故문홍빈(명예조합원), 문용식, 문영주, 문선주, 문수현, 문수영, 문수경, 문성철, 문봉선, 문미정, 문경희, 모은정, 마승희, 류형우, 류창모, 류지남, 류정희, 류재향, 류우종, 류영애, 류명숙, 류정원, 도정철, 도방주, 데와 타카유키, 노상경, 노미경, 노경미, 남효숙, 남주형, 남정민, 남윤희, 남유경, 남원호, 남예린, 남미자, 남동현, 남궁예, 날맹, 나규환, 김희정, 김희욱, 김홍규, 김환희, 김홍규, 김홍자, 김혜영, 김혜순, 김혜린, 김형렬, 김현진a, 김현진b, 김현주a, 김현영, 김현실, 김현경, 김헌택, 김하종, 김필업, 김춘성, 김천영, 김찬영, 김진희, 김진숙, 김진명, 김진, 김지훈, 김연a, 김연b, 김지미, 김지광, 김중미, 김준희, 김준엽, 김주영, 김종헌, 김종로, 김종욱, 김종성, 김정희, 김정주, 김정식, 김정삼, 김정기, 김재황, 김재민, 김인순, 김이은, 김이민경, 김은파, 김은영, 김은아, 김은식, 김은숙, 김윤주a, 김윤주b, 김윤숙, 김원석, 김우영, 김우, 김용훈, 김용양, 김용란, 김요한, 김영희, 김영진a, 김영진b, 김영진c, 김영주a, 김영주b, 김영아, 김영순, 김영삼, 김연정, 김연일, 김연오, 김연미, 김애숙, 김애령, 김아현, 김승규, 김순천, 김수현, 김수진a, 김수진b, 김수정a, 김수정b, 김수경, 김소희, 김소영, 김세호, 김성탁, 김성진, 김성숙, 김성보, 김설아, 김선희, 김선미, 김선구, 김석준, 김상정, 김상숙, 김빛나, 김봉석, 김보현, 김병희, 김병훈, 김병기, 김미희, 김민선, 김민곤, 김미결, 김미향a, 김미향b, 김미진, 김미숙, 김미선, 김무영, 김묘선, 김명희, 김명섭, 김동현, 김동춘, 김동일, 김동원, 김도석, 김다회, 김다영, 김나철, 김나혜, 김기동, 김기언, 김규태, 김광민, 김고종호, 김경호, 김경일, 김경엽, 김경숙, 김갑용, 김가연, 기세라, 금현진, 금현숙, 금명순, 권희준, 권혜영, 권태윤, 권자영, 국찬석, 구회숙, 구자혜, 구자숙, 구완회, 구연실, 구수연, 구본희, 구미숙, 쾅이는, 광흠, 곽현혜영, 곽현주, 곽진경, 곽노현, 곽노근, 공현, 공영아, 고춘식, 고진선, 고은정, 고은미, 고윤성, 고유준, 고영주, 고병헌, 고병연, 고민경, 강현주, 강현정, 강현이, 강하아, 강태식, 강진희, 강준희, 강인성, 강이진, 강은정, 강은영, 강윤진, 강영일, 강영구, 강순원, 강수미, 강수돌, 강성규, 강석도, 강서형, 강병용, 강경모

※ 2020년 10월 22일 기준 809명

371